21 世纪应用型人才培养规划教材·人力资源管理系列

主　编　葛玉辉
副主编　荣鹏飞

员工培训与开发

Staff Training and Development

清华大学出版社
北京

内容简介

本书试图突破"无实务理论则空，无理论实务则盲"的两难境地，以理论概述为铺垫，以实务细节为主体进行编写，是一本关于员工培训与开发的理念概述和实务细节相结合的实用型教科书，旨在为员工培训与开发的理论学习者和实践者提供以"战略契合、结果导向"为主线的操作指南。

本书共分四篇十四章，按照"基础理论—工具方法—实际操作—结果应用"，有步骤、有层次地引入员工培训与开发知识，既有基础理论的系统阐释，又有工具方法与实际操作的详细介绍，还有结果应用的具体展示，能够帮助读者正确处理员工培训与开发研究与实务中遇到的难题，体会以不变应万变之理。

本书兼具理论性和实操性，注重理论联系实际，利用丰富的图表来形象地表达员工培训与开发的特点，不仅每章用案例导入，知识点结合案例进行分析，而且在每章的最后还设置两个思考型案例，帮助读者尽快掌握员工培训与开发的实务操作技能。

本书适合作为经济管理类专业的本科生、研究生和 MBA 教材，也可供研究人员及各类组织的管理人员自学和培训使用。

本书封面贴有清华大学出版社防伪标签，无标签者不得销售。
版权所有，侵权必究。举报：010-62782989，beiqinquan@tup.tsinghua.edu.cn。

图书在版编目（CIP）数据

员工培训与开发/葛玉辉，荣鹏飞主编．—北京：清华大学出版社，2014（2024.9重印）
21世纪应用型人才培养规划教材·人力资源管理系列
ISBN 978-7-302-35134-4

I. ①员… II. ①葛… ②荣… III. ①企业管理-职工培训-教材 IV. ①F272.92

中国版本图书馆 CIP 数据核字（2014）第 012429 号

责任编辑：陈仕云
封面设计：康飞龙
版式设计：文森时代
责任校对：赵丽杰
责任印制：杨　艳

出版发行：清华大学出版社
网　　址：https://www.tup.com.cn, https://www.wqxuetang.com
地　　址：北京清华大学学研大厦A座　　　邮　编：100084
社 总 机：010-83470000　　　　　　　　　邮　购：010-62786544
投稿与读者服务：010-62776969, c-service@tup.tsinghua.edu.cn
质量反馈：010-62772015, zhiliang@tup.tsinghua.edu.cn
课件下载：https://www.tup.com.cn, 010-62788903

印 装 者：三河市人民印务有限公司
经　　销：全国新华书店
开　　本：185mm×260mm　　印　张：18.75　　字　数：477千字
版　　次：2014年8月第1版　　印　次：2024年9月第7次印刷
定　　价：48.00元

产品编号：055694-02

丛书主编

葛玉辉，男，1964年出生，华中科技大学管理学博士，上海理工大学管理学院教授、博士生导师、工商管理系主任，国内著名的管理咨询专家，中国管理学网名师，上海交通大学海外教育学院特聘教授，复旦大学网络教育学院特聘教授，慧泉（中国）国际教育集团高级教练，上海市"人力资源管理"精品课程主讲教授，上海解放教育传媒·学网特聘教师，南京汇银管理公司首席顾问，上海捷联投资咨询公司技术总监，上海邃博教育咨询有限公司总经理。曾先后主持和承担科研项目30项，其中，国家社科基金项目1项，国家自然科学基金项目1项，国家软科学研究计划项目1项，国家教育科学"八五"规划课题1项，"八五"部级重点课题1项，省"九五"教育科学和规划课题2项，省"十五"教育科学课题1项，教育部课题1项，上海市教委课题1项、重点课题2项、横向课题18项。在 African Journal of Business Management、Journal of Grey System、Journal of Computational Information Systems、《预测》、《管理工程学报》、《科学学与科学技术管理》等国内外期刊上公开发表学术论文140多篇；获得"全国学习科学学会优秀论著二等奖"、"全国学习科学学会优秀成果二等奖"、"湖北省重大科技成果奖"、"湖北省科技进步三等奖"。

丛书编委

（排名以姓氏笔画为序）

毛志峰　王媛媛　许丹　刘凯　刘健　宋志强　张梦莹
陈茂群　赵丙艳　荣鹏飞　盖鸿颖　葛玉辉　滕小芳

丛书序

"21世纪应用型人才培养规划教材·人力资源管理系列"丛书是在2011年出版的"人力资源管理师操作实务"丛书的基础上修订而成的。本丛书集基础理论、工具方法、实际操作、结果应用于一体，目的是引导读者强化人力资源管理理论、方法及实践的应用，为现代人力资源管理者提供一套完整而实用的人力资源管理系列教学和常用实务工具丛书。

一、丛书框架

本丛书包括以下七个分册：
1. 人力资源管理
2. 工作分析与设计
3. 招聘与录用管理
4. 员工培训与开发
5. 绩效管理
6. 薪酬管理
7. 职业生涯规划与管理

二、丛书特色

1. 基础理论

根据现有文献的整理，有关人力资源管理的理论可归纳为战略型人力资源管理理论、描述型人力资源管理理论和规范型人力资源管理理论。在经济全球化和知识经济的趋势下，未来的人力资源管理在企业提高竞争力、建立核心竞争优势中将扮演更为重要的角色。"万丈高楼平地起"，本丛书按照人力资源管理的实务需要搭建人力资源管理的基础理论构架。

2. 工具方法

"工欲善其事，必先利其器"，西方人力资源管理理论和实践在其演化过程中，亦发展出了丰富多样的人力资源管理专业化工具，形成了一个由多个模块构成的、仍处于不断发展中的工具体系，堪称人力资源管理之精华。西方人力资源管理工具在不断被中国企业所接纳的同时，其"水土不服"的一面也逐渐展现。本丛书在人力资源管理的专业化工具的应用上，强化了本土化的实现与企业经营实际配置的最佳状态，强调其有效性、适用性，突出实用性特色。

3．实际操作

学术从来都是实践的后台，人力资源管理是一门实践性很强的学科，学习的目的是应用，以解决我国企业当前面临的实际问题。本丛书力争打造人力资源体系的立体课程设计，提供了最新的实战案例，完美地展现了人力资源管理的成功经验及实用技巧，让人力资源管理人员不仅能成为企业的"人才专家"，而且能成为企业的"运营专家"。

4．结果应用

多年的实践证明，人力资源管理的先进工具、方法、技能能否有效地实施，很关键的一点在于其结果如何运用。如果运用得不合理，那么再好的工具、方法、技能也得不到充分体现。本丛书通过对大量源自实际工作的典型案例的细致讲解和完善操作，生动地展示了人力资源管理实践中的各种应用技巧。

5．教学互动

我们在互联网上搭建了一个编者与读者教与学的互动平台，将丛书最新理论成果、策划案例分析、图形、表格、工作文本等相关资料展现在教学互动网上（http://www.e8621.com），形成教与学互动，实现丛书资源共享。

本丛书从调研、策划、构思、撰写到出版，前后历时两年半时间。本丛书的出版，既是作者辛勤成果的体现，更是"产学研"团队合作的成功。衷心感谢团队成员们付出的大量心血，感谢清华大学出版社的编辑老师们为本丛书的出版所提供的支持和帮助。

在编写本丛书的过程中，我们参阅和借鉴了大量的相关书籍和论文，在此谨向这些书籍和论文的作者表示最诚挚的谢意。限于编者的水平和经验，本丛书难免存在不足之处，敬请读者批评指正（E-mail：gyh118@126.com）。

葛玉辉

2014 年 6 月于上海

科学管理之父弗雷德里克·泰勒（Frederick Taylor）在20世纪初提出了通过对工人进行作业培训来提高劳动生产率的概念。培训作为企业必不可少的一项管理活动，已走过了一个世纪的历程，培训的内容也已经由最初的流水线上的机器操作技能扩展到知识工作者的能力开发和组织发展等方面。培训与开发活动在企业内部日益发挥着人力资源开发的战略功能，在企业外部更是形成了一个知识密集型的产业。中国改革开放30多年的成就同样验证了培训与开发对经济发展和社会就业的贡献，而这一切都离不开先进的理念和实用的技术为培训与开发实践者所提供的科学和有效的指导。然而，在管理实践中，无论是管理者还是普通员工，往往对员工培训与开发不够重视，把它当作一件"出力不讨好"的事情，究其原因，一是对员工培训与开发缺乏系统的了解和认识；二是没有一本合适的教科书帮助他们系统地学习和指导员工培训与开发实践。

本书受国家社科基金项目（项目编号：11BGL014）、国家软科学研究计划项目（项目编号：2013GXQ4D165）、上海市教委科研创新重点项目（项目编号：14ZS117）和上海市一流学科建设项目（项目编号：S1201YLXK）的资助，系统、全面地介绍了员工培训与开发的理论和方法，共四篇，分为十四章。其中，第一篇基础理论篇，包括第一章员工培训与开发概述，第二章员工培训与开发的相关理论；第二篇工具方法篇，包括第三章员工培训与开发的方法，第四章员工培训与开发需求分析技术，第五章员工培训课程开发方法；第三篇实际操作篇，包括第六章员工培训与开发规划制定，第七章员工培训与开发项目的设计，第八章员工培训与开发需求分析，第九章员工培训与开发对象分类及对策，第十章员工培训课程开发，第十一章员工培训与开发的实施和管理，第十二章员工培训与开发效果评估；第四篇结果应用篇，包括第十三章员工培训与开发成果转化，第十四章企业分层员工培训与开发。

本书从全新的视角介绍员工培训与开发，通过理论与案例相结合，利用丰富的图表，形象地将员工培训与开发的本质及实际操作展示出来。具体来说，本书有如下三大特色。

第一，按照"基础理论—工具方法—实际操作—结果应用"，有步骤、有层次地引入员工培训与开发，既有基础理论的系统阐释，又有工具方法与实际操作的详细介绍，还有结果应用的具体展示，使读者对员工培训与开发的理解比较透彻。

第二，详细介绍了员工培训与开发的各种方法，从过程的视角阐述了员工培训与开发的具体操作，使读者在系统掌握各种员工培训与开发方法的同时，能够开展员工培训与开发的实际操作过程，全面深入地理解员工培训与开发。

第三，本书无论是在基础理论篇，还是在工具方法篇、实际操作篇和结果应用篇，都注重理论联系实际，利用丰富的图表形象地表达员工培训与开发的特点，在每章的开头均以案例导入，正文适当穿插案例，每章的结尾再设置两个大的案例，便于结合理论进行分析和讨论。

本书的出版得到了清华大学出版社的大力支持。具体编写分工为：葛玉辉编写第一章、第二章和第十三章；荣鹏飞编写第三章、第六章和第十章；盖鸿颖、张梦莹、滕小芳、陈茂群、王媛媛、刘凯、刘健和毛志峰分别编写了第四章、第五章、第七章、第八章、第九章、第十一章、第十二章和第十四章；全书由盖鸿颖、刘健统稿。在此对上述机构和参编人员一并表示感谢。

限于编者水平有限，书中存在纰漏和瑕疵在所难免，恳请读者不吝赐教。

编　者

2014年6月1日

第一篇　基础理论篇

第一章　员工培训与开发概述 ... 2
第一节　员工培训与开发的原则及作用 ... 2
一、员工培训与开发的相关概念辨析 ... 3
二、员工培训与开发的原则 ... 4
三、员工培训与开发在组织中的作用 ... 5
第二节　员工培训与开发制度的建立 ... 6
一、员工培训与开发过程中的常见误区 ... 6
二、企业员工培训与开发制度的建立 ... 7
第三节　员工培训流程 ... 13
一、分析培训需求 ... 14
二、制订培训计划 ... 14
三、设计培训内容 ... 14
四、实施培训 ... 14
五、培训评估 ... 14
本章小结 ... 15
思考与练习 ... 15
案例分析 ... 15

第二章　员工培训与开发的相关理论 ... 18
第一节　学习的概念和理论 ... 19
一、学习的概念 ... 19
二、学习的分类 ... 19
三、主要的学习理论 ... 21
第二节　员工培训中的成人学习原理 ... 23
一、成人学习的特点 ... 23
二、戈特的 16 条成人学习原理 ... 24
三、成人学习原理对培训实践的指导 ... 25
第三节　员工培训迁移与学习效果的提高 ... 26

一、学习迁移理论 26
　　二、影响培训迁移的工作环境 27
　　三、克服学习高原现象，提高学习效果 28
本章小结 29
思考与练习 30
案例分析 30

第二篇　工具方法篇

第三章　员工培训与开发的方法 34
第一节　直接传授培训法 35
　　一、直接传授培训法的含义 35
　　二、直接传授培训法的分类 35
第二节　实践性培训法 37
　　一、实践性培训法的概念 37
　　二、实践性培训法的特点 38
　　三、实践性培训法常用的几种方式 38
第三节　体验式员工培训法 40
　　一、体验式员工培训法的概念 40
　　二、体验式员工培训法常用的方式 40
第四节　行为调整和心理训练培训法 45
　　一、角色扮演法 45
　　二、行为模仿法 46
　　三、拓展训练法 46
第五节　科技时代员工培训法 47
　　一、科技时代员工培训法的概念 47
　　二、科技时代员工培训法的分类 47
第六节　中外企业员工培训与开发方法的比较 49
　　一、中美企业员工培训与开发方法的差异 49
　　二、中日企业员工培训与开发方法的差异 50
本章小结 50
思考与练习 51
案例分析 51

第四章　员工培训与开发需求分析技术 55
第一节　员工培训与开发需求分析模型 56
　　一、"预备"阶段 56
　　二、"瞄准"阶段 59
第二节　员工培训与开发需求信息的收集和分析方法 60
　　一、访谈法 60

  二、关键人物咨询法 ... 62
  三、关键事件法 ... 62
  四、问卷调查法 ... 62
  五、头脑风暴法 ... 65
  六、现场观察法 ... 65
  七、绩效管理资料研究法 ... 66
  八、评价中心法 ... 66
 第三节 员工培训与开发需求的优先顺序 ... 67
  一、确定员工培训与开发需求的优先顺序 ... 67
  二、员工培训与开发需求分析的潜在误区 ... 68
 本章小结 ... 69
 思考与练习 ... 69
 案例分析 ... 69

第五章 员工培训课程开发方法 ... 72
 第一节 获得知识技能的方法 ... 73
  一、激发内在动机 ... 74
  二、重视教材结构 ... 74
  三、选取最佳程序 ... 74
  四、实行培训反馈 ... 75
 第二节 获取学习经验的方法 ... 75
  一、"做"的经验（塔的底部）... 76
  二、观察的经验（塔的中部）... 76
  三、抽象的经验（塔尖）... 76
 第三节 把握学习风格的方法 ... 77
  一、两个维度 ... 78
  二、四种学习方式 ... 78
 第四节 西方员工培训课程设计方法 ... 79
  一、以能力为基础的培训——CBT ... 79
  二、教学系统设计——ISD ... 80
  三、培训整体设计模型 ... 80
 第五节 基于岗位能力素质模型的培训课程开发 ... 81
 本章小结 ... 85
 思考与练习 ... 85
 案例分析 ... 85

第三篇 实际操作篇

第六章 员工培训与开发规划制定 ... 94
 第一节 员工培训与开发战略规划制定 ... 95

  一、企业战略、人力资源战略和员工培训与开发战略的关系 95
  二、员工培训与开发的使命、愿景和价值观 95
  三、员工培训与开发战略的制定 96
  四、员工培训与开发目标的制定 97
 第二节 员工培训与开发年度规划制定 101
  一、年度员工培训与开发规划 101
  二、年度员工培训与开发效果评估方案 102
 第三节 员工培训与开发项目规划制定 102
  一、员工培训与开发项目规划 102
  二、员工培训与开发项目效果评估方案 103
 第四节 员工培训与开发预算制定 103
  一、年度总成本预算 103
  二、员工培训与开发项目预算 104
 本章小结 107
 思考与练习 107
 案例分析 107

第七章 员工培训与开发项目的设计 113

 第一节 确定员工培训与开发的目标 113
  一、培训目标的作用 114
  二、培训目标确定应把握的原则 115
  三、培训目标的分类 115
  四、确定培训目标时要注意的问题 115
 第二节 员工培训与开发项目确定 116
  一、确定培训与开发项目的方法 116
  二、确定培训与开发项目的提供者 117
 第三节 员工培训外包 117
  一、选择培训外包的原则 118
  二、培训外包流程 118
  三、培训外包合同 119
 第四节 培训师的选择 121
  一、外部培训师的选择 121
  二、公司内部培训师的培养 122
 本章小结 123
 思考与练习 123
 案例分析 124

第八章 员工培训与开发需求分析 126

 第一节 员工培训与开发需求分析概述 127
  一、需求分析是连接员工培训和开发活动与企业绩效"成果区"的桥梁 127

二、员工培训与开发需求分析的含义 130
　　三、员工培训与开发需求和企业管理需求的关系 130
　　四、员工培训与开发需求的四种类型 131
　　五、员工培训与开发需求的三个层面 132
第二节　员工培训与开发需求分析的应用 132
　　一、以组织为重心的员工培训与开发需求分析 132
　　二、以任务为重心的员工培训与开发需求分析 136
　　三、以个人为重心的员工培训与开发需求分析 139
第三节　员工培训与开发需求分析报告 142
　　一、员工培训与开发需求分析报告的结构和核心内容 142
　　二、员工培训与开发需求分析报告示例 143
本章小结 145
思考与练习 145
案例分析 145

第九章　员工培训与开发对象分类及对策 147
第一节　员工培训与开发对象分类概述 147
　　一、从人口学的视角认识人力资源 147
　　二、社会和企业对人口资源开发的角色定位 148
第二节　员工培训与开发对象的分类方法 149
　　一、传统分类方法 149
　　二、战略功能—专业水平分类模型 151
第三节　不同对象的员工培训与开发对策 152
　　一、基础教育和职业教育构成人力资源开发的"两翼" 152
　　二、通用培训和专门培训 153
　　三、不同对象的员工培训与开发对策 153
本章小结 162
思考与练习 162
案例分析 162

第十章　员工培训课程开发 166
第一节　员工培训课程开发概述 167
　　一、企业培训课程的要素 167
　　二、企业培训课程开发的概念和特点 169
　　三、企业培训课程开发的一般原则 170
　　四、企业培训课程开发的现状 170
第二节　员工培训课程开发的理论基础及模式 172
　　一、企业培训课程开发的理论基础 172
　　二、课程开发模式的演化 175
　　三、国内外企业培训课程开发模式 176

第三节　员工培训课程开发过程 ... 180
一、企业培训课程开发流程 ... 180
二、企业培训课程实施 ... 182
三、员工培训与开发课程评价 ... 183
四、课程阶段性修订 ... 186

第四节　员工培训课程开发实例 ... 187
一、公司技术人员培训课程需求分析及目标确立 ... 187
二、公司技术人员培训课程设计及开发 ... 189
三、公司技术人员培训课程实施及评价 ... 189
四、应用实际效果分析 ... 189

本章小结 ... 190
思考与练习 ... 190
案例分析 ... 190

第十一章　员工培训与开发的实施和管理 ... 193

第一节　员工培训与开发的实施 ... 194
一、前期准备阶段 ... 194
二、实施阶段 ... 195
三、评价阶段 ... 196

第二节　员工培训与开发的管理 ... 198
一、企业员工培训与开发管理的必要性 ... 198
二、企业员工培训与开发管理的宏观方面 ... 199
三、企业员工培训与开发管理的具体措施 ... 199

第三节　员工培训与开发的实施与管理实例 ... 202
一、A企业的员工培训管理的现状 ... 202
二、综合分析 ... 206

本章小结 ... 209
思考与练习 ... 209
案例分析 ... 209

第十二章　员工培训与开发效果评估 ... 212

第一节　员工培训与开发效果评估概述 ... 213
一、员工培训与开发效果评估的基本内涵 ... 213
二、员工培训与开发活动有效性的含义 ... 214
三、员工培训与开发效果评估的两个层面和三个阶段 ... 215

第二节　员工培训与开发效果评估技术 ... 216
一、员工培训与开发效果评估的流程 ... 216
二、员工培训与开发效果评估模型 ... 218

第三节　员工培训与开发效果评估报告 ... 224

第四节　员工培训与开发效果评估应用 ... 225

一、设定培训目标——确定效果评估的基础 ... 226
　　二、确定评估计划和基础数据 ... 226
　　三、培训期间的数据收集 ... 228
　　四、培训之后的数据收集（第三级和第四级评估） ... 235
　　五、培训效果鉴别 ... 241
　　六、将数据转换成货币价值 ... 242
　　七、确定培训成本 ... 243
　　八、计算投资回报率（第五级评估） ... 243
　　九、确定无形收益 ... 244
　　十、评估结果的沟通 ... 244
　本章小结 ... 245
　思考与练习 ... 245
　案例分析 ... 246

第四篇　结果应用篇

第十三章　员工培训与开发成果转化 ... 252
　第一节　员工培训与开发成果转化概述 ... 253
　　一、培训前的转化准备工作 ... 253
　　二、培训中的转化准备工作 ... 253
　　三、培训后的全面转化工作 ... 254
　第二节　员工培训与开发成果转化的相关理论 ... 254
　　一、同因素理论 ... 254
　　二、激励推广理论 ... 255
　　三、认知转换理论 ... 255
　第三节　员工培训与开发成果转化的影响因素 ... 255
　　一、受训者自身因素 ... 255
　　二、培训项目因素 ... 256
　　三、企业环境因素 ... 256
　第四节　员工培训与开发成果转化提升的措施 ... 257
　　一、利于组织成果转化的氛围特征 ... 257
　　二、组织自身可能存在的阻碍培训与开发成果转化的因素 ... 258
　　三、确保培训与开发成果转化的具体方法 ... 258
　本章小结 ... 259
　思考与练习 ... 260
　案例分析 ... 260

第十四章　企业分层员工培训与开发 ... 264
　第一节　新员工培训与开发 ... 264
　　一、新员工培训与开发的概念 ... 265

二、新员工培训与开发的流程 ··· 265
　　三、新员工培训与开发的问题 ··· 266
第二节　普通在职员工的培训与开发 ·· 268
　　一、普通在职员工培训与开发的对象 ·· 268
　　二、普通在职员工培训与开发的目的 ·· 268
　　三、普通在职员工培训与开发的类别 ·· 268
第三节　管理人员的培训与开发 ··· 270
　　一、管理人员培训与开发的概念 ··· 270
　　二、管理人员培训与开发的内容 ··· 270
第四节　企业分层员工培训与开发的问题及解决方法 ··························· 273
　　一、企业分层员工培训与开发的问题 ·· 274
　　二、企业分层员工培训与开发的解决方法 ····································· 274
　　三、企业分层员工培训与开发的针对性 ··· 275
本章小结 ·· 277
思考与练习 ··· 277
案例分析 ·· 278

参考文献 ·· 283

第一篇　基础理论篇

第一章　员工培训与开发概述

第二章　员工培训与开发的相关理论

员工培训与开发概述

【本章关键词】
　　培训；开发；培训制度；培训流程

【学习目标】
- 了解：员工培训与开发、教育等概念的区别和联系，培训制度的建立原因和培训制度包含的内容。
- 熟悉：员工培训与开发的基本流程。
- 掌握：如何建立员工培训与开发制度。

沃尔玛的交叉培训

　　沃尔玛公司的飞跃发展离不开它的科学化管理体系，更离不开它所推动的独特的交叉培训模式。所谓交叉培训，就是一个部门的员工到其他部门学习，培训上岗，使这位员工在对自己从事的职务操作熟练的基础上，又获得了另外一个行业技能。零售业是人员流动最大的一个行业，造成这种现象的原因是员工对本身职务的厌烦。此外，还有人认为他们所从事的职务没有发展前途，不利于以后的发展，于是选择了离开。而沃尔玛正是利用这种交叉培训解决了这一问题，沃尔玛的交叉培训使上下级之间的关系变得随意亲切，没有隔阂，久而久之，大家形成了统一的思想认识——"我和总经理是同事，我就是这家店的一份子"，从而全心全意地投入经营，为沃尔玛更加茁壮地成长打下基础。经过交叉培训，员工以沃尔玛为家，为了沃尔玛的利益而努力奋斗，使之成为零售业的巨鳄，也使顾客对沃尔玛有了情感上的认同。

　　资料来源：http://wenku.baidu.com/view/50d14c4333687e21af45a9a6.html

第一节　员工培训与开发的原则及作用

　　培训在不同的书籍或组织里有不同的名称，如训练、发展、开发、成人教育等。因此，在进行培训之前，首先需要理清培训的概念和相关概念之间的区别和联系。

一、员工培训与开发的相关概念辨析

1. 员工培训与开发的比较

培训就是向新员工或现有员工传授其完成本职工作所必需的相关知识、技能、价值观念、行为规范的过程。开发则是增加和提高员工的知识与能力，以满足企业目前和将来的工作需求。培训更多的是一种具有短期目标的行为，目的是使员工掌握目前所需要的知识和技能；而开发则更多的是一种具有长期目标的行为，目的是使员工掌握将来所需要的知识和技能，以应对将来工作所提出的要求。员工培训与开发的比较如表1-1所示。本书将员工培训与开发结合起来，既着眼于组织眼前绩效的改进，又在战略角度上关注组织及个人的长远发展。

表1-1 员工培训与开发的比较

比较		培训	开发
相同点		① 根本目的在于提高人力资源质量和工作绩效水平 ② 对象是企业员工 ③ 是有计划、连续的工作	
不同点	目标	着眼于短期技能、知识的提高，强调短期目标	着眼于未来知识和能力的提高，强调长期目标
	关注焦点	现在	将来
	与当前工作的相关性	高	低
	持续时间	短，具有集中性和阶段性	长，具有分散性和长期性
	范围	窄	宽
	工作经验运用程度	高	低
	收益	近期内见效	是人力资本投资，在未来取得收益

培训和开发的实质是一样的，都是要通过改善员工的工作业绩来提高企业的整体绩效，只是关注点有所不同，一个关注现在，而另一个更关注将来。在此，我们将其当作一个概念来理解，即培训开发是指企业通过各种方式使员工具备完成现在或者将来工作所需要的知识、技能并改变他们的工作态度，以改善员工在现有或将来职位上的工作业绩，并最终实现企业整体绩效提升的一种计划性和连续性的活动。

2. 培训与教育的比较

美国教育家杜威说："教育即生活。"教育，是以促进人的发展、社会的进步为目的，以传授知识、经验为手段，培养人的社会活动。培养新生一代为从事社会生活做好准备的整个过程，主要是指学校对儿童、少年、青年进行培养的过程。

广义上讲，凡是增进人们的知识和技能、提高人们的思想品德水平的活动，都是教育。狭义的教育主要指学校教育，其含义是教育者根据一定社会（或阶级）的要求，有目的、有计划、有组织地对受教育者的身心施加影响，把他们培养成为一定社会（或阶级）所需要的人的活动。

培训与教育的区别具体体现在以下三个方面（见表1-2）。

表 1-2　培训与教育的区别

区　　别	培　　训	教　　育
内容侧重点	实践性、操作性	基础性、理论性
活动的主角	培训师和学员的互动	教师
方　　法	演示、教习、指导	演示（教）

总的来说，教育是培养生产力，而培训是试图使现有生产力激增或倍增；教育是培养人力资源的过程，而培训是对现有人力资源进行调整、提升与优化；教育着眼于满足对象的基础性要求和专业性要求，培训则是满足发展的提高、广泛性要求。因此，现代培训越来越从一般的知识、技能等传授性活动转变为对人力资源进行深度开发的创造性活动。

二、员工培训与开发的原则

在当今竞争激烈的环境中生存、赢得发展对于很多公司来说都是一种挑战。企业要想立于不败之地，就必须扩充和增强人力资本，而这也是人力资源管理的核心。企业人力资本的扩充和增强主要有两条途径：一是从激烈的市场中招收；二是对现有员工进行培训和开发。

1．战略性原则

员工培训与开发的战略性原则包括两层含义：其一，人力资源员工培训与开发要服从或服务于组织的整体发展战略，其最终目的是实现组织的发展目标；其二，人力资源员工培训与开发本身也要从战略的角度来考虑，要以战略的眼光去组织员工培训与开发，不能只局限于某一个员工培训与开发项目或某一项培训需求。

2．长期性原则

知识更新的速度已远远超过我们的想象，企业发展也需要不断更新知识，员工必须不断学习，不断接受新的知识，所以组织对其员工的培训必须坚持长期性原则。员工学习的主要目的是为组织工作，所以员工培训是随着组织经营的变化而设置的。要正确认识智力投资和人才开发的长期性与持续性，要用"以人为本"的经营管理理念来做好员工培训与开发。

3．学用一致的原则

员工培训与开发要从组织实际出发，培训的内容必须针对员工个人和岗位所需要的知识、技能以及态度等，要与参与培训的员工的年龄情况、知识结构、能力结构、事项状况紧密结合。在培训项目实施中，要把培训内容和培训后的使用状况衔接起来。员工培训与开发系统要发挥其功能，即将员工培训与开发成果转化为生产力，并能迅速促进组织竞争优势的发挥与保持。

4．全员培训和重点提高相结合的原则

全员培训就是有计划、有步骤地对在职的各级各类人员进行培训，这是提高全员素质的必由之路。全员培训不是对所有员工平均分摊培训资金，而是为了提高培训投入的回报率，在全员培训的基础上进行重点培训，并分清主次先后、轻重缓急，制定规划，分散地进行不同内容、不同形式的员工培训与开发。培训必须有重点，这个重点就是指对组织的兴衰有着更大影响力的管理和技术骨干，特别是中高层管理人员。此外，人员培训的内容还应该与干部、职工的任职标准相衔接。培训内容也必须兼顾专业知识技能与职业道德两个方面。

5. 个体差异原则

在企业中，从普通员工到最高决策者，他们所从事的工作不同，创造的绩效不同，能力和应达到的工作标准也不同。因此，员工培训与开发工作应充分考虑他们各自的特点，做到因材施教。也就是说，要针对员工的不同文化水平、不同职务、不同要求以及其他差异，区别对待。

6. 严格考核和择优奖励的原则

培训工作与其他工作一样，严格考核和择优奖励是不可缺少的管理环节。严格考核是保证培训质量的必要措施，也是检验培训质量的重要手段。只有培训考核合格，才能择优录用或提拔。鉴于很多培训只是为了提高素质并不涉及录用、提拔或安排工作问题，因此对受训人员择优奖励就成为调动其工作积极性的有力杠杆。

三、员工培训与开发在组织中的作用

1. 让新员工尽快进入角色

新员工在刚进入组织的一个过渡期内（通常是3~6个月），将会依据自己对组织的感受和评价来选择自己如何表现，决定自己是要在组织中谋发展还是将其作为跳板。因此，许多发展比较成功的组织会通过系统的定向培训尽可能地消除新员工的种种担心和疑虑，让他们全面、客观地了解其工作环境、组织氛围及新工作所需要的知识和技能，以促使新员工尽快进入角色。

2. 提高员工工作效率

组织通过对员工进行有效的培训和开发，使员工的知识结构得到更新，工作技能明显提高，人际关系得到改善。经过培训的员工，往往掌握了新的知识结构，从而获得了最新的工作方法（如计算机代替手工操作），直接促进了员工工作质量和劳动生产率的提高，也降低了各种损耗，并减少了事故的发生。

3. 有助于提高和增进员工对组织的认同感与归属感

通过培训，可以使组织中具有不同价值观、信念、工作作风的员工和谐地统一起来，为了共同的目标而各尽其力。一个团队或一个组织克服内外困难的力量就来自它本身，即来自它的精神力量，来自它的信念。对员工的培训，其中主要的一点就是培训、培育员工对组织的认同感与归属感，开发员工的智力和技能潜力，使组织从被培训的员工中获得一种精神的发展动力和文化力。

4. 促使组织战略的调整与转变

组织的发展是在组织不断创新的基础上实现的。组织创新是通过组织战略的不断调整与转变来完成的。组织战略的调整需要新的人力去开发产品、开辟市场，因此组织必须进行有目的、有计划的员工开发工作，保证人力资源对组织战略调整的需求。组织进行人力资源开发使组织增添了新的人力资源，这些新的人力资源是组织战略调整的有力保证。

5. 提升组织的竞争力

现代市场经济的特点是自由公平的竞争。组织间的竞争，实际上是员工实力的竞争。而要使广大员工转变成人才，需要经过人力资源的开发。因此从一定意义上说，组织之间人才实力的竞争，实质上就是内部人力资源开发的竞争。人力资源开发水平直接影响着产品的技术含量，进而直接关系到组织的效益。因此，有效的人力资源开发会极大地增强组织的人力资本，提高竞争力。

> **扁鹊的医术**
>
> 魏文王问名医扁鹊："你们家兄弟三人，都精于医术，到底哪一位最好呢？"扁鹊答："长兄最好，中兄次之，我最差。"文王再问："那么为什么你最出名呢？"扁鹊答："长兄治病，是治病于病情发作之前。由于一般人不知道他事先能铲除病因，所以他的名气无法传出去。中兄治病，是治病于病情初起时。一般人以为他只能治轻微的小病，所以他的名气只及本乡里。而我是治病于病情严重之时。一般人都看到我在经脉上穿针管放血、在皮肤上敷药等，所以以为我的医术高明，名气因此响遍全国。"
>
> 管理心得：事后控制不如事中控制，事中控制不如事前控制，可惜大多数的事业经营者均未能体会到这一点，等到错误的决策造成了重大的损失后才寻求弥补。而这样做的结果往往是即使请来了名气很大的"空降兵"，也于事无补。

第二节 员工培训与开发制度的建立

一、员工培训与开发过程中的常见误区

企业培训越来越被企业高层重视，然而由于存在企业培训误区，往往难以达到好的培训效果。培训作为培养企业文化、提高工作效率和员工满意程度的人力资源管理职能之一越来越被企业高层重视，很多公司的经营者都在预算中列支了大量的资金，希望人力资源管理部门能够有充足的资金开展培训工作，为公司的经营活动提供充分的支持。

但是，由于我国的培训市场还处于发展时期，很多方面还很不健全和成熟，加上企业本身很少有完善的培训机制，导致企业培训很难达到预期效果，错误的认识和落后的培训观点成了阻碍企业培训发展的误区，具体分析有以下几点。

1. 忽视团队协作与学习

与国外相比，目前中国市场的培训费用比较低，而且这些钱大都是被培训师个人赚了，他们的工资可能比一个 CEO 的收入还要高。导致这种现象的主要原因是：大家都把培训的价值体现在一个培训师的身上，而忽视了一次成功的培训应该是由一个团队共同完成的。

一些培训公司经常是这种状况：请个老师，找个教室，就完成了一次培训，根本不管有几个章节对客户有用，所以它们对培训师的依赖程度很高。专业的培训机构给客户的一般先是培训的框架，内容则会根据客户的具体需求和现实情况制定出来的，而培训师只是作为执行的一个部分，因此它们注重的是整个培训团队的协作。

2. 培训缺乏系统性，全盘引进流行课程

没有一个课程适合所有的公司，因为课程是要针对企业的实际情况、人员素质和公司目标而制定的。同样，引进国外的课程也不应该照本宣科。

目前国内很多课程都比较陈旧，主要是一些学术性的课程，企业培训的课程匮乏。就目前国内风行的 MBA 课程来说，MBA 课程在国外主要用于个人的素质能力、思想方法的提升培训；但企业培训针对的不是个人，而是整个公司，致力于企业团队整体素质的提高。企业培训系统主要由三个要素构成——培训课程、培训师和培训流程，而最重要的是培训流程。通过流程把培训课程与培训师进行整合，通过对客户需求的了解，对课程的个性化定制，对课程培训后的效果评估与跟踪，以达到培训的最优效果。

3. 培训就是救火

国内企业培训与国外企业培训的另一显著差距是，国内企业培训往往是为了培训而培训，带有一定的突发性和随意性，或者像救火一样，出了问题才想起培训。而国外优秀企业的培训则带有很强的计划性和前瞻性，与企业的战略文化相结合。

国外优秀企业是怎样来做培训的呢？一般来说，它们做培训的目的比较鲜明，公司有一定的理念和操作的方法，希望通过培训能把这些内容统一下来，使公司的每一名员工都有一个统一的价值方向。每年它们都会对培训计划有一个比较完整的定义，比如今年要对销售整体人员在顾问式销售方面有所改进，对客户的关系方面进行改进……这些内容在年初的培训计划中会被清楚地罗列出来。

培训不是救火，不能等到烧起来了才想起来。要把培训当成一个长期的企业人力资源管理项目，要根据企业自身特点确定培训的课程和流程。

4. 培训不是治病

许多国内企业喜欢把培训机构比作医生，实际上，培训机构最适合的角色是球队教练，因为在某种程度上，病人很被动，而队员则有很大的主观能动性，毕竟教练不可能代替队员上场踢球。高水平的培训专家并不能取代客户的日常管理责任，而是以事实为基础，为企业人员进行深入分析并提出具有说服力的具体建议和培训计划，协助企业人员去实施。

目前，国内企业对于培训重要性的认识越来越高，但在价值的认识上还是存在一些误区。好的培训是一个团队整体去做的一整套服务，它包含的内容比较多，在这种情况下，成本和价格自然会比较高。在效果评估上，要坚持从不同的层面来检查培训的效果，避开培训的雷区，找到培训的重心，这样企业培训才能少走弯路，获得实际效果。

要解决这些问题，设立完善、合理的公司内部培训制度是势在必行的一件事。

二、企业员工培训与开发制度的建立

1. 企业培训制度

企业培训制度是能够直接影响与作用于培训系统及其活动的各种法律、规章、制度及政策的总和，包括培训的法律和政令、培训的具体制度和政策两个方面。

企业培训的具体制度和政策是企业员工培训工作健康发展的根本保证，是企业在发展培训员工时要求员工共同遵守并按照一定程序实施的规定、规则和规范，为培训活动提供一种制度

性框架和依据,促使培训沿着法制化、规范化轨道运行。通过企业培训制度可以确立企业培训的主体——企业和员工,调动员工参与培训的积极性,同时也使企业的培训活动系统化、规范化、制度化。

2. 企业具体培训制度的内容

企业具体培训制度的内容包括培训服务制度、入职培训制度、培训激励制度、培训考核评估制度、培训奖惩制度以及培训风险管理制度,如图1-1所示。

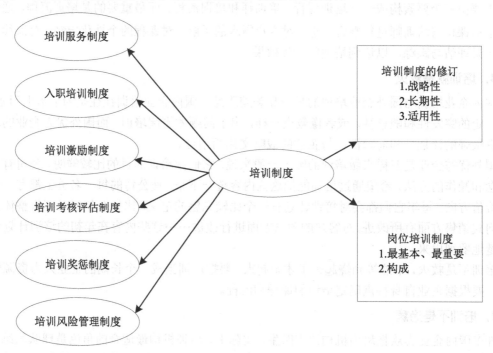

图1-1 培训制度的内容

(1)培训服务制度。

① 内容:

第一部分:培训服务制度条款。

- 员工正式参加培训前,根据个人和组织需要向培训管理部门或部门经理提出的申请;
- 在培训申请被批准后需要履行的培训服务协约签订手续;
- 培训服务协约签订后方可参加培训。

第二部分:培训服务协约条款。

- 参加培训的申请人;
- 参加培训的项目和目的;
- 参加培训的时间、地点、费用和形式;
- 参加培训后要达到的技术或能力水平;
- 参加培训后要在企业服务的时间和岗位;
- 参加培训后如果出现违约的补偿;
- 部门经理人员的意见;

❑ 参加人与培训批准人的有效法律签署。

② 建立培训服务制度的目的。首先，规避有关风险。培训项目是需要投入一定的资金的，有时企业不仅要投入培训费用，还要提供给学员工资，而且要损失因为员工离职不能正常工作所带来的机会成本，因此要约束员工学成后的"跳槽"。其次，培训服务制度是培训管理的首要制度，主要是符合企业和员工的利益并符合国家法律法规的有关规定。

（2）入职培训制度。

① 内容：

❑ 培训的意义和目的；
❑ 需要参加的人员界定；
❑ 特殊情况不能参加入职培训的解决措施；
❑ 入职培训的主要责任区（部门经理还是培训管理者）；
❑ 入职培训的基本要求标准（内容、时间、考核等）；
❑ 入职培训的方法。

② 入职培训制度的解释：首先，入职培训制度就是规定员工上岗前和任职者必须经过全面的培训，没有经过全面培训的员工不得上岗和任职。其次，制度的制定要与人力资源部的有关人员配合进行，争取与其他各部门经理人员共同商讨。

③ 意义：体现了"先培训、后上岗"，"先培训、后任职"的原则，适应企业培训的实际需要，有利于提高员工队伍的素质，提高工作效率。

（3）培训激励制度。

① 内容：

❑ 完善的岗位任职资格要求；
❑ 公平、公正、客观的业绩考核标准；
❑ 公平竞争的晋升规定；
❑ 以能力和业绩为导向的分配原则。

② 企业培训制度的主要目的，是激励各个利益主体参加培训的积极性。

③ 企业培训激励制度包含对员工激励、对部门及主管的激励、对企业本身的激励。

❑ 通过对员工的激励营造前有引力、后有推力、自身有动力的"三力"机制，建立"培训—使用—考核—奖惩"的配套制度，形成以目标激励为先导、竞争激励为核心、利益激励为后盾的人才培训激励机制；

❑ 通过对部门及主管的激励，建立岗位培训责任制，把培训任务完成的情况与各级领导的责、权、利挂钩，使培训通过责任制的形式，渗透在领导的目标管理中，使培训不再只是培训部门的事，而是每一个部门、每一级领导、每一位管理人员的事；

❑ 培训制度实际上也是对企业有效开发培训活动的一种约束，企业培训的目的就是要提高员工的工作素质，改变员工的工作行为，提高企业的经营业绩。因此，要制定合理的制度并严格实施，激发企业的培训积极性，使培训真正满足企业生产发展的需要。

（4）培训考核评估制度。

① 内容：

❑ 被考核评估的对象；
❑ 考核评估的执行组织（培训管理者或部门经理）；

- 考核的标准区分；
- 考核的主要方式；
- 考核的评分标准；
- 考核结果的签署确认；
- 考核结果的备案；
- 考核结果的证明（发放证书等）；
- 考核结果的使用。

② 评估是培训发展循环的中心环节，设立培训考核评估制度的目的，既是检验培训的最终效果，为培训奖惩制度的确立提供依据，同时也是规范培训相关人员行为的重要途径。培训评估考核必须100%进行，并且要标准一致，评估考核过程要开放、公平。

（5）培训奖惩制度。

① 内容：

- 制度制定的目的；
- 制度执行组织和程序；
- 奖惩对象说明；
- 奖惩标准；
- 奖惩的执行方式和方法。

② 培训奖惩制度是保障前几项培训管理制度得以顺利执行的关键。为了防止出现"参不参加培训一个样"、"培训评估考核好与不好一个样"的现象，在制定培训奖惩制度时一定要明确培训可能出现的各种优劣结果的奖惩标准。

（6）培训风险管理制度。

① 内容：

- 通过制度规避培训风险须考虑两个方面，一是企业根据《中华人民共和国劳动法》（以下简称《劳动法》）与员工建立相对稳定的劳动关系；二是根据具体的培训活动情况考虑与受训者签订培训合同，从而明确双方的权利和违约责任。
- 签订培训合同，明确企业和受训者各自负担的成本，受训者的服务期限、保密协议和违约补偿。
- 根据"利益获得原则"，即谁投资谁受益，投资与受益成正比关系，考虑培训成本的分摊与补偿。

② 建立培训风险管理制度的原因：

- 培训风险主要有人才流失及其带来的经济损失、培养竞争对手、培训没有取得预期的效果、培训人员选拔失当、专业技术保密难度增大。
- 若企业培训风险较大且找不到合适的防范手段，就会对培训投资持有不积极的态度。培训风险只能通过做好培训实施工作来尽量降低，如积极性维持和培训质量保证。

企业培训的其他具体制度还包括培训实施管理制度、培训档案管理制度、培训资金管理制度等。

3. 员工培训制度修订的基本要求

（1）培训制度的战略性。从战略角度考虑，以战略目光组织培训，建立指导性框架，使员工培训与开发活动走向制度化和规范化。

（2）培训制度长期性。正确认识人力资本投资与人才开发的长期性和持久性；要用"以人为本"的指导思想和管理理念制定培训制度，保证制度的稳定性和连贯性。

（3）培训制度的适用性。培训制度是开展培训工作的指导方针，培训制度应有明确、具体的内容或条款，充分体现管理与实施的需要。

4．岗位培训制度

岗位培训是企业员工培训的一种基本办学形式和工作重点，以确保劳动者上岗任职的资格和能力达到本岗位要求为出发点，强调紧密结合职业，实行按需施教的原则，按职务岗位需要进行培训，从而提高从业人员的总体素质。

岗位培训制度是企业培训制度最基本和最重要的组成部分。岗位培训制度不仅包括培训立法及相应的政策，还包括岗位培训各个环节的规范化，其核心是培训、考核、使用、待遇一体化的配套措施的实行。其作用是将人才规格、人才培训、人才使用有机地结合起来，为实现培训与用人在制度上衔接配套创造了有利条件。表1-3是某公司员工培训管理制度样例。

表1-3 某公司员工培训管理制度

某公司员工培训管理制度

第一章 总 则
第一条 为满足公司发展需要，提高员工思想观念、道德品质、业务知识和工作技能，充分发挥员工潜力，不断为公司培养输送德才兼备的优秀人才，特制定本制度。
第二条 培训内容应与员工本岗位工作密切相关。
第三条 自学与公司有组织的培训相结合，培训与考核相结合，因地制宜，注重效果。
第二章 培训内容和形式
第四条 培训内容包括企业文化、管理理念、品德修养、业务知识及技能培训。
培训形式：听讲座、学习分析资料、讨论、录音、录像播放、示范演练、图片展览、实地参观、案例研究、会议、上岗实习、拓展训练等。
企业文化培训包括：
（1）公司的基本情况，主要包括公司的发展史；公司的核心价值观；公司的发展战略、经营规划及公司经营状况；
（2）公司的机构设置、人员配备及职责范围；
（3）公司的各项管理制度；
（4）公司的各项行政管理和业务工作程序。
管理理念培训包括：
（1）现代管理知识和管理理念；
（2）成功企业及成功人物的先进经验；
（3）当今国内外同行业先进的学术科技成果。
品德修养培训包括：
（1）礼仪知识（服饰、形体、待人接物）；
（2）心理素质（心理承受能力和观察、判断、解决问题的能力）；
（3）品德素质（责任感、工作态度）。
业务知识及技能培训包括：
（1）公司业务涉及的专业知识及相关知识；
（2）公司业务所涉及专业的发展前景及预测；

续表

（3）当今国内外同行业相关的先进学术成果；
（4）专业技能。

第五条　培训形式分为岗前培训、在岗培训两种。在岗培训分为脱产培训和不脱产培训两种。

第六条　岗前培训。被公司录取试用的员工上岗前必须接受公司组织的岗前培训；岗前培训包括企业文化培训和业务知识及技能培训两部分。

第七条　在岗培训。公司根据工作需要对在职员工组织不定期的不脱产培训。在岗培训包括企业文化、管理理念、品德修养、业务知识及技能培训。公司还将根据工作需要对部分优秀员工进行脱产培训。

第八条　公司鼓励员工参加与本员工工作有关的业余培训，以提高员工的工作技能和水平。

第三章　培训和考核

第九条　每年年初，各部门应将半年或全年部门员工培训计划报公司办公室，经总经理批准后实施。

第十条　参加培训的员工应接受公司的考核。

第十一条　员工的考核成绩将保存在本人的员工档案内，并作为绩效考核的内容之一。

第四章　培训效果评估

第十二条　培训效果评估要从有效性和效益性两个方面进行，有效性是指培训工作对培训目标的实现程度；效益性是指培训给公司带来的社会效益和经济效益。

第十三条　评估方法：采取汇报、问卷调查及绩效评估的方式进行，以此检查员工掌握的新知识、新技能和工作态度的变化，并统计员工对培训工作的意见或建议，以利于改进今后的培训工作。

第五章　员工培训合同

第十四条　经公司出资培训的员工，培训前应与公司签订《员工培训合同》。

第十五条　公司支付过培训费用的员工，由于本人原因，没有为公司服务满《员工培训合同》中规定的期限，应按合同要求向公司支付补偿费。公司支付过多次培训费用的员工，由于本人原因，解除劳动合同时，应分别计算每次培训所需补偿的费用后，按累计补偿费用额度向公司支付补偿费。

第六章　附　则

第十六条　本制度自发布之日起实施。

表1-4是某公司《员工培训合同》样本。

表1-4　《员工培训合同》样本

员工培训合同
＿＿＿＿＿＿（以下简称甲方）与＿＿＿＿＿＿（以下简称乙方）经平等协商，签订如下条款：
一、甲方的权利和义务
1. 甲方同意乙方到＿＿＿＿＿＿进行＿＿＿＿＿＿培训，并为乙方提供相应的学习条件。
2. 依照《差旅管理制度》为乙方提供交通、食宿补贴。
3. 保证乙方在学习期间享受规定的工资待遇，并为乙方支付学费＿＿＿元、书费＿＿＿元。
4. 乙方在培训期间，因个人原因，发生任何有碍培训正常进行的行为时，甲方有权停付乙方学习期间的一切费用，并要求乙方赔偿甲方已支付的费用。
5. 乙方未按本合同规定履行义务时，甲方有权要求乙方按公司规定的比例赔偿费用。
二、乙方的权利和义务
1. 乙方有权根据自己的实际情况，向甲方提出培训申请。
2. 自觉遵守培训单位的纪律，努力学习。
3. 从培训结束之日起，应为甲方服务满本合同规定的时间，否则按本合同规定向甲方支付补偿。
三、服务期限及补偿费
1. 培训费用在5 000元以下（含5 000元），乙方应为甲方服务满三年，不满三年的，按以下标准补偿甲方为乙方支付的培训费用。

续表

（1）服务满二年、不满三年的，补偿40%；
（2）服务满一年、不满两年的，补偿70%；
（3）服务不满一年的，补偿100%。

2．培训费用在5 000元以上的，乙方应为甲方服务满五年，不满五年的，按以下标准补偿甲方为乙方支付的培训费用。

（1）服务满四年、不满五年的，补偿20%；
（2）服务满三年、不满四年的，补偿40%；
（3）服务满二年、不满三年的，补偿60%；
（4）服务满一年、不满二年的，补偿80%；
（5）服务不满一年的，补偿100%。

四、培训费用

培训费用包括学费、书费、培训期间差旅费（行、食、宿），共计_____元。
脱产培训费用还包括培训期间工资、社会保险，共计_____元，合计_____元。

五、培训起止时间

本次培训开始之日为_____年____月____日，结束之日为_____年____月____日。

六、培训结束后，乙方应将培训成绩单、培训证书交甲方检验，复印件存入员工档案。
七、由于甲方原因，甲方提出解除劳动合同时，乙方不补偿培训费用。
八、本合同作为甲、乙双方签订的劳动合同的补充合同，具有同等法律效力，双方应共同遵守。

甲方：   乙方：

法定代表人：

　　　年　　月　　日　　　　　　　　　　　　　年　　月　　日

第三节　员工培训流程

员工培训活动的整个过程按时间顺序可以大致分为分析培训需求、制订培训计划、设计培训项目、实施培训、培训评估五个过程，如图1-2所示。

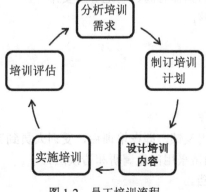

图1-2　员工培训流程

一、分析培训需求

分析培训需求的目的是确定是否需要培训,在哪方面需要培训。需求分析一般包含两个方面。首先,人力资源管理部门根据企业的战略规划、参考各部门所报计划,分析企业需求与现实的差距,提出培训需求意向;其次,人力资源管理部门对培训需求做出判断,如图1-3所示。

图1-3　培训需求分析

二、制订培训计划

在确认只要对现任人员进行培训就可消除或减少工作差距后,就可以开始编制工作计划了。

(1) 根据培训需求分析确定培训内容。

(2) 确定培训时间。

(3) 确认培训方式。确认培训方式主要是指选择什么样的培训方式,是企业自己内部组织培训、培训外包还是外派培训。

(4) 确定受训人员。要考虑时间的安排、培训成本等因素。

(5) 选择培训教师。

(6) 培训费用的预算。

三、设计培训内容

(1) 授课内容的确定(根据培训分析)。

(2) 培训课程的设计。

(3) 选择合适的培训方法。

四、实施培训

(1) 实施培训,注意培训具体时间、场地等的安排。

(2) 对受训人员进行考核。

五、培训评估

(1) 培训教师的考评。

(2) 培训组织管理的考评。

(3) 延时反馈,又叫应用反馈,即在培训后,受训人员到工作岗位上工作一段时间,然后对其受训作用进行考查(通常采用问卷调研和访谈法)。

(4) 培训资料的总结归档。

本章小结

员工培训与开发是指一个组织为员工灌输组织文化、道德,提供思路、理念、信息和技能,帮助他们提高素质和能力、提高工作效率、发挥内在潜力的过程。我们要区分和理解好培训、开发、教育这三个概念。员工培训与开发的目的是让员工尽快进入新的角色,开发和利用现有人力资源潜能,提高员工素质等,要坚持长期性、战略性、严格考核原则等。在建立员工培训与开发制度时,要避免一些误区,如忽视团队协作与合作,培训缺乏系统性,培训就是救火等。培训有一套科学的流程体系,按照这个流程进行有效的培训将大大提高培训的效果,但同时也需要注意一些问题。

思考与练习

1. 简述员工培训与开发的概念,以及培训与教育的概念区分。
2. 员工培训与开发的目的和原则分别是什么?
3. 在员工培训与开发过程中有哪些误区?
4. 企业员工培训制度的具体内容包括哪几部分?
5. 简述员工培训与开发的流程。

案例分析

案例一:三瑞制造公司的培训

王鹏是企业管理专业的硕士研究生,毕业以后,他就进入了三瑞制造公司。这是一家大型国有企业,除了总公司以外,下设八个分厂,分别从事各类制造和装配业务。王鹏进入三瑞公司后,就在总公司人力资源部担任培训师。一年以后,王鹏被调往公司最大的一个机械分厂,担任专门负责员工培训和开发的人事经理助理。两年后,王鹏被提升为人事经理,在这个位置上干了整整四年。这个任期结束后,王鹏又被调往公司总部,担任总公司的员工培训与开发经理助理。现在的经理再过25个月即将退休,王鹏希望能够在两年后接替他的位置。他在寻找表现自己工作能力的机会。

恰在此时,总公司计划在16个月内开设一家新的分厂。与其他八个分厂不同的是,这是一家与外资合营的企业,外方负责提供生产设备和技术人员,分厂的管理人员和操作工人则由中方配备。新的分厂大约需要800名工人,各类管理人员100名。总公司对于这次合资办厂寄予厚望,非常希望能借此机会为整个企业的发展注入新的活力。人力资源总监承诺一定全力以赴做好新厂的人员配备和培训工作。这次新厂所需的操作工人全部是从外部招聘的,而所有的管理人员则都是从总公司及其他八个分厂选聘的。在基本的人员招聘计划确定以后，总公司员工培训与开发经理要求王鹏在四个月内制订一份详细的培训计划。

王鹏深知这一工作的分量。虽然他从事了多年的员工培训与开发工作，但是，如此大规模的员工培训工作，他以前还没有负责过。另外，这次对操作工人和管理人员的培训还不同于以往他在机械分厂的员工培训工作：一是为熟练应用先进的生产设备，对这部分操作工人在技能上的要求明显高于其他分厂的操作工人；二是根据总公司的要求，在新厂的管理中将更多采用现代化的管理理念和管理方法，那些来自其他分厂的管理人员必须在管理技能、创新决策能力等方面作重点培训，才有可能转变其以往旧的管理观念。

资料来源：http://wenku.baidu.com/view/1cd5c93c580216fc700afd5e.html

讨论题：

1. 王鹏制订的培训计划应包括哪些内容？
（提示：结合本案例，讨论培训计划内容）
2. 在此之前，他应如何进行培训需求分析？
（提示：培训需求分析的方法、步骤）
3. 新厂的操作工人和管理人员的培训在内容与方法上有什么不同？
（提示：结合本案例进行比较分析）

案例二：可口可乐——员工培训是圣经

风行全球 110 多年的可口可乐公司是全世界最大的饮料公司，也是软饮料销售市场的领袖和先锋。其产品包括世界最畅销五大名牌中的四个（可口可乐、健怡可口可乐、芬达及雪碧）。产品通过全球最大的分销系统，畅销世界超过 200 个国家及地区，每日饮用量达 10 亿杯，占全世界软饮料市场的 48%。而重视员工培训，正是这家传统饮料公司之所以能够长盛不衰的一个重要原因。可口可乐人事部 Claudia 说："可口可乐是一家培养人才的公司，生产碳酸饮料不过是我们的副业。"

1. 给员工足够的培训机会

培训人才已成为可口可乐经营理念的一部分。在中国各地都有训练中心、管理学院，对不同等级、不同岗位的员工给予不断的训练。可口可乐中国有限公司对外事务副总监李小筠说："因为每一天，我们的业务都在不断地发展，我们的人员本身都应该不断地学习、自我提高，才能应付市场变化的挑战。"

在可口可乐，非常重要的一点是让员工觉得自己有机会学到很多东西，有很多培训发展机会。一般来说，员工总是期望和考虑公司给自己提供更多机会，但有时机会并非外人给予，是靠自己设计和创造的。因此，个人首先应确定一个清楚的目标和计划，然后一步步走下去，才会得到更好的发展。

培训的动机从哪里来？可口可乐公司有一个哲学:看市场时是看有没有什么工作还没有做好，有什么机会还没有利用到，就这样一个思想令整个培训系统不断在前进。换言之，市场上需要培训什么就培训什么。

一般来说，大公司都有培训和提升规划，会根据业务发展的需要，制订"能力的计划"，进行能力的培训，如课堂培训、在岗培训、上级指导、岗位轮转，以及出国进修等。那么，如何才能一步步地迈向更高的台阶呢？可口可乐中国饮料有限公司 HR Director 熊先生说，主要看一个人的表现如何，还有他的潜力。有时表现和潜力并不完全是一回事。有的人虽然表现很好，可没有多少发展的潜力，这也是不行的。除了表现和潜力外，个人自我确定的发展目标也很重要。

2. 培训实现分级制

在可口可乐公司，培训也分为高、中、低三级。高层员工的培训主要是以总部培训发展组提供的培训项目为主，如每年挑选一些高级经理去清华大学接受外国教授一个月的培训。对中层员工的培训则主要侧重于他们掌握新的管理知识、新的技能，优秀者去厦门大学培训一个月。至于一般员工则侧重于本职岗位的专业技能培训，在培训中主要抓住潜力好、能力强的员工进行重点培训，这些培训主要是提供给他们一些新领域的知识与技能，以达到升职后工作岗位的需求。而企业中层的重点员工与基层的重点员工，一般来说是企业培训的重点，公司会集中资源对他们进行强化培训。

在业务技能的培训上，可口可乐系统的培训是经常性、全员性的。如对于新的业务员，由老的业务骨干（业务主任、经理）在本单位内定期或不定期进行业务培训；对于老业务骨干（业务主任、经理）则分批到上层管理部门（称为可口可乐管理学院）参加培训，不断从实践的总结和理论的指导上提高业务技能。

天津可口可乐公司人力资源总监徐永革说，建于2000年的天津可口可乐"教育训练中心"，是可口可乐公司进行上述培训的主要训练基地。

3. 企业理念的培训

任何一个企业都少不了企业理念的培训，可口可乐也不例外。

理念灌输是可口可乐系统培训工作的基本内容。如3A、3P的营销理念、充分发挥个人才能、努力实现自我价值的敬业理念等都已潜移默化于员工的行为之中。可口可乐系统创始人关于"可乐的成功来自于每一名员工从每一天的每一件事情认真做起"的教诲更是成为大家的信条与行为指南。

天津可口可乐公司人力资源总监徐永革说，我们主要通过创造和谐愉快的工作环境来培养员工的团队精神。和谐的员工关系，能够激励员工工作热情，减轻员工工作压力，有利于员工之间的沟通，也是培养员工团队意识、平等合作精神的重要手段。除此之外，我们还经常和员工组织一些团体活动，比如我们公司组织的足球队，这里就不分上下级和部门，大家在比赛中团结一心，充分地熔铸了团队精神。

可口可乐也许是全球最重视文化建设并且文化建设最成功的企业之一，其文化不但已成为美国文化的象征，甚至有成为全球文化象征的趋势。这正是可口可乐目前努力希望达到的目标之一。

资料来源：中国人力资源，http://blog.hr.com.cn/html/14/n-95914.html

讨论题：

1. 可口可乐公司培训的特色内容有哪些？
（提示：结合案例进行讨论分析）

2. 哪些依据可以作为培训分级的参考？
（提示：人力资源管理方面）

3. 可口可乐公司培训制度对我们的启示是什么？
（提示：结合本章内容讨论，合理即可）

第二章 员工培训与开发的相关理论

【本章关键词】
　　学习；自我效能；学习原理；工作环境；学习高原现象

【学习目标】
　　□ 了解：员工培训与开发中的学习理论，包括学习的概念、类别。
　　□ 熟悉：成人学习特点和成人学习理论，以及学习的方式。
　　□ 掌握：成人学习的过程和步骤，以及培训迁移模型。

开篇案例

像煮饺子一样培训新员工

　　人的生活节奏越来越快，很少有人自己动手包饺子吃，大都从超市买速冻饺子回来煮，既方便又省事。煮速冻饺子和煮现包的饺子不一样，煮速冻饺子有几个小诀窍：第一，一锅水中不能放入过多的饺子，需要给饺子和饺子之间留出一定的空隙；第二，下锅时候的水温不宜太高；第三，也是最重要的一点，水烧开并不意味着饺子熟了，这时候的饺子大多是夹生的，一定要加入一碗凉水继续煮，水煮开后再加一碗凉水，如此反复两次到三次，直到所有的饺子都漂起来了才算大功告成。其实这样的煮速冻饺子的诀窍并不是什么新鲜事，大多数人都知道这样的小窍门。作为人力资源的主管，如果能触类旁通，也就可以从中悟出将企业新员工成功地调教成一名优秀的企业员工的道理。

　　新员工与速冻水饺的相似之处在于，你很难从其外表看到内涵。新员工一般分为两类：应届毕业生和社会人员。其中，应届毕业生在经过了大学的标准体制教育之后都披着统一的外衣走向社会，就连简历都是按照一定的模板制作的，各种证书也不少；社会人员在经过了市场或多家用人单位的洗礼之后，自然有自己的一套应对用人单位的办法，个人履历有时也有真有假，而用人单位难以查证。乍一看就如同超市冰柜里的速冻饺子一样，包装都很漂亮，透过包装看里面的饺子只能朦朦胧胧看个大致。在下锅之前你可能永远不知道买到的饺子包得好不好、会不会破皮。从如何煮好饺子的诀窍引发的联想，可以总结几个"煮人才"的诀窍：起始水温要适中；要给"饺子"留一定的空间；开锅之后加凉水反复煮。

　　资料来源：http://blog.hr.com.cn/html/29/n-96429.html

第一节 学习的概念和理论

一、学习的概念

对学习的界定一般有两种：一种是侧重能力角度，另一种是侧重行为角度。

由于对学习的界定角度不同，因此学术界对于学习的定义也不同。从能力角色界定学习，是以美国人力资源管理学家加格纳（R.Gagne）、梅德克（K.Medker）和诺易（R.A.Noe）等为代表，他们认为，学习是相对长久且不属于自然成长过程结果的人的能力的变化。从行为角度界定学习，以西方行为主义学派为代表，认为学习是一种获得知识的过程，得到的经历体验导致持续的行为的改变。结合来看，学习被认为是通过经历体验而导致持续的行为改变。

还有一种学术观点认为，学习的本质不是行为的变化，而主要是大脑中认知结构的变化。在很多时候，虽然人的行为相同，但是态度和动机有很大的差异。因此，学习是人的能力和倾向的变化。根据这一定义可以得出，学习的本质是行为潜能的变化。但是，这种在人的心理内部的变化是不可观察和测量的，人们必须通过外部行为做出学习是否发生的推断。内在的变化和外显的行为有时是一致的，有时却是不一致的。

以上两种学习的定义，虽然界定的侧重点不同，但实质内容是一致的。表现为人类内部的学习经历体验，是人们已经掌握的知识，属于语言信息的学习成果；变现为人类外部的学习经历体验，包括智力技能、运动技能、态度和认知策略，是人们对知识的获得过程，其中智力和运动技能属于技能范畴。

二、学习的分类

20 世纪 50 年代，布鲁纳等人通过实验揭示了认知过程中的一个基本现象——归类或概念化，这项研究深得皮亚杰的赏识，被称为是"思维心理学的一场革命"。这说明，人对外界事物反应的中介是成员的类别关系，而不是其独特性。一般来说，人的认知能力越低，就越难于进行常规性分类；反之，人的认知能力越高，就越容易迅速分类。在解决问题的过程中，我们首先就面临分类的问题。

1. 加涅的学习成果分类

1965 年，加涅在其《学习的条件》一书中对学习成果进行了著名的分类，如表 2-1 所示。

2. 布卢姆的分类

布卢姆按照教育目标和教育任务的进度，把学习分为认知的学习、情感的学习和工作技能的学习。其中，将认知学习的目标论述为以下六个级别。

（1）知识：对知识的简单回忆。
（2）领会：能解释所学的知识。
（3）运用：在特殊情况下使用概念和规则。
（4）分析：区别和了解事物的内部联系。

（5）综合：把思想重新综合为一种新的完整的思想，并产生新的结构。
（6）评价：根据内部的证据或外部的标准作出判断。

表2-1 加涅的学习成果分类

学习成果的类型	能 力 描 述	举 例
语言信息	陈述、复述或描述以前储存在大脑中的信息	陈述遵守公司安全程序的三条理由
智力技能	应用可被推广的概念和规则来解决问题并发明新产品	设计并编制一个满足顾客要求的计算机程序
运动技能	精确并按时进行某种体力活动	射击并持续击中小的移动靶
态度	选择个人活动方式	在24小时内回复来函
认知策略	管理自己的思考和学习过程	选择使用三种不同的策略来判断发动机故障

资料来源：R.M.Gagne, K.L. Medsker. The Conditions of Learning[M]. Fort worth, TX: Harcoungt-Brace, 1996.

3．奥苏伯尔的分类

奥苏伯尔的学习分类有两种，一种是接受学习和发现学习，另一种是意义学习和机械学习。

（1）接受学习和发现学习。在接受学习中，学习的对象是经验，全部内容是以确定的方式授予学习者的。当前，我们的初级、中级乃至高等教育都是以接受学习为主。由于通过发现学习得到的经验实在不足以满足社会的飞速发展和苛刻的需要，而且也没有将前辈留下的宝贵经验置之一旁而从头再来的必要，因此对已有经验的教学是当今教学的主要方面。一般地，教师只要根据教学目标向学生提供学习材料和矫正手段，就可以有效率地完成目标。

发现学习具有不可替代的优越性。它的指导思想主要是以学生为主体，独立实现认识过程，其优点主要有以下五点：有利于激发学生的智力潜力；有利于学生自我激励内在动机；有利于学生获得解决问题的能力和探索的技巧；有利于增强学生的责任心；有利于学生保持记忆。但是它的不利之处也非常明显，特别是在教学上太耗时，不宜作为学校教学的主要教法，须同其他方法结合使用才能产生较好的效果。

（2）意义学习和机械学习。意义学习和机械学习二者也是互不可缺的。我们一般提倡让学生在良好的条件下进行意义学习，这有利于提高其学习的效果。但这并不是绝对的，有时机械学习的效果要比意义学习更佳。例如，在语文教学中，不少有经验的教师就知道在古文教学中背诵的意义，一些有丰富教学经验的老师往往不讲解课文，而是带领学生熟读课文、背诵课文。记忆力的发展也不是意义学习可以达到的，机械学习可以给予更多的帮助。我们在教学中要合理应用这两种学习方法，在原有基础上发展新知识时应多采用意义学习；而在对基础的学习和基本技能的学习上，机械学习的效果可能会更好。

4．其他分类

管理及心理学家彼得·哈尼（Peter Honey）将学习分为行动型、反省型、理论型和实际型。我国教育心理学家根据学习的内容和结果一般将学习分为知识学习、动作技能学习、智慧技能学习和社会行为规范学习，认为教育是通过知识、技能来形成和发展学生的能力与体力的，是通过行为规范的学习来进行学生态度和品德的形成与发展的。因此，这种分类更具有实际意义。

对于学习的各种分类方法都各有其优点和缺点，相互间没有好坏之分，而且这些分类可以帮助我们找到促进学习的方法。例如，学习操作机器、驾驶汽车等技能性的培训，行动型的人将倾向于一面实践、一面学习的方式；而理论型的人则会先学习原理理论，再进行实际操作。

三、主要的学习理论

学习理论可以帮助人们不断地认识和获得学习的方法与途径。我们在这里将介绍不同流派中具有代表性的几种学习理论。

1. 社会学习理论

社会学习理论指人们通过观察，向他们认为值得信赖的且知识渊博的人（示范）的行为进行学习。社会学习理论也认为，那些被强化或被奖赏的行为会再次发生，人们会不断向那些被奖励过的行为或技能的示范者学习。根据社会学习理论的论点，学习新的技能或行为是通过直接获得使用某种行为或技能的成果或者观察别人的行为及行为成果的过程。社会学习理论对培训的指导作用可以归纳为以下两个方面。

（1）自我效能。社会学习理论的一个特点就是学习要受到自我效能的影响，也就是在认知过程中的功效预期。班杜拉（Bandura）是社会学习理论的创始者，他将功效预期定义为个人确信自己能够成功地完成某种任务的预期。功效预期不同于结果预期，结果预期是指个人对特定的行为将导致某些后果的估计。举例来说，如果一个人知道某种特定的行为将受到一定的奖赏，这属于结果预期；如果这个人对完成这种特定行为的能力表示怀疑，这就属于功效预期，也就是自我效能感。一些研究表明，功效预期或自我效能感确实影响着人们完成某种学习或工作的效果，并且影响到学习或工作的努力程度。一般来说，自我效能感越强，付出的努力越大，承受失败或挫折的能力也越强，坚持的时间也越长久。

运用到培训上，参加培训的人认为自己掌握知识的能力即自我效能在很大程度上会影响到培训的效果。这对于培训课程设计是很重要的参考条件。

（2）观察学习。观察学习是人类间接经验学习的一种重要形式，它普遍地存在于不同年龄阶段和不同文化背景的学习者中，广泛地应用于人们的生活经验、行为操作和运动技能的学习。人们通过观察学习的描述和解释客观地揭示了观察学习的一般过程及规律，对于解释和指导人类的观察学习过程有重要的理论价值和实际指导作用。

2. 目标设定理论

目标设定理论认为行为方式由一个人潜意识的目标和目的决定。目标会通过指导精力和注意力的分配，激励个人为达到目标而进行战略开发来影响行为方式。研究表明，具有一定挑战性且具体的目标比模糊的没有吸引力的目标更能激发高水平的绩效。只有人们全心全意为目标努力时，目标才会带来高绩效。如果雇员认为设定的目标太难，那么他们就不会全身心地投入。

目标设定理论还被用于培训项目的设计中。该理论认为给参加受训者提供特定的富有挑战性的目标会利于学习，这一点可从培训课程计划中体现出来。课程计划以特定的目标开始，这些目标向学习者提供了应采取的行动、学习发生的条件、可被接受的绩效水平等信息。

3. 强化理论

强化理论也叫行为修正理论，是美国的心理学家斯金纳（Skinner）提出的，以学习的强化原则为基础的关于理解和修正人的行为的一种学说。

强化理论具体应用的原则如下。

（1）经过强化的行为趋于重复发生。所谓强化因素，就是促使某种行为在将来重复发生的可能性增加的因素。例如，当某种行为的后果是受人称赞时，就增加了这种行为重复发生的可能性。

（2）要依据强化对象的不同采用不同的强化措施。人们的年龄、性别、职业、学历不同，需要就不同，强化方式也应不一样。例如，有的人更重视物质奖励，有的人更重视精神奖励，应区分情况，采用不同的强化措施。

（3）及时反馈。及时反馈就是通过某种形式和途径，及时地将工作结果告诉行动者。要取得最好的激励效果，就应该在行为发生以后尽快采取适当的强化方法。一个人在实施了某种行为以后，即使是领导者表示"已注意到这种行为"这样简单的反馈，也能起到强化的作用；如果领导者对这种行为不予注意，这种行为重复发生的可能性就会减少以至于消失。

（4）正强化比负强化更有效。在强化手段的运用上，应以正强化为主，必要时也要对不好的行为予以惩罚，做到奖惩结合。

运用到培训中，强化理论说明，如果要让参加培训者获得知识、改变行为方式或提高技能，培训者必须要清楚参加培训者认为哪些属于正强化（或负强化）。然后培训者要将其与参加培训者的知识、技能的获取和行为方式的改变联系起来。

4．预期理论

预期理论认为一个人的行为基于三个因素：行为预期、实现手段和效价。认为能做好一件事与实际的执行结果之间存在关系称为行为预期，有点类似于自我效能。在预期理论当中，认为执行特定的行为（如参加一项培训计划）与特定成果或奖赏（如能更好地执行工作）之间存在关联，这被称做实现手段。效价是一个人对一种成果的评价（如对能更好地执行一项工作的重要性的评价）。

根据预期理论，不同的行为选择要根据它们的行为预期、实现手段和效价来进行评估。从培训角度看，预期理论说明学习最有可能在下列情况下发生，即员工相信自己能够完成培训项目内容（行为预期），而且学习与更高的工作绩效、加薪、同事的认同（实现工具）这些成果有关，且员工认为这些成果有价值（效价）。

5．公平理论

美国行为科学家亚当斯于1965年提出了公平理论。这种理论侧重于研究工资报酬等分配的合理性、公平性及其对人们积极性的影响。每个人都会自觉或不自觉地把自己付出的投入和所获得的报酬的收支比率同他人（条件相等）在这方面的收支比率作社会比较。

公平理论被人们广泛运用于薪酬政策的制定上，但是在培训中，我们必须贯彻公平原则。例如，我们在要求员工参与培训的过程中，必须保证他们能够从培训中得到一些收益，因为他们可能为了培训放弃了自己的一部分收益，而如果得不到补偿，这对他们来说是不公平的，也会影响培训的效果。此外，我们必须保证女性员工在培训上拥有和男性员工同等的机会。

第二节 员工培训中的成人学习原理

培训主要针对成人培训，因此需要以成人学习理论作为指导。在成人学习理论的基础之上把握成人学习的特点与培训要求，这样才可能优化培训效果，使培训投入获得最大的产出。

一、成人学习的特点

教育学家诺斯教授（Maloolm S. Knowles）指出，训练成人和训练儿童应有很大的分别。成人由于人生经验较为丰富，思想较为复杂，所以他们对学习的要求，无论是学习的内容、教学的方法，还是学习的目的以及能否达到、怎样达到等，都会经过仔细的辨别和思考，并且成人对学习的要求和期望较高。因此，了解成人学习的特点对于我们加强培训的效果将大有裨益。

1. 问题导向

成人学习一般是带着问题学习，注重对问题的解决，其学习的重点放在解决实际问题和应用上，当学习能满足成人的经验和兴趣并结合其工作场景及实际应用时，学习主动性就强，学习效果也就越好。学习动机对成人的学习成效有很大的影响，其中内在的激励尤其能促进成人持久、主动地学习，学习动机将得到极大的激发。

2. 自我反思

成人作为社会的一员，有着较为丰富的社会阅历和工作及生活经验，对许多事情都有亲身的体验且已有了比较确定的坐标位置。成人之间有很多值得互相学习的地方，在很多成人培训中，学员就是最好的学习资源。当学习能满足成人的经验和兴趣时，学习动机将极大地被激发，这是成人学习的起始点。

3. 自我导向

成人学习是自我导向的学习，其自主性与其学习效果有很大的联系。成人的学习强调参与，参与有利于提高成人学习的效果。

在生活的大多数方面，成年人可能是完全自主的，但当他们进入培训开发过程时，仿佛又回到了学生时代。如果我们认定他们就是这样的，并且像对待孩子一样教育他们，问题就会产生，即成年人一方面作为有依赖性的学习者，另一方面又具有较强的自我指导的心理需求。为了解决这个问题，成人培训者中已经有人开发出各种策略，帮助成年人迅速地实现转变，将自己看成是自我指导的学习者而不是依赖的学习者。

4. 优质的学习材料能使成人学习更高效

在成人学习过程中，如果有一套与培训开发内容相呼应的教材或学习材料，自然会有很好的效果。特别是具有中国文化背景的学习者，绝大多数习惯于文字的阅读与理解，其学习风格属于反思型或理论型的比较多，如果没有学习的文字材料作为对课程内容的说明与补充，会觉得学习缺乏依据。

5. 成人学习需要一个良好的环境

对于许多成年人，培训开发可能会使他们联想起以前经历过的不愉快的学习环境，如严肃的气氛、学生的无足轻重、教师和学生之间的距离、做不完的作业、考不完的试等。另外，成人一般都有一定的身份、地位，对"面子"、自尊等非常在意。鉴于此，一个适宜的学习环境对他们的学习效果影响较大，只有当他们觉得学习环境比较"安全"、舒适时，才能促使他们积极参与学习。有必要指出的是，这里所谓的学习环境，不仅仅是物资设备等"硬"环境，更重要的是能够畅所欲言的心理环境。

6. 成人学习需要"做中学，看中学"

成人学习需要实践和应用他们所学的知识，这样才能掌握和切实体验相关知识，并将这些知识运用到实际工作和生活中。仅仅是智力上的理解对行为的改变还是不够的，如果不进行实践，人们很难从一种行为方式转变为另一种行为方式。因此，在培训开发中，角色扮演、案例分析、情景模拟、现场观摩、实习等实践活动很重要。

二、戈特的16条成人学习原理

美国管理学家汤姆·W. 戈特（Tom W. Goad）博士在其所著的《第一次做培训者》一书中，总结了16条关于成人学习的原理。这些原理为许多企业所应用，并经实践证明能有效促进培训工作取得成功。这些原理的主要内容包括以下几个方面。

（1）成人是在"做"中学习。亲手验证的想法能激起他们更高的学习积极性。

（2）运用实例。成人习惯于利用所熟悉的参考框架来促进当前的学习，因此需要采用大量真实、有趣的与学员有关的例子。

（3）通过与原有知识的联系、比较来学习。在培训的初始阶段要充分运用"破冰"的方法让学员互相认识，以了解学员各自的背景，为培训班定下基调，尽快调动学员参与的积极性。

（4）在非正式的环境氛围中进行培训。营造轻松的环境，避免严肃、古板的气氛。例如，要对培训场地进行精心的布置。

（5）增加多样性。

（6）消除恐惧心理。以非正式的方式提供信息反馈，避免成人产生焦虑的心理。

（7）做一个学习促进者。培训者为促进成人的学习可使用保持中立、促使学员履行学习的职责、识别学员参与学习的主要目的、达成对预期学习效果的认同、强化学习的基本原则、强化有效的学习行为、指导学员群体实现学习目标、鼓励全体学员成为学习的评判者、帮助学员明确学习目标以及讲解、演绎和答疑解惑等方法。

（8）明确学习目标。保证学习始终在正确的轨道上。

（9）反复实践，熟能生巧。

（10）引导启发式的学习。给予启发、鼓励和发放资料，尽量让成人学员自己找出解决问题的途径和办法。

（11）给予信息反馈。及时、不断地给予成人学员以信息反馈。

（12）循序渐进，交叉训练。某一阶段的学习成果可在另一阶段的学习中得到应用与加强。

（13）培训活动紧扣学习目标。学习目标应被学员清楚、了解和认同，并在培训过程中反复强调。

（14）良好的初始印象。培训的准备工作充分。

（15）富有激情。这有赖于培训师的积极表现。

（16）重复学习、加强记忆。最好采用不同的方式重复三次，这有利于加深学员们的记忆。

三、成人学习原理对培训实践的指导

在成人学习的众多原理中，有三条是最重要的。这三条原理是从事人力资源培训工作的专业人员必须掌握的，如果他们能够理解这三条原理及其背后的逻辑，他们就能设计出有效的培训项目，并能很好地在培训项目中激励成年人与其一起学习。

1．成年人很少愿意改变自我认知

这一原理的假设条件是：每个成年人的学习是独特的，都是以自己的速度和方法来学习；他们有许多经验可供投入，因此他们既可能做出贡献，也可能失去一些东西。如果他们发生变化，最好是出于他们自己的决心和意志，培训者不能强制他们发生这种改变。

这一原理对人力资源部门进行员工培训与开发的实践指导包括：成年人把他们的知识与经验带到学习中进行检验，因此可以鼓励他们提出各种来自他们自身的有关经验的问题；但是，另一方面，他们又常常不愿意以自己的自尊受到伤害为代价和大家分享经验，这时就有可能暴露他们的缺点、弱点或者错误，因此需要注意培训的气氛；成年人不会"购买"培训者提供的答案，他会自己去寻找答案，所以应该避免将信息陈述为"真理"；成年人在学习中很需要自尊心和自信心的保护；学习应该是一种支持性的、富有挑战性的任务，培训者最需要注意的是要多鼓励、少批评；成年人需要了解有关他们学习效果的反馈，在他们尝试新的技能时，应该得到积极的肯定和确认，而且他们也特别需要了解关于他们潜能的反馈。

2．成年人希望以现实为核心

这一原理的假设条件是：成年人将学习当成达到目的的手段，而不是将学习本身当成目的。对于成年人来说，学习应该是自愿的，是具有个人意义的，最好是自愿的、能产生立竿见影的效果的；否则他就会失去兴趣。他只会学习他感兴趣的知识，当然，这也是成年人容易发生学习问题的症结所在，因为很少有能够立竿见影的学习。

这一原理对人力资源部门进行员工培训与开发的指导包括：应该保证培训项目或活动能提供一些有用的知识，而这些知识应当与学习者当前的需要直接相关；应该将培训的目的、优点或计划进程告知学习者；经常进行总结和回顾，并对成年人的学习进行积极的评价。

3．成年人习惯于积极的、自我引导的方式

这一原理的假设条件是：成年人习惯于以经验和实践为基础进行学习；大多数成年人喜欢与人合作，努力推行一个合作进程，喜欢分享别人的经验。

这一原理对人力资源部门进行员工培训与开发的指导包括应该给予成年人更多的机会，需要采取鼓励、支持的方式来促进其学习；在参与学习方面，刚开始很难调动成年人的学习积极性，但是如果培训者坚持，受训者常常给予配合，而最终的结果是大家都感觉有所收获；应该

安排成年人在学习中进行实践，必须让他们具有投入感，这样才能让他们致力于所进行的练习或者需要完成的任务；他们需要通过动手和犯错误来进行学习，需要自己发现解决问题的方法；成年人需要培训者能够就学习的问题与他商量，并倾听他的意见。

> **河边的苹果**
>
> 　　有一位老和尚，他身边聚拢着一帮虔诚的弟子。这一天，他嘱咐弟子每人去南山打一担柴回来。弟子们匆匆行至离山不远的河边，人人目瞪口呆。只见洪水从山上奔泻而下，无论如何也休想渡河打柴了。无功而返，弟子们都有些垂头丧气。唯独一个小和尚与师傅坦然相对。师傅问其故，小和尚从怀中掏出一个苹果，递给师父说："过不了河，打不了柴，见河边有棵苹果树，我就顺手把树上唯一的一个苹果摘来了。"后来，这位小和尚成了师父的衣钵传人。
>
> 　　管理心得：世上有走不完的路，也有过不了的河。过不了的河掉头而回，也是一种智慧。但真正的智慧还要在河边做一件事情：放飞思想的风筝，摘下一个"苹果"。历览古今，抱定这样一种生活信念的人，最终都实现了人生的突围和超越。

第三节　员工培训迁移与学习效果的提高

　　在培训中，为了达到学习效果的最优化，除了要遵循学习原则、注意运用培训的学习原理之外，还需要在具体运用学习理论的过程中，不断提高培训中学习的效果，并促使培训迁移。

　　培训迁移是近年来在培训文献与实践中不断出现的主题。所谓迁移，是指学员学习成绩的提高会在其他场合通过行为表现出来。培训的一个主要目标是确保员工高效率地工作，把所学到的知识应用于工作中以提高绩效。工作环境中的培训迁移是确保培训活动取得成功的关键因素。在培训迁移中，重点关注的是知识技能和能力（KSAs）能否转变为行为和结果，所以在培训领域，人们重视在什么条件下更容易出现培训迁移，如管理者的支持、转化环境的营造、转化中的技术支持和机会的提供等，而不单单是学习内容的设计。

一、学习迁移理论

　　学习迁移是习得经验得以概括化、系统化的有效途径，是能力与品德形成的关键环节。迁移规律对于学习者、教育工作者以及有关人员具有重要的指导作用。迁移有多种形式和结果：正向迁移是指工作绩效因为培训而变得有所改进；零迁移是指培训没有带来绩效的任何变化；负迁移是指工作绩效因为培训而变得更差。关于促进迁移（正向迁移）的学习理论流派有很多，其所强调的重点也不尽相同。表2-2对学习迁移理论进行了简单的概括。

　　根据上述理论，我们将影响学习迁移的条件分为以下几个方面：

　　（1）相似性，包括学习材料的相似性（结构特征的相似与表面特征的相似）、学习目标与学习过程的相似性。

(2) 原有的认知结构，包括原有经验的水平、原有经验的组织、原有经验的可利用性。

(3) 学习的定势，通常指既先于一定的活动而又指向该活动的一种动力准备状态，又称为心向，其对迁移的作用表现为促进或阻碍。

表 2-2　学习迁移理论

理　　论	代 表 人 物	理 论 要 点
形式训练说	官能心理学派	固有的官能只能通过训练才能得以发展，迁移是心理官能得到训练发展的结果
同因素理论	桑代克	只有当两种情境中具有相同的要素时才能产生迁移。培训环境应与工作环境完全相同
经验类化说	贾德	概括化的原理和经验是迁移得以产生的关键。对原理的学习越透彻，对新情境的适应就越强，迁移就越好。一般原则能够应用于多种不同的工作环境中
关系理论		迁移产生的实质是对事物间关系的理解。迁移取决于能否理解要素间形成的整体关系以及能否理解原理与实际事物之间的关系
分析概括说	鲁宾斯坦	迁移发生的机制在于对两个课题的分析和概括
符号性图式理论	霍利约克、巴素克、吉克等	当原有的表征与新的表征相同或相似时，即产生迁移。图式匹配或表征相同是迁移产生的决定性因素
产生式理论	安德森等	若两个表征含有相同的产生式或者出现产生式的交叉与重叠，则可以产生迁移。产生式是决定迁移的一种共同要素
结构匹配理论	金特纳等	迁移过程中存在一个表征匹配的过程，若两个表征匹配，则可以产生迁移
情境性理论	格林诺	迁移就在于如何以不变的活动结构或动作图式来适应不同的情境。这种活动的结构既取决于最初的学习情境，又取决于后来的迁移情境
认知转换理论		有意义的材料和编码策略可以增强培训内容的存储和回忆

二、影响培训迁移的工作环境

工作环境是指能够影响培训成果转化的所有工作上的因素，主要包括迁移氛围、管理者支持、同事支持和执行机会。

1. 迁移氛围

探索工作环境对培训成果转化影响的一个方法是考察迁移的整体氛围。迁移氛围是指受训者对各种各样的、能够促进或阻碍培训技能或行为方式应用的工作环境特征的感觉。这些特征包括管理者和同事的支持、应用技能的机会以及应用所学技能的结果。研究表明，培训迁移氛围与管理者在培训之后的管理行为和人际关系行为的积极变化密切相关。

2. 管理者支持

管理者支持具有多层含义，包括对参与培训活动的重视程度、对培训内容在工作中应用的重视程度、鼓励参加培训，还包括直接参加培训活动的程度，如在培训班亲自主持或参与课程。

管理者支持程度越高，就越有可能发生培训成果的转化。管理者提供支持的最基本的水平是允许员工参与培训，最高水平是担任培训的指导者（在培训项目中的教导者）。许多担任指导者的管理者很可能会提供如下支持：与受训者共同探讨其应用所掌握技能的进展情况，并为他们提供实践机会；通过强化（使用行动计划）来促进转化的进行。行动计划是指描述受训者和管理者所采取的、保证将培训成果转化到工作当中去的行为步骤的书面文件。行动计划要明确受训者将要从事的特定项目或难题，以及管理者需要提供的帮助受训者进行培训成果转化的各种设备和其他资源，还包括具体的日期和时间表。

3．同事支持

同事支持是通过在受训者之间建立支持网来增强培训成果在工作中的应用。支持网是指由两个或两个以上的受训者组成、愿意面对面地讨论或通过电子邮件沟通所学技能在工作中应用的小组，使受训者可以共享在工作中应用培训内容的成功经验。他们还可以讨论如何获得应用培训内容所需的资源，以及处理工作环境中阻碍培训应用的具体方案。

培训师也可以利用内部简讯的形式指导受训者进行培训成果的转化。每个受训者都可以获得一份简讯，在简讯中刊载那些对成功应用新技能的受训者所进行的访谈。培训师还可以向受训者推荐一名以前参加过同样培训项目、有经验的员工作为咨询人员。咨询人员可能就是其同事，能够向其提供与迁移问题有关的建议和支持。

4．执行机会

执行机会即在工作中应用新技能的机会，受工作环境和受训者学习动机的双重影响。一项最近的研究发现，对执行机会影响最大的因素有主管对培训的态度、工作团队的支持和受训者个人的自我效能及认知能力。

对于执行机会可通过让受训者反馈他们是否执行过任务、执行了多少次以及难度大且富有挑战性的任务的执行情况来进行衡量。执行机会少可以说明工作环境对应用新技能的影响，也可以反映出培训内容对员工的工作并不重要。

此外，影响培训迁移的因素还有技术支持、组织层次支持、学习型组织建设等。学习型组织是组织层次支持的最有力的工具。在学习型组织中，培训被看做是其所设计的智力资本构件系统中的一部分，它不仅包括学习执行现任工作所需的基本技能，而且还包括激发员工获取并应用知识的创造力和革新能力。

三、克服学习高原现象，提高学习效果

在培训中，学员的学习效果并不是呈现不断递增的直线状，而是呈曲线状。在培训学习的初期，学员会因掌握并运用新的知识与技能表现出明显的进步，尤其在学习技能的培训中。但是随之而来的一段时间，学员的表现常常停滞不前，这对学员的学习积极性会带来一定的影响。在学习过程中，存在着一种学习高原现象，如图2-1所示。

一般而言，克服学习高原现象需要双方的共同努力，一方是培训方，包括培训组织设计者和培训师；另一方是学员自身。前者涉及培训目标的确定、培训计划与设计、培训活动的安排和培训师的选择等。下面我们将集中讨论学员个人该如何克服学习高原现象。

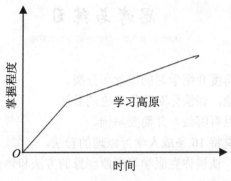

图 2-1　学习高原现象

学员主要从掌握学习方式方面来克服学习高原现象,在学习进程中不断探索和掌握适合自己的学习方式,使自己更好地适应新的环境。事实上,一个训练有素、不断取得成功的人往往依靠自己来学会所需的知识和技能。

国外学者的研究认为,已经学会如何学习的人有两个特点:一是能够控制自己的学习进程;二是具有一定的关键性的学习能力。

1. 自我控制

能够自我控制学习的人,将学习看成是发自内在需要的自觉行为。通常情况下,他有个人的学习和培训计划并加以严格执行。在学习中,他懂得如何学才能学得最好,才能达到预先设定的学习目标。

2. 关键性的学习能力

在学习进程中,为了避免停滞不前的高原现象,在具有自我控制的同时,还需具有持续学习的关键学习能力。学员具备的这些能力越强,达到其学习目标的可能性就越大。国外学者研究指出,这些能力包括渴望学习的习惯、自我激励、使用信息资源的能力、交流沟通的能力、解决问题的能力、抽象思维的能力、为学习作出计划并制定目标的能力以及知道自己如何才能学得最好的能力。

本章小结

本章所介绍的学习理论和培训迁移理论是人力资源培训管理、设计和实践的理论基础。首先对学习进行了定义,并且介绍了学习的分类,然后介绍了不同理论流派的学习理论,包括行为主义、认知主义、人本主义等。在本章第二节主要介绍了成人学习的特点和戈特关于成人学习的 16 条原理,并根据这些成年人学习的特点和学习原理,阐述了其对员工培训与开发实践活动的指导作用。在第三节中,主要阐述了培训的迁移理论,即培训的内容能否应用到工作中,还介绍了不同理论流派关于学习迁移的理论。管理者支持、同事支持、迁移氛围和执行机会这些因素都会影响培训迁移。在最后简要介绍了学员如何去克服学习高原现象,以提高自己的学习效率。

思考与练习

1. 请从不同的界定角度介绍学习的概念和分类。
2. 联系你的实践体验，谈谈你对强化理论的看法。
3. 成年人学习的特点有哪些？并简要举例。
4. 请简要谈谈你对戈特16条成人学习原理的看法。
5. 从你自身的角度，谈谈你克服学习高原现象的方法和体会。

案例分析

案例一：员工培训和"煮面"

一碗白水面，你会吃吗？

如果是一碗色香味俱全的牛肉面呢……

1. 白水面

现在你面前放着一碗面，一碗没有盐巴和任何调料的白水面，你会吃吗？不会，但也有人说，我在很饿的时候会。这就是一个需求，因为很饿，所以白水面也会吃，如果不饿，是肯定不会看一眼。

培训也如此，你必须了解社会需要什么样的培训，掌握学员需要什么，也就是"饿"，只有在"饥饿"的情况下，学员才会主动想到"补"，这种主动性不是外界强加给对方的，而是自己本身的需要，不管是工作的需要，还是事业发展的需要，还是思想意识的需要……也就是这种需要，使得他们会主动寻求这方面的"面条"来补充营养。

培训公司作为一个"面食店"，必须研究市场上哪些人需要"面条"，而且他需要的是什么"面条"，也就是要掌握了市场需求，即现在市场上哪些职位、哪些领域的人最需要培训，他们需要哪些内容的培训，他们希望由什么样风格和背景的人来给他们培训，他们期望培训的最高收益和最低预期是什么，如何才能达到他们的预期。而不是想当然或者是凭自己的经验和主观臆断，我由于是这个方面的煮面专家，我煮的面条他们就一定会吃，而不对吃面人进行调查。全方位的市场调查是培训课成功的第一步。

2. 加盐的面

可以肯定，在不饿的情况下，纯白水面是没有人会吃的，现在我们在面条中间加入普通的作料：盐巴、味精、酱油等，情况会怎么样呢？有些人可能会说，我还是不会吃，但也有的人说，我会视自己的情况而定，但不管怎么样，可以肯定地说，选择吃面条的人数会增加，而且这碗面条让吃面人的欲望也会增加。

一场培训，如何才让你的课程不是白水面，让学员有吃的欲望呢？由于前面对学员进行过调查，掌握了学员的基本需求，按照这个需求来编写课程等，紧跟时代的步伐，编写出适合学员需要的课程，用大量的案例和演练来解决学员存在的问题以及弥补的方法，让吃面的人感觉参加培训不仅能解决普通的极度"饥饿"问题，还能从中间吸收到生存的其他营养元素。

除了编写出适合学员需要的教材之外，现场的布置也很重要，按照人数的多少、课程的要求，选择适当的地点，合理的教室，必需的设备，以及其他的辅助工具，这就是一个所谓的"导"，在这个过程中，细节决定着成功，每一个细节都决定着这碗面的味道，盐放少了无味，放多了就咸。

3. 色香味俱全的牛肉面

加盐的面不管你怎么样调，但还是不能充分引起吃面者的食欲，现在我们在面条里面加上大块上等牛肉，放上葱、姜、蒜等，达到50米能闻其香味，20米能看见可口的牛肉……你会吃吗？这个就是"演"，为什么有的人称为演讲大师，表演大师，而有的人却永远与"大师"擦肩而过呢？任何调味和准备都是煮面人在厨房完成的，吃面人是看不到的，他们感觉的只是面条端出来时候的色、香、味。

培训也是如此，如何才能做到色香味俱全呢？这不仅需要适合的面条，加上盐和味精，还要对其他的方面给面条增加"颜色"。

资料来源：http://blog.hr.com.cn/html/20/n-79120.html

讨论题：
1. 请阐述几种"面"之间的差异。
（提示：结合案例培训的特点效果）
2. 请问如何才能"煮好一碗面"？
（提示：培训中的"厨师"、"服务员"角度）

案例二：企业培训新趋势

谈到企业培训，如果你联想到这样的画面：台上一个满腹经纶的学者侃侃而谈，台下听众满怀敬仰地静静聆听，那你还真是有些不合潮流了。近几年，企业培训形式的发展速度远远超出人们的想象，进入2013年，企业培训的趋势可以总结出以下五个关键词。

社交（Social）：如果说20世纪90年代是"电子"时代——如电子化学习、电子图书馆等，那么2013年将成为"社交"时代，如社交学习、社交网络等。当社交和学习联系起来时，就意味着一种合作的、及时的、与个人独特工作环境密切相关的学习方式。在社交网络的范围中，学习者将更侧重于怎样通过频繁的创新来缩短完成任务的时间和减少错误，以便更有效地影响企业。

移动（Mobile）：同一时间、同一地点的学习模式将慢慢消失，学习者会逐渐依赖移动设备学习。在许多国家，移动设备的数量比人口都多，比如在英国平均每100个人拥有123.64项移动业务，移动通信工程的全球系统到2012年实现45亿业务（总人口70亿），美国银行以及富国银行等已经开始通过移动电话对员工进行培训。

合作（Collaborative）：更多的企业将努力学习宝洁的模式，宝洁在两年前对产品发展提出了前瞻性理念——50%的产品创新来自企业和伙伴或竞争者的合作。现在的合作还仅仅被认为是员工内部的合作，工作任务的未来发展将促进更广泛的合作，并且企业会为员工提供进入外界网络的入口。在这之前，HR会提供一些可能的外界网络的连接，并且制定一些确保企业资源和财产安全、规避风险的制度。

敬业（Engaging）：员工的敬业度对于HR和培训者来说仍然是非常重要的，原因很简单，根据企业领导力委员会（Corporate Executive Board）的调查，对比商业同伴 8.9% 的平均值，员工敬业度高的企业连续 3 年收入增长 20.1%。调查还发现，敬业度的提高能让员工的绩效提高 20%，能很显著地影响雇佣成本，因此更多的培训目标需要更加针对员工敬业度。

愉快（Fun）：不管多大的年龄，我们都希望我们的学习像和朋友购物、交流一样轻松，这要求企业中的学习要变得越来越愉快。很多工具将变得更重要，如视频游戏、模拟游戏等，以便让员工在娱乐中发展领导力和复杂情景下的战略思考技能。

2014 年，如果你不能跟上全球企业培训的潮流，你很可能将失掉竞争力。

资料来源：中国人力资源网，http://www.hr.com.cn/

讨论题：

1. 根据上述五个关键词，请你谈谈成人学习发展的新趋势。
   （提示：结合本案例进行分析）
2. 请你根据上述案例和学习迁移理论，谈谈如何才能更好地将培训成果转化到工作中。
   （提示：提高培训效果转化的方式）

第二篇 工具方法篇

第三章 员工培训与开发的方法

第四章 员工培训与开发需求分析技术

第五章 员工培训课程开发方法

员工培训与开发的方法

【本章关键词】
　　课堂培训；实践性培训；体验式培训；心理；科技

【学习目标】
- 　了解：企业员工培训与开发方法的不同类型。
- 　熟悉：企业员工培训与开发方法的实施流程。
- 　掌握：企业员工培训与开发具体方法的设计。

彻底改造 Apex 门业公司的习惯做法

　　Apex 门业公司总裁吉姆有一个问题，按他的说法就是无论他怎样不断地告诉雇员如何工作，他们都总是"决定按他们自己的方式做"，继而在吉姆、雇员以及雇员的上级之间发生了争论。

　　门设计部门是一个例子，在该部门，吉姆期望设计师与建筑师一起进行门的设计工作，以便使门符合规格要求。正如吉姆所说，这虽然不是"火箭科学"，但是设计师依旧总是犯错误，比如说设计要用更多的钢铁。试想一下，在一栋30层的写字楼里有多少门？这个问题可能要使该公司浪费掉数万美元。

　　订单处理部门也是一个例子。吉姆希望用一种非常明确而具体的方式来详细描述订单，但是大多数订单处理员不理解如何实际使用这种多页的订购表。在出现详细的具体提问时（比如是将客户分为"工业"客户，还是"商业"客户），他们只能临时应付一下。

　　目前的培训过程如下：虽然有几种职位有某种过时的工作说明书，但是没有一个职位有自己的培训手册；对新人的所有培训都是在岗进行的，通常是由一个将要离职的人用 1~2 周的交接时间来培训新人，但是如果交接期间没有人员重叠，那么就可能由以往偶然做过这个工作的其他雇员来对新人进行培训。整个公司培训的做法基本上是一样的。

　　资料来源：http://wenku.baidu.com/view/9f59930490c69ec3d5bb75e0.html

第一节　直接传授培训法

一、直接传授培训法的含义

　　直接传授培训法指培训者直接通过一定途径向培训对象发送培训中的信息。这种方法的主要特征就是信息交流的单向性和培训对象的被动性。

二、直接传授培训法的分类

1. 讲授法

　　（1）基本概念：讲授法是指培训师按照准备好的讲稿系统地向受训者传授知识的方法，它是最基本的培训方法，主要有灌输式讲授、启发式讲授、画龙点睛式讲授三种方式，讲课教师是讲授法成败的关键因素。

　　（2）适用范围：讲授法在内容上适用于各类学员对学科知识、前沿理论的系统了解；受训人员较多的情况。

　　（3）讲授法的分类：

　　① 灌输式讲授。培训师在讲台上按照讲稿进行讲解，受训者在下面听讲、记笔记。信息完全从培训师一方传播，受训者只是被动地接受。

　　② 启发式讲授。培训师不像灌输式讲授那样一开始就将问题、分析、结论等全盘托出，而是先有所保留，将保留部分以问题提出，让受训者思考和回答，然后进行总结。采用启发式讲授，培训师与受训者之间有一定的交流，受训者有一定的参与。培训师常用的提问方式有两种：一种是提出问题让受训者得出结论，即"是什么"；另一种是提供结论让受训者分析和论证，即"为什么"。

　　③ 画龙点睛式讲授。培训师将讲课用的讲义、辅导材料统统都发给受训者，讲课前让受训者有充分的时间预习，上课时培训师只针对重点、难点进行讲解，并回答受训者的问题。

　　（4）优点：

　　① 传授内容多，知识比较系统、全面，有利于大面积培养人才。

　　② 对培训环境要求不高，易于操作，一般讲授内容确定后，只需根据培训的内容确定相应的主讲人，找到一间合适的教室，选定培训时间，召集需进行培训的学员即可进行，学员可多可少。

　　③ 有利于培训师的发挥，培训师在课堂上对学习者进行知识讲解、能力训练、思维启迪、方法示范，在培训中起主导作用。

　　④ 学员可利用教室环境相互沟通。

　　⑤ 学员能够向培训师请教疑难问题。

　　⑥ 员工平均培训费用较低，可以对大量学员进行培训，可在较短时间内使学员系统地学习、掌握有关知识。

（5）缺点：

① 传授内容多，学员难以吸收、消化。

② 单向传授不利于教学双方互动，讲授法的培训过程是由教师控制的，讲授内容、进度取决于教师，学员基本处于被动接受状态，教师与学员之间缺乏必要的交流和反馈，学员之间缺乏相互作用和信息交流。单纯地或过多地采用讲授法，会导致学员学习被动或产生抵触情绪，而且不利于学习内容的消化和记忆。

③ 不能满足学员的个性需求。

④ 培训师水平直接影响培训效果，容易导致理论与实践相脱节。

⑤ 传授方式较为枯燥、单一，不适合成人学习。

⑥ 缺乏实际的直观体验。讲授法仅是利用语言从理论上传授知识和技能，不能给学员提供相关的感性认识，可能在知识的理解和运用上产生困难。

⑦ 培训的针对性不强。讲授法主要针对学员的普遍性问题确定讲授内容，采用统一资料、同一方法进行培训，难以顾及每个学员的具体特点和个别问题。

（6）注意事项：讲授法作为最基础的培训方法，应用范围很广，但也存在明显的缺点。为了使讲授法充分发挥作用，提高培训效果，操作中应该注意以下几个因素。

① 讲课内容。讲课内容应该根据具体的对象和目标确定。因此，培训前应了解学员的基本情况，如知识、能力水平、职位等，以及相对于工作的要求，学员在知识能力方面有哪些欠缺，由此确定讲课的内容、方式等，形成具体的授课计划。

② 培训师。培训师是讲授法成败的关键因素，讲授法对培训师的要求主要有三个：知识要求，培训师应该对所讲授的知识了如指掌，并有深入的研究或丰富的经验；授课技巧，如引出主题的方式，为了引起学员的听课兴趣，可以开门见山直入主题，也可以以社会热点问题开始、以幽默的方式引出主题等；讲课时的要点，注意保持讲述的条理性，听觉与视觉相结合，除了讲解外，可适当利用其他视听手段，同时注意身体语言的应用。

（7）与其他方法结合使用：讲授法作为员工培训与开发的最基本的方法，可与研讨法、角色扮演等多种方法相结合，取得更好的培训效果。

2. 专题讲座法

（1）基本概念：专题讲座法在形式上和课堂教学法基本相同，但在内容上有所差异。课堂教学一般是系统知识的传授，每节课涉及一个专题，接连多次授课。专题讲座是针对某一个专题知识，一般只安排一次培训。

（2）关键因素：培训师的能力和水平。

（3）适用范围：管理人员或技术人员了解专业技术发展方向或当前热点问题等方面知识的传授。

（4）优点：

① 培训不占用大量的时间，形式比较灵活。

② 可随时满足员工某一方面的培训需求。

③ 讲授内容集中于某一专题，培训对象易于加深理解。

（5）缺点：讲座中传授的知识相对集中，内容可能不具备较好的系统性。

3. 研讨法

（1）基本概念：研讨法是指在培训师引导下，学员围绕某一个或几个主题进行交流，相互启发的培训方法。

（2）研讨法的分类：

① 以培训师或学员为中心的研讨。以培训师为中心的研讨自始至终由培训师组织，培训师提出问题，引导受训者作出回答。培训师起着活跃气氛，使讨论不断深入的作用。讨论的问题除主题本身外，有时也包括由学员的回答引出的问题。讨论也可以采用这种形式，即培训师先指定阅读材料，然后围绕材料提出问题，并要求学员回答。研讨结束后，培训师进行总结。

以学员为中心的研讨常常采用分组讨论的形式。有两种方法：一是由培训师提出问题或任务，学员独立提出解决办法；二是不规定研讨的任务，学员就某个议题进行自由讨论，相互启发。

② 以任务或过程为取向的研讨。任务取向的研讨着眼于达到某种目标，这个目标是事先确定的，即通过讨论弄清某一个或几个问题，或者得出某个结论。组织这样的研讨需要设计能够引起讨论者兴趣、具有探索价值的题目。

过程取向的研讨着眼于讨论过程中成员之间的相互影响，重点是相互启发，进行信息交换，并增进了解，加深感情，从而能达到相互影响的目的，这需要对讨论进行精心的组织。例如，先分成小组讨论，小组内进行充分的交流，意见达成一致；然后小组推举一人在全体学员的讨论会上发言。

（3）优点：

① 多向式信息交流。在讨论过程中，培训师与学员之间、学员与学员之间相互交流、启发和借鉴，及时反馈，有利于学员取长补短，开阔思路，促进能力的提高。

② 要求学员积极参与，有利于培养学员的综合能力。研讨法要求在调查准备的基础上就研讨内容提出自己的观点，找出解决办法，因而学员必须独立思考，收集、查阅各种资料，分析问题，并用语言表达，同时还要能判断、评价别人的观点并及时作出反应。

③ 加深学员对知识的理解。通过对实际问题的研究、讨论，为学员提供了运用所学知识的机会，加深了学员对知识的理解，提高其运用能力，并激发其进一步学习的动力。

④ 形式多样，适应性强，可针对不同的培训目的选择适当的方法。

（4）难点：对研讨题目、内容的准备要求较高；对培训师的要求较高。

（5）注意事项：题目应具有代表性、启发性；题目难度要适当；研讨题目应事先提供给学员，以便其做好研讨准备。

第二节 实践性培训法

一、实践性培训法的概念

实践性培训法是通过让学员在实际的工作岗位或真实的工作环境中亲自操作、体验，以掌握工作所需的知识、技能的培训方法，在员工培训中应用最为普遍。这种方法将培训内容和实际工作直接相结合,具有很强的实用性,是员工培训的有效手段,适用于从事具体岗位所应具备的能力、技能和管理实务类培训。

二、实践性培训法的特点

1. 经济

实践性培训一般都以受训者边干边学的形式来进行,通常无需特别准备教室等培训设施。

2. 有效

实践性培训法中的受训者通过实干来学习,使培训的内容与受训者将要从事的工作紧密结合,而且受训者在"干"的过程中,能及时得到关于他们工作行为的反馈和评价。

三、实践性培训法常用的几种方式

1. 工作指导法

（1）基本概念：工作指导法,又称教练法、实习法,是指由一位有经验的工人或直接主管人员在工作岗位上对受训者进行培训的方法。负责指导的教练的任务是教给受训者如何做,提出如何做好的建议,并对受训者进行激励。

（2）适用范围：适用范围广泛,既可用于基层生产工人,又可用于各级管理人员培训。

（3）特点：培训计划缺乏系统性、完整性。

（4）注意事项：关键工作环节的要求；做好工作的原则和技巧；需避免、防止的问题和错误。

（5）优点：

① 受训者在培训者指导下开始工作,可以避免盲目摸索。

② 受训者可从指导者处获取丰富的经验。

（6）缺点：

① 指导者易受"带会徒弟饿死师傅"这种消极观念的限制,保留自己的经验和方法从而减少新员工对自己的威胁。

② 指导者本身水平对新员工的学习效果有极大影响,其自身的不良工作习惯可能会直接影响到新员工的发展。

③ 此方法仅对培训对象进行某一特定技能的培训,不利于新员工之后的全面发展。

（7）应用举例：

① 基层生产工人的岗位技术培训,受训者通过观察教练工作和实际操作,掌握机械操作的技能。

② 设立助理职务来培养和开发企业未来的高层管理人员,让受训者与现任管理人员一起工作,后者负责对受训者进行指导,一旦现任管理人员因退休、提升、调动等原因离开岗位,已经训练有素的受训者便可立即顶替。

2. 工作轮换法

（1）基本概念：让受训者在预定时期内变换工作岗位,使其获得不同岗位的工作经验。

（2）适用范围：多用于企业对于基层管理者的培训，如让受训者有计划地到各个部门（如生产、销售、财务等部门）学习，在每个部门工作几个月，实际参与所在部门的工作或仅仅作为观察者，以便了解所在部门的业务，扩大受训者对整个企业各环节工作的了解。现在很多大型跨国企业实行的管理培训生（MT）计划采用这种方式。

（3）优点：

① 能丰富受训者的工作经验，增加对企业工作的了解。

② 使受训者明确自己的长处和弱点，找到自己适合的位置。

③ 改善部门间的合作，使管理者能更好地理解相互间的问题。

（4）缺点：此法鼓励"通才化"，适用于一般直线管理人员的培训，不适用于职能管理人员的培训。

（5）注意事项：

① 工作轮换计划需根据每个受训者的具体情况制订，应将企业的需求与受训者的兴趣、能力倾向和职业爱好结合起来。受训者在某一部门工作的时间长短，应视其学习进度而定。

② 配备有经验的指导者。受训者在任一岗位工作时，都应由富有经验的指导者进行指导，最好经过专门训练，负责为受训者安排任务，并对其工作进行总结、评价。

3. 特别任务法

（1）基本概念：特别任务法指企业通过为某些员工分派特别任务对其进行培训的方法，此法常用于管理培训。

（2）具体形式：

① 委员会或初级董事会。这是为有发展前途的中层管理人员提供的，培养员工分析公司问题的能力，提高员工的分析决策能力的培训方法。一般"初级董事会"由10～12名受训者组成，受训者来自各个部门，他们针对高层次的管理问题（如组织结构、经营管理人员的报酬、部门间的冲突等）提出建议，并将这些建议提交给正式的董事会。这种方法可以为中层管理人员提供分析公司的高层次问题的机会。

② 行动学习。这是让受训者将全部时间用于分析、解决其他部门而非本部门问题的一种课题研究法。将4～5名受训者组成一个小组定期开会，就研究进展和结果进行讨论。这种方法为受训者提供了解决实际问题的实际经验，可以提高他们分析、解决问题，以及制订计划的能力。

4. 个别指导法

（1）基本概念：个别指导法和我国以前的"师傅带徒弟"或"学徒工制度"的方法非常相似。目前，我国仍有很多企业在实行这种"传帮带"式的培训方式，主要是通过资历较深的员工进行指导，使新员工能够迅速掌握岗位技能。

（2）优点：

① 新员工在师傅指导下开始工作，可以避免盲目摸索。

② 有利于新员工尽快融入团队。

③ 可以消除刚从高校毕业的受训者开始工作时的紧张感。

④ 有利于企业传统优良工作作风的传递。

⑤ 新员工可从指导者处获取丰富的经验。

（3）缺点：

① 为防止新员工对自己构成威胁，指导者可能会有意保留自己的经验、技术，从而使知识浮于形式。

② 指导者本身的水平对新员工的学习效果有极大影响。

③ 指导者不良的工作习惯会影响新员工。

④ 不利于新员工的工作创新。

第三节 体验式员工培训法

一、体验式员工培训法的概念

体验式员工培训法是调动培训对象积极性，让其在培训者与培训对象双方互动中学习的方法。这类方法的主要特征为每个培训对象积极参与培训活动，从亲身参与中获得知识、技能和正确的行为方式，开拓思维，转变观念。

二、体验式员工培训法常用的方式

1．案例分析法

（1）基本概念：案例分析法又称个案分析法，是围绕一定的培训目的，把实际中真实的场景加以典型化处理，形成供学员思考分析和决断的案例，通过独立研究和相互讨论的方式来提高学员的分析及解决问题的能力的一种培训方法。

（2）优点：

① 参与性强，使学员被动接受变为主动参与。

② 将学员解决问题的能力的提高融入知识传授中。

③ 教学方式生动具体，直观易学。

④ 学员之间能够通过案例分析达到交流的目的。

（3）缺点：

① 案例准备的时间较长且要求高。

② 需要较多的培训时间，同时对学员的能力有一定的要求。

③ 对培训顾问的能力要求高。

④ 无效的案例会浪费培训对象的时间和精力。

（4）类型：

① 描述评价型。描述解决某种问题的全过程，不论其实际结果成功或失败。这样，留给学员的分析任务只是对案例中的做法进行事后分析，以及提出"亡羊补牢"性的建议。

② 分析决策型。分析决策只介绍某一待解决的问题，由学员去分析并提出对策。本方法更能有效地培养学员分析决策、解决问题的能力。

（5）实施：

① 准备阶段。通过讨论要解决的问题；设计讨论进程；预计讨论中可能出现的问题及各

种应对措施；准备总结发言（在讨论过程中，根据出现的情况随时调整）。

② 过程阶段。说明培训目的、要求，简介案例分析法（20 分钟）；学员相互熟悉，分发案例资料（20 分钟）；指导教师接受学员咨询（10 分钟）；分组讨论，找出问题点（20~30 分钟）；找出解决问题的策略（20~30 分钟）；休息（10 分钟）；各组代表讲述本组观点，相互质询（40 分钟）；作出结论，指导教师总结（20 分钟）。

（6）注意事项：
① 培训师在展示完案例资料后应对案例资料进行解释说明。
② 在小组讨论中，培训师应注意是否出现偏离主题现象，若出现要及时纠正。
③ 在小组讨论中，培训师发现各组提出的对策缺乏新意，应给予提示引导。
④ 在讨论和质询过程中，要注意时间的控制。
⑤ 培训师在进行总结时，既要总结案例和解决方案，又要对各组方案作出一些总结点评。

2. 头脑风暴法

（1）基本概念：头脑风暴法（Brain Storming，简称 BS 法）又称智力激荡法，是由美国创造学家 A.F.奥斯本提出，用于激发创造性思维的方法。头脑风暴法以会议的形式进行，让所有学员在轻松、愉快的气氛中畅所欲言，自由交流自己的观点与构想，并以此激发别人的创意和灵感，产生更多的创意。通过充分发挥每个人的想象力，利用集体的智慧和创造性思维最终找到解决问题的办法。

（2）培训目标：培训者相互启迪思想、激发创造性思维，能最大限度地发挥每个参加者的创造能力，提供解决问题的更多、更佳的方案。

（3）优点：
① 在培训过程中为企业解决了实际问题，大大提高了培训的收益。
② 可以帮助学员解决工作中遇到的实际困难。
③ 培训中学员参与性强。
④ 小组讨论有利于加深学员对问题理解的程度。
⑤ 集中了集体的智慧，达到了相互启发的目的。

（4）缺点：
① 对培训师要求高，如果不善于引导讨论，可能会使讨论漫无边际。
② 培训师主要扮演引导的角色，讲授的机会较少。
③ 研究的主题能否得到解决也受培训对象水平的限制。
④ 主题的挑选难度大，不是所有的主题都适合用来讨论。

（5）实施：
① 会前准备：参与人、主持人和课题任务三落实，必要时可进行柔性训练。
② 设想开发：由主持人公布会议主题并介绍与主题相关的参考情况；突破思维惯性，大胆进行联想；主持人控制好时间，力争在有限的时间内获得尽可能多的创意性设想。
③ 设想的分类与整理：一般分为实用型和幻想型两类。前者是指目前技术工艺可以实现的设想，后者指目前的技术工艺还不能完成的设想。
④ 完善实用型设想：对实用型设想，再用脑力激荡法去进行论证、进行二次开发，进一步扩大设想的实现范围。

⑤ 幻想型设想再开发：对幻想型设想，再用脑力激荡法进行开发，通过进一步开发，就有可能将创意的萌芽转化为成熟的实用型设想。这是脑力激荡法的一个关键步骤，也是该方法质量高低的明显标志。

（6）BS 法的原则：
① 禁止评论他人的构想。
② 想法越新奇越好。
③ 追求构想的数量。

（7）注意事项：培训师要熟练掌握 BS 法的原理、实施原则和实施要点，具有良好的现场控制、引导能力。

3．模拟训练法

（1）基本概念：模拟训练法是以工作中的实际情况为基础，将实际工作中可利用的资源、约束条件和工作过程模型化，使学员在假定的工作情境中参与活动，学习从事特定工作的行为和技能，提高其处理问题的能力的方法。

（2）基本形式：
① 由人和机器共同参与模拟活动。
② 人工模拟。

（3）优点：
① 模拟训练法借助机器模拟和人工模拟的方式，对实际工作内容和过程进行模拟，与讲授法、研讨法相比，与实际工作的联系更直接、紧密，学习过程更直观、真实，对学习内容的理解和记忆更深刻，可及时获得关于学习结果的反馈。
② 通过在模拟的工作情境中参与活动，能激发受训者学习的兴趣，提高其在培训中的参与意识和程度。
③ 与实践法相比，特别是对于一些风险大、培训成本较高的岗位培训，模拟训练法的成本较低。

（4）缺点：
① 模拟情境人为性。
② 模拟法只能有限地反映实际等工作情况，降低了情境的真实性。

（5）举例：飞行员培训多采用模拟训练和讲授法相结合的培训方式。这种方法与角色扮演类似，但并不完全相同。模拟训练法更侧重于对操作技能和反应能力的培训，它把受训者置于模拟的现实工作环境中，让受训者反复操作装置，解决实际工作中可能出现的各种问题，为进入实际工作岗位打下基础。

4．敏感性训练法

（1）基本概念：敏感性训练法（Sensitivity Training，简称 ST 法）又称 T 小组法，要求学员在小组中就其个人情感、态度及行为进行坦率、公正的讨论，相互交流对各自行为的看法，并说明其引起的情绪反应。

（2）培训目标：提高学员的人际关系敏感性，促进团体的合作。

（3）适用范围：组织发展训练、晋升前的人际关系训练、中青年管理人员的人格塑造训练、新近人员的集体组织训练，以及外派工作人员的异国文化训练等。

（4）培训方式：常采用集体住宿训练、小组讨论、个别交流等活动方式。

(5)实施：

① 准备：确定指导者，指导教师应是经验丰富的心理学方面的专业人员，能确保学员严格遵守人际关系的准则。

② 学员人数在 10~15 人，称为 T 组，每组安排 1~2 名指导教师。

③ 培训：具体训练日程由指导者安排，内容可包括问题讨论、案例研究等。在讨论中，每个学员充分暴露自己的态度和行为，并从小组成员那里获得对自己行为的真实反馈，接受以他人的方式给自己提出的意见，同时了解自己的行为如何影响了他人，从而改善自己的态度和行为。

④ 要点：把学员放在一个相对封闭的环境中，小组成员来自不同部门，以不相识为好；分组时，应注意学员在性格、知识等方面的合理搭配，保持适当的差异性；学员在小组中有充分的自主空间，在没有指定讨论议题的情况下，小组成员可自行决定讨论方式，并以发生在小组内的所有事件作为学习素材；指导教师进行必要的指导、组织。

5. 管理者训练

(1) 基本概念：管理者训练（Manager Training Plan，简称 MTP 法），是产业界最为普遍的对管理人员的培训方法。这种方法旨在使学员系统地学习，深刻地理解管理的基本原理和知识，从而提高他们的管理能力。

(2) 培训对象：适用于培训中低层管理人员掌握管理的基本原理、知识，提高管理的能力。

(3) 培训方式：一般采用专家授课、学员间研讨等综合培训方式。企业可进行大型的集中训练，以脱产方式进行。

(4) 实施：

① 管理者训练根据内容可分为以下六个部分：管理基础，即管理的基本概念、管理的思想、企业的组织原则、组织的重新设计等（6 课时）；工作改善，即改善工作组织、改进工作方法、改善工作质量、开发创造力等（8 课时）；工作管理，即工作计划、命令的贯彻执行、管理与生产的统一等（10 课时）；下属的培养，即培养下属的能力、培养组织能力等（6 课时）；人际关系，即了解下属的行为，启发下属良好的态度，激发士气，处理人的问题（8 课时）；管理的方式，主要包括领导艺术等（2 课时）。

② 要点提示：管理者训练对于指导教师的要求较高，指导教师的能力决定了这种培训方式的成败，所以一般采用外聘专家或由企业内部曾接受过此法训练的高级管理人员担任。

6. 自学

(1) 适用范围：自学适用于知识、技能、观念、思维、心态等多方面的学习。自学既适用于岗前培训，又适用于在岗培训，而且新员工和老员工都可以通过自学掌握必备的知识和技能。

(2) 优点：

① 费用低。自学只需要为自学者创造一定的学习条件或者对自学进行必要的组织（如购买书籍），而不需要聘请教师，购置大件教学设备，也不需要解决学员的食宿问题，因此自学费用比课堂培训低得多。

② 不影响工作。与集中培训不同，自学往往是在业余时间进行，学习和工作不会发生矛盾，对工作一般不会产生影响。

③ 学习者自主性强。自学者可根据自己的具体情况安排时间和进度，有重点地选择学习内容。

④ 可体现学习的个别差异。自学者可以对学习内容进行选择，着重学习自己不熟悉的内容，同时可按照自己习惯的方法学习。

⑤ 有利于培养员工的自学能力。在信息时代，每个人都必须终身受教育，学会如何学习对于每个人都非常重要。自学的过程是学习者主动掌握知识的过程，必然会提高学习能力。

(3) 缺点：

① 学习的内容受到限制。自学时缺少交流、演练和指点，通过交流、演练和指点才能掌握的东西显然不适合自学。

② 学习效果可能存在很大差异。每个员工的自学能力和主动性不同，学习效果可能存在很大差异。

③ 学习中遇到疑问和难题时往往得不到解答。在课堂培训中，教师会对重点和难点进行着重讲解，使受训者能够听懂。在自学时，学习者遇到不懂的问题可能无法得到解答。

④ 容易使自学者感到单调、乏味。在课堂讲授中，教师一般通过生动的讲解引起学员的兴趣，营造良好的学习气氛。自学是个体独自进行的，如果学习者恰好对学习的内容缺乏兴趣，就会产生单调、乏味的感觉。

(4) 组织方式与步骤：从培训的角度看，自学并不是放任自由，它是实现培训计划的一种方式。因此有必要对自学进行有效的组织，自学的组织有以下几种形式。

① 指定学习资料。选定学习资料，规定学习的完成时间和具体要求，员工自学，反馈学习结果。

② 电视教育。企业可以创建自己的闭路电视经验系统课程，但是投入大。对于大多数中小企业而言，如果没有明显的地域限制，半脱产和鼓励员工业余时间自学是最好的选择。

③ 网上学习。企业在互联网上建立网页，开设网上课程，员工无论何时何地，只要打开网页就可以学习。不受时间和空间的限制、费用低是网上学习的最大优势。

通天塔

《圣经·旧约》上说，人类的祖先最初讲的是同一种语言。他们在底格里斯河和幼发拉底河之间，发现了一块异常肥沃的土地，于是就在那里定居下来，修起城池，建造起了繁华的巴比伦城。后来，他们的日子越过越好，人们为自己的业绩感到骄傲，他们决定在巴比伦修一座通天的高塔，来传颂自己的赫赫威名，并作为集合全天下弟兄的标记，以免分散。因为大家语言相通，同心协力，阶梯式的通天塔修建得非常顺利，很快就高耸入云。上帝耶和华得知此事，立即从天国下凡视察。上帝一看，又惊又怒，因为上帝是不允许凡人达到自己的高度的。他看到人们这样统一强大，心想，人们讲同样的语言，就能建起这样的巨塔，日后还有什么办不成的事情呢？于是，上帝决定让人世间的语言发生混乱，使人们互相语言不通。

人们各自拥有不同的语言，感情无法交流，思想很难统一，就难免出现互相猜疑，各执己见，争吵斗殴。这就是人类之间误解的开始。修造工程因语言纷争而停止，人类的力量消失了，通天塔终于半途而废。

管理心得：团队没有默契，不能发挥团队绩效，而团队没有交流沟通，也不可能达成共识。身为领导者，要能善用任何沟通的机会，甚至创造出更多的沟通途径，与成员充分交流。唯有领导者从自身做起，秉持对话的精神，有方法、有层次地激发员工发表意见与讨论，汇集经验与知识，才能凝聚团队共识。团队有共识，才能激发成员的力量，让成员心甘情愿地倾力打造企业的通天塔。

一个人在生命的路途上前进时，若不随时与同伴交流沟通，便会很快落伍。

第四节　行为调整和心理训练培训法

行为调整和心理训练培训法主要包括角色扮演法、行为模仿法和拓展训练法。

一、角色扮演法

1. 基本概念

角色扮演法是在一个模拟真实的工作情境中,让参加者身处模拟的日常工作环境之中,并按照他在实际工作中应有的权责来担当与实际工作类似的角色,模拟性地处理工作事务,从而提高处理各种问题的能力的方法。这种方法的精髓在于"以动作和行为作为练习的内容来进行设想"。也就是说,它不针对某问题相互对话,而针对某问题实际行动,以提高个人及集体解决问题的能力。

2. 适用范围

角色扮演法适宜对各类员工开展以有效开发角色的行为能力为目标的训练。

3. 目标

角色扮演法的目标是使员工的行为符合各种特定职业、岗位的行为规范要求,提高其行为能力。

4. 培训内容

培训内容根据具体的培训对象确定,如客户关系处理、销售技术、业务会谈等行为能力的学习和提高。

5. 优点

(1)受训者参与性强,受训者与培训者之间的互动交流充分,可以提高受训者参加培训的积极性。

(2)特定的模拟环境和主题有利于增强培训效果。

(3)通过观察其他受训者的扮演行为,可以学习各种交流技能;通过模拟后的指导,可以及时认识到自身存在的问题并进行改正。

(4)在提高受训者业务能力的同时,也加强了其反应能力和心理素质。

6. 缺点

(1)场景的人为性降低了培训的实际效果,如果设计者没有精湛的设计能力,设计出来的场景可能会过于简单,使受训者得不到真正的角色锻炼、能力提高的机会。

(2)模拟环境并不具备现实工作环境的多变性。

(3)扮演中的问题分析限于个人,不具有普遍性,有时学员由于自身原因,参与意识不强,角色表现漫不经心,影响培训效果。

二、行为模仿法

1. 基本概念

行为模仿法是通过向学员展示特定行为的范本,并由指导者对其行为提供反馈的训练方法。

2. 适用范围

行为模仿法适宜对中层管理人员、基层管理人员、一般员工的培训。

3. 培训目标

根据培训的具体对象确定培训内容,如基层主管指导新雇员,纠正下属的不良工作习惯,使学员的行为符合其职业、岗位的行为要求,提高学员的行为能力,并能更好地处理工作环境中的人际关系。

三、拓展训练法

1. 基本概念

拓展训练法起源于第二次世界大战中的海员学校,旨在训练海员的意志和生存能力,后被应用于管理训练和心理训练等领域,用于提高人的自信心,培养把握机遇、抵御风险的心理素质,保持积极进取的态度,培养团队精神等。它以外化型体能训练为主,将学员置于各种艰难的情境中,在面对挑战、克服困难和解决问题的过程中,使人的心理素质得到改善。

2. 分类

拓展训练法包括场地拓展训练和野外拓展训练两种形式。

(1) 场地拓展训练。场地拓展训练是指需要利用人工设施(固定基地)的训练活动,包括高空断桥、空中单杠、缅甸桥等高空项目,以及扎筏泅渡、合力过河等水上项目等。

① 特点:
- 有限的空间,无限的可能。例如,训练场地的几根绳索,却是能否生存的关键,而几块木板成了通往成功的桥梁。
- 有形的游戏,锻炼的是无形的思维。在培训师的引导下,利用简单的道具使整个团队进入模拟真实的训练状态,团队和个人的优点得以凸显,问题也不同程度地暴露出来,在反复的交流回顾中,也许找到了某些想要的答案,也许为今后问题的解决提供了思路。
- 简便,容易实施。场地拓展训练可以在会议厅里进行,也可以在室外的操场上进行,因此它既可以作为一次单独的完整团队培训项目来开展,又能很好地和会议、酒会、其他培训相结合,使团队得到收益和改善。

② 员工受益:
- 变革与学习。项目中将会设置和日常环境中不同的困难,迫使团队以新的思维解决问题,建立新的学习和决策模式。
- 沟通与默契。有意识地设置沟通障碍,建立团队新的沟通渠道,培养团队默契感。
- 心态和士气。变换环境,调整团队状态,通过新的因素的刺激提升团队士气。

- 共同愿景。在微缩的企业团队实验室中检验和明确团队的努力方向,从而在大的环境中把握正确的方向。场地拓展训练可以促进团队内部和谐,提高沟通的效率,提升员工的积极性,对形成从形式到内涵、真正为大家认同的企业文化起着明显的作用,也能作为企业业务培训的补充。

(2) 野外拓展训练。野外拓展训练是指在自然地域,通过模拟探险活动进行的情景体验式心理训练。它起源于第二次世界大战中的海员学校,英文是 Outward Bound,意思是一艘小船离开安全的港湾,勇敢驶向探险的旅程,去接受一个个挑战,战胜一个个困难。

野外拓展训练的基本原理:通过野外探险活动中的情景设置,使参加者体验所经历的各种情绪,从而了解自身(或团队)面临某一外界刺激时的心理反应及其后果,以实现提升学员能力的培训目标。野外拓展训练包括远足、登山、攀岩和漂流等项目。这些活动是参加者的一种媒介,使他们可以了解自身及同伴的力量、局限和潜力。

(3) 野外拓展训练和场地拓展训练的区别:
① 野外拓展训练借助自然地域,轻松自然。
② 野外拓展训练提供了真实模拟的情境体验。
③ 野外拓展训练使参与人员拥有开放、接纳的心理状态。
④ 野外拓展训练使参与人员拥有与以往不同的共同的生活经历。

第五节 科技时代员工培训法

一、科技时代员工培训法的概念

随着现代社会信息技术的发展,大量的信息技术被引进培训领域。在这种情况下,新兴的培训方式不断涌现,如网上培训、虚拟培训等培训方式在很多公司受到欢迎。

二、科技时代员工培训法的分类

1. 在线学习

(1) 基本概念:在线学习(E-learning)又称为网上培训,是指通过企业的局域网、因特网对学员进行培训。也就是说,企业将培训课程存储在培训网站上,分布在世界各地的学员利用网络浏览器进入该网站接受培训。

(2) 分类:根据培训进程的不同,网上培训有同步培训与非同步培训两种类型。

(3) 优点:
① 无须将学员从各地召集到一起,大大节省了培训费用。
② 在网上培训方式下,网络上的内容容易修改,且修改培训内容时,无须重新准备教材或其他教学工具,可及时地、低成本地更新培训内容。
③ 网上培训可充分利用网络上大量的声音、图片和影音文件等资源,增强课堂教学的趣味性,从而提高学员的学习效率。

④ 网上培训的进程安排比较灵活，学员可以充分利用空闲时间进行，而不用中断工作。

（4）缺点：

① 课程内容不能根据受训者的情况作出相应调整，不够灵活。

② 某些培训内容不适合用网上培训方式，如关于人际交流的技能培训就不适合用网上培训方式。

③ 培训过程难以控制。

④ 受训者学习要完全靠自我控制，较难坚持。

随着互联网技术的发展及个人计算机的普及化，网上培训的成本逐步降低，网上培训正以其无可比拟的优越性受到越来越多的企业的青睐。

2．虚拟培训

（1）基本概念：虚拟培训是指利用虚拟现实技术生成实时的、具有三维信息的人工虚拟环境，培训学员通过运用某些设备接受和响应该环境的各种感官刺激而进入其中，并可根据需要通过多种交互设备来驾驭该环境以及用于操作的物体，从而达到提高培训对象各种技能或学习知识的目的。

（2）优点：虚拟培训的优点在于它的仿真性、超时空性、自主性、安全性。在培训中，学员能够自主地选择或组合虚拟培训场地或设施，而且学员可以在重复中不断增强自己的训练效果；更重要的是这种虚拟环境使学员脱离了现实环境培训中的风险，并能从这种培训中获得感性知识和实际经验。

除了上面的培训方法之外，还有几种方法是通过参加者的自身努力、自我约束能够完成的，公司只起鼓励、支持、引导的作用，如参加函授、业余进修，开展读书活动，参观访问等。这些方法并不能作为培训的主流方法，只在某些时候才会用到。

3．ABC 管理法

（1）基本概念：ABC 管理法又称巴雷托分析法、主次因分析法、ABC 分析法、分类管理法、重点管理法等，是指根据事务的经济、技术等方面的主要特征，运用数理统计方法，进行统计、排列和分析，抓住主要矛盾，分清重点与一般，从而有区别地采取管理方式的一种定量管理方法。它以某一具体事项为对象进行数量分析，以该对象各个组成部分与总体的比重为依据，按比重大小的顺序排列，并根据一定的比重或累计比重标准将各组成部分分为 A、B、C 三类，A 类是管理的重点，B 类是次重点，C 类是一般。ABC 管理法的原理是按巴雷托曲线所示意的主次关系进行分类管理，广泛应用于工业、商业、物资、人口及社会学等领域，以及物资管理、质量管理、价值分析、成本管理、资金管理、生产管理等许多方面。

（2）特点：ABC 管理法既能集中精力抓住重点问题进行管理，又能兼顾一般问题，从而做到用最少的人力、物力、财力实现最好的经济效益。

（3）使用范围：ABC 分析法适用于企业存货管理、客户管理、员工管理等领域。通过信息收集、数据处理、编制 ABC 分析表、根据分析表确定分类等级，并由此描绘 ABC 分析图以帮助使用者分清事务质量和价值等级、重要和次要，能够突出资源利用效果、成本、利润的控制，尽量减少不必要的损失与浪费，并最大限度地降低成本和提高效率。

（4）应用分析：ABC 管理法的基本原理就是处理事情时首先分清主次、轻重，区别关键的少数和次要的多数，根据不同的情况进行管理，从而帮助人们正确地观察并做出决策。企业的员工培训与开发工作是一项长期而复杂的工作，其最主要的特点是涉及范围广，影响显著。

企业员工培训工作成功与否将直接影响企业的生存与发展。对于企业员工培训与开发工作而言，ABC管理法的应用价值就在于，它能够根据企业实际情况与发展需要，以该对象的组成部分占总体的比重为依据分级，按比重大小的顺序排列，再按照一定的比重或累计比重标准分段，有针对性地将培训对象及培训内容区分为A、B、C三类，最终确定哪些组成部分是企业员工培训与开发管理的重点项目（A类），哪些是企业员工培训与开发管理的次要项目（B类），哪些是企业员工培训与开发管理的一般项目（C类），强调企业管理人员要按照培训开发工作的重要程度、目的的不同，把员工培训与开发要做的事情分为A、B、C三类。A类事情是影响全局而又需要着急办的工作，因而是最重要的工作；B类次之；C类则可以放一放，这样就便于企业管理人员采取不同的管理对策，以取得更好的培训开发工作效率和良好的培训开发效果。

第六节　中外企业员工培训与开发方法的比较

随着现代科学技术的不断发展，企业要使自己的员工不断适应新形势的发展要求，不断提高企业的经济效益，使企业在国内外激烈的市场竞争中保持人力资源优势并立于不败之地，就必须十分重视员工的培训和人力资源的开发工作，这是关系到企业生存和发展的一项根本性战略任务。国外企业从很早就意识到人力资源的重要性，并坚信人力资本才是企业取得长足发展的关键。他们认为培训是员工教育重要的一部分。

一、中美企业员工培训与开发方法的差异

企业管理者对培训的认识决定了他们对培训的态度，也决定了他们愿意将多大的资源投入到具体的培训中去。国内很多企业的决策者对培训工作漠不关心，对员工的培训大多持有一些错误的观念，如培训无用论或培训浪费论等。很多企业把培训作为一项成本，而不是一种投资，认为培训是一项昂贵且得不偿失的活动，认为现在高校每年毕业生都很多，人才市场供过于求，用人完全可以到市场招聘，投资培训实属不必要的浪费。而美国企业则把培训作为一种投资而非成本，把员工培训看成是企业最重要的战略投资。因此，美国企业对员工培训的资金投入也较我国有很大差别。

现代培训方法虽多，但在实际应用的过程中并非全部适合企业培训之用，而且不同的培训内容、不同的培训对象、不同的培训环境和不同的培训资源都决定了培训方法的应用。培训销售人员仅仅靠书本上的理论讲授无法达到提高销售技能的目的；培训生产作业人员仅仅靠课堂讲授，培训出来的学员也难以胜任具体工作。

我国企业在培训手法上还比较落后和单一，大部分企业还是以讲授式培训方法为主，偶尔进行讨论，但是对于多感官的学习、多重的运用方式还是相当不足的。培训方式仍然属于静态的、单向教学，以听为主。究其原因是培训组织者缺乏对培训的专业知识，对培训的内容也知之甚少，认为培训就是学校教育。

在美国，培训方式虽仍以传统的课堂授课为主，但计算机应用技能培训和计算机化的培训形式却在逐渐增加，美国的科技时代员工培训法的比例在逐渐加强。美国企业迎接信息时代对计算机技能培训的现状调查显示，37%的美国企业提供计算机技能的培训，培训使用课堂教学

方式的占74%，其他模式有完全计算机化、远程教育等。另外，根据成人学习的特点，美国企业常用的培训手段有录像教学、案例研究、光盘多媒体教学、课堂指导、商业游戏、亲身体验、国际互联网、企业内部网、自学、公开的讨论会、角色扮演、录像、虚拟现实的活动。

美国企业非常重视对培训效能的评价，尽管美国企业相互之间对培训绩效的评估方式、评估指标有所不同，但最终的着眼点均落在了知识能力、技术水平、员工工作行为的改变以及对企业经营业绩的影响等方面。为了提高员工接受培训的积极性，美国企业常常把培训的结果与员工的报酬、职务晋升、职业生涯设计紧密结合起来。国内企业则往往忽视对培训的考核，更轻视对培训结果的有效应用，对培训成绩优秀者的奖励力度亦不够，培训结果应用于员工职业发展的规划还处于探索阶段。这也是导致国内企业员工消极面对培训的原因。

二、中日企业员工培训与开发方法的差异

日本企业认为对于员工的成长和培训是企业的责任。对员工进行教育和培养，使其能力得到发挥，职业生涯得到发展，从某种意义上讲也就是一个企业的成功。日式的培训管理文化同样值得我国企业借鉴。

企业是一个社会组织，日本企业视员工为社会组织中的一分子，所以对员工提供的培训贯穿员工的整个职业生涯，使其接受持续性的不断更新的教育和培训。日本企业培训的目的就是使员工发挥出所有的能力和潜能，最终达到职业生涯的辉煌。

日本企业实行全员培训的制度，并有一整套成熟的培训体系作基础。以丰田公司为例，它的培训体系由分公司、分厂、车间三级网络组成。分公司培训由人才开发部和国际人力资源部组织；分厂培训由公务部或质量保证部牵头管理；车间培训由工厂组织实施，既保证了全员参与，又保证有针对性，分工种、分岗位地实施培训计划。日本企业总会有一条人人皆知的经营观念。丰田公司的理念是"将更好的东西，以更便宜的价格，提供给更多的人，对社会有所贡献"；松下电器公司则要求公司员工牢记"松下电器公司是制造人才的地方，兼而制造电器器具"。这些公司自创业以来，就始终以此理念作为经营和思想教育的基础，培训活动也紧紧与其吻合，树立"企业人"概念，以培养员工的使命感和责任感，确保对企业的忠诚度。

日本企业非常重视实践能力的培养，努力地把员工培养成多技能人才。很多新入职的员工，不论学历深浅，都会在接受入职培训后，被调送到生产一线工作一段时间，使其提高实践技能，体会企业的经营思想。日本企业还实行交叉培训和轮岗制度，既让员工掌握更多的技能，又让员工体会变化工作环境带来的挑战性和新鲜感，有助于提升业绩和创新。如马自达公司，在遭受业绩滑坡时，并没有解雇一线生产工人，而是对他们进行了营销方面的培训，让他们轮换到销售岗位推销汽车。结果，在当年销售业绩最佳的10名销售员都是原来的一线生产工人，由于他们经历过汽车生产的全过程，能够清晰地进行产品介绍，对品牌的理解要好过一般销售员工，而与顾客的交谈也能为他们带来改进产品性能的好点子。

本章小结

企业员工培训与开发的方法是企业员工培训与开发过程的重要组成部分，对企业在不同类

型员工的培训与开发问题上起到一定的指导作用。企业员工培训与开发的方法包括直接传授培训法、实践性培训法、体验式员工培训法、行为调整和心理训练培训法以及科技时代员工培训法等多种类型。

企业员工培训与开发的方法在开展的过程中在设计内容上面临着一定的困难和挑战,国内外不同企业在员工培训与开发的方法开展问题上也有不同的做法。根据科学的办法解决企业在员工培训与开发过程中的难题,能够更好地促进企业员工的员工培训与开发技术工作这一人力资源管理工作的开展。

思考与练习

1. 企业员工培训与开发的方法具体有哪些?
2. 企业员工培训与开发方法的设计流程有哪些?
3. 比较直接传授培训法、实践性培训法和体验式培训法的差别。
4. 中外企业员工培训与开发方法有何差异?

案例分析

案例一:玉洲房地产培训开发案例

玉洲房地产开发有限责任公司在 A 市是一家中型房地产公司,近期该房地产公司遇到一些麻烦。近年来在国家宏观调控政策下,我国的房地产市场正处于激烈竞争之中,房地产公司如雨后春笋般迅速在 A 市崛起,对公司进军市场份额构成严重冲击。据公司的财务部统计,上半年公司的售楼收入比去年同期减少了 4.5%,销售部远远没有达到上级下达的指标,这对于公司的正常运转极为不利。在这样的环境下,如何激发员工的工作热情,增强公司的核心竞争力,让公司保持优良的业绩,在 A 市激烈的房地产市场竞争中立于不败之地呢?公司领导班子召开了紧急会议,对此事进行了专题研究和部署。

会上,行政部科长赵玉反映,上半年的销售业绩不理想是有原因的,最近打来客服部的投诉电话明显增加,大部分是投诉营销部某某接待客户不礼貌、协助办理客户手续推脱、客户档案建立不完善等。销售部经理张谦也反映,近期员工工作积极性不高,有员工提出,每月的基本工资只够日常基本消费,而业绩提成部分发放得太晚,往往出现要用钱的时候却没钱的情况,员工的流动率偏高。最后大家得出结论:必须在培训和薪酬方面进行改革。于是领导层决定,与人事部一同商讨薪酬方面的具体革新,公司人事处科长李同担任人员培训负责人,从财务部拨一笔钱用于培训支出。

会后,李同和张谦开了个小会,就销售部员工的具体情况作进一步的了解。张谦说:"我觉得这次培训销售员工很有必要,以前只要坐在办公室里就有客户主动上门购房,和客户吃吃饭、拉拉关系就房子可以卖出去,但是现在好像不行了,房地产公司增多了,客户的选择也就多了,老办法不管用了,我希望你能尽早把销售员培训好,把流失的客户争取回来"。

之后，李同又亲自到售楼现场隐蔽地观察了几个销售人员售楼的全程，发现这些销售人员在接客户电话的时候没有礼貌，在接待客户的时候不懂得规矩，在与客户洽谈时眼睛也不看着客户。除此之外，在给客户介绍公司信息、售楼详情时也含含糊糊，明显不熟悉业务。

最后，就所获取的各项信息，针对企业的培训需求，李同给销售员工设计了一份问卷，问卷是以封闭式与开放式的多个问题共同组成的。问卷包括的内容主要有引导语、感谢语、公司的基本信息、培训内容、培训方式、培训时间、培训地点等。由于时间较为紧迫，李同将问卷以邮件的形式发给销售部的全体职员并且要求第二天作答完毕上交。

几天后，李同总结出当前的培训重点，由于以往招来的销售员只重视其业绩增长而未经过专业售楼技巧和礼仪及公司文化等方面知识的培训，所以员工对公司文化认同感不强，并且欠缺一定的销售礼仪与销售技巧。因此，要培养出高技巧的售楼人员，提高员工的知识面，转变工作态度，从而提高业绩。

于是李同决定实行为期一个月的培训，对象为销售部的全体员工20名，时间确定为每周三下午1:30~5:30，分两节课集中学习，共四次课，地点在公司的活动中心。培训一律采用特色授课方式，即理论讲授+案例分析+现场模拟+学员讨论+专家讲座。四次课的具体安排如下：由李同安排一次课作企业文化及规章制度的介绍，使员工逐渐熟悉公司的历史及成就，并产生认同感、归属感和自豪感，清楚自己在公司的作用，产生与公司共同发展的愿景，从而转变工作态度；其次，安排一次课由外聘著名礼仪师讲解销售礼仪及接待客户的流程，以规范员工在销售时的仪表及言语；最后，重点在提高售楼技巧的学习上，公司请来了资深销售专家教授销售过程及技巧。上课前员工在《培训签到表》上签到，每次课后每位员工写一篇感想，开一次讨论会，互相交流；考核形式为试卷笔试和现场售楼技巧考试，对考核成绩前三名的员工，公司予以奖金奖励。

一个月后，员工的销售积极性得到了提高，流动率明显降低，销售业绩也有所提升。但是培训是与工作同时进行的，对公司的日常工作造成一定的影响，在为期一个月的培训中，公司消耗人力、物力、财力近10万元。

资料来源：http://wenku.baidu.com/view/688f0332a32d7375a41780b6.html

讨论题：

1．公司的员工培训主要用了什么方法？
（提示：员工培训的方法）

2．案例中的李同运用了哪些方法获得当前培训的需求信息？
（提示：培训信息的获得）

3．此种培训方法有什么可以借鉴和需要改进的地方？
（提示：员工培训的创新）

案例二：联想集团的战略型人才培养机制

联想创始人柳传志十分重视人才的培养，尤其是公司的领军人物和各级干部。他曾经把能独立做好一件事和能带领一群人做事的人才分别称为战术型人才和战略型人才。柳传志说，中国企业现在最缺的实际上是战略型人才，而人才的培养是一个长江后浪推前浪的系统工程，解决不了这个问题，任何企业都只能是昙花一现。

战略型人才不是通过对外招聘可以解决的，而是需要企业自己来培养。因为只有通过自己培养，企业的文化才会一代代继承和进化，人才也会逐渐被员工所接受。因此，联想在长期的经营中形成了一套独特的人才培养机制。

1. "缝鞋垫"与"做西服"

按照柳传志的比喻，联想集团培养人才的第一个方法叫做"缝鞋垫"与"做西服"。柳传志认为，培养一个战略型人才与培养一个优秀的裁缝有相同的道理。我们不能一开始就给他一块上等毛料去做西服，而是应该让他从缝鞋垫做起。鞋垫做好了再做短裤，然后再做一般的裤子、衬衣，最后才是做西服。也就是说，不能揠苗助长、操之过急，要一个一个台阶爬上去。

在联想有很多这样的例子。现任神州数码总裁的郭为是联想集团招收的第一批研究生。他先是给柳传志做秘书，按他自己后来的说法是从给老板开车门、拎皮箱学起。一年后他又去做集团办公室的主任经理。在以后的五年里，他做过业务部门和企划部门的经理，负责过财务部门的工作。1994年，柳传志把他派到广东惠州联想集团新建的生产基地，让他去学习盖厂房，然后又让他去香港联想负责投资事务。从联想集团到神州数码13年的时间里，郭为换了11个岗位，每一次都是不同类型的业务内容。在这期间他也有过失误，但是到今天，他确实已经成长为年青一代联想员工中的佼佼者。

联想集团在训练人才、磨炼人才的时候有一个很好的企业内部环境。创业的老联想人对企业有着至深的感情和很强的责任心，尽管他们当中的绝大多数已退居二线，但他们对那些正在一线的年轻人格外关注，对他们的一言一行都自有评价。这种气氛使得那些希望在联想大有作为的年轻人必须克勤克俭、做事小心，时间长了便自然形成了一些好习惯。在奉行"缝鞋垫"的联想集团已经形成了一种共识，那就是联想不适合那些急于出人头地的人，不做好从缝鞋垫开始的准备，即使来到联想也很难获得机会。

2. 从赛马中识马

联想集团培养人才的第二个方法是从赛马中识别好马。企业的人才培养是一个动态的过程，是一个从实践到认识、从认识到再实践、从再实践到再认识的过程。在柳传志看来，最好的认识人才和培养人才的方法就是让他去做事。联想集团从1990年开始就大量提拔使用年轻人，几乎每年都会有数十名年轻人受到提拔，这一做法一直沿用至今。刚开始的时候，多数年轻人一般都在副职的岗位上，由一个资深的联想人担任正职，充当着师傅的角色。1990年，联想集团共有10个大的部门，其中7个部门的主任经理由资格较老的员工担任，而在他们身边则会有一两名年轻人担任副主任经理的角色。

一方面，由于当时老一辈联想人的年龄还允许他们继续担任要职；另一方面，极个别的年轻人在担任要职后出现了贪污和其他方面的问题，当时这一策略在公司内部遇到了较大的阻力。柳传志多半是运用他个人的权威才保证了提拔的顺利进行。今天，联想能够有30多位年轻的总经理领军作战，这种令人振奋的局面从根本上得益于柳传志具有前瞻性的人才培养策略。

3. 搭班子与协调作战

联想培养人才的第三个方法是训练他们搭班子与协调作战的能力。柳传志曾经不止一次地强调，一个"团结、坚强的领导班子"是联想能够取得今天这样业绩的重要原因之一。所谓班子，是人与人的组合，是几个人的问题，是合作的问题。假定我们把总经理看做是企业组织的领导人物，那么班子则是企业的核心堡垒。建好这个堡垒，就要求我们的人才具有很强的协调能力。

在这个问题上，柳传志更像一个言传身教的师傅。他会把自己亲身经历的体会告诉他的部下，也会举出一些常见的例子让大家讨论。他认为一个优秀的人才既要能坚持原则，又要善于妥协。坚持原则才能有正气，善于妥协才能团结人。没有这两条，事业做不大。柳传志曾经把联想集团解释为是一个"人与别人比，比人家弱，合在一起就比较强"的企业。

1994年，联想成立了总裁办公室。柳传志把一些具有良好可塑性的人才集中到总裁办，这些人中有一线业务部门的总经理，有职能管理部门的总经理。总裁办成立之后，凡是公司需要决策的项目都会事先拿到总裁办讨论，进行讨论时柳传志从不缺席。有时候为了一个问题大家会讨论多次，柳传志都是不厌其烦地和大家一起讨论。他把这种讨论叫做"把嘴皮磨热"。

柳传志把这种议事方式的目的阐述得十分清楚。他认为，总裁办这些成员将来极有可能管理整个公司，所以现在要提前把他们捏合在一起碰事、议事，彼此脾气秉性与价值先逐步融合，逐渐形成一个团结、坚强的班子才有可能。无疑，这又是联想集团训练人才的一种预演习。

资料来源：http://wenku.baidu.com/view/cd044ac45fbfc77da269b1eb.html

讨论题：

1. 如果你是企业的领导人，对高级管理人员你会选择自己培养，还是选择"空降兵"？
   （提示：员工培训方法的选择）
2. 联想集团的领导培训计划运用了哪些员工培训与开发的方法？
   （提示：员工培训方法的内容）
3. 从柳传志对联想人才培养的影响看，领导人在企业员工培训与开发的过程中发挥什么样的作用？
   （提示：员工培训方法的特点）

第四章

员工培训与开发需求分析技术

【本章关键词】
　　需求分析模型；员工培训与开发需求分析方法；优先顺序

【学习目标】
- □ 了解：员工培训与开发需求分析的四个步骤。
- □ 熟悉：员工培训与开发需求的优先顺序以及员工培训与开发需求分析过程中存在的潜在误区。
- □ 掌握：员工培训与开发需求分析的八种方法。

 开篇案例

张某的不满

　　张某是某知名软件公司开发部的高级工程师，自1995年进入公司以来，表现十分出色，每每接到任务时总能在规定时间内按要求完成，并时常受到客户方的表扬。在项目进行时还常常主动提出建议，调整计划，缩短开发周期，节约开发成本。但在最近的几个月里情况发生了变化，他不再精神饱满地接受任务了，同时几个他负责的开发项目均未能按客户要求完成，工作绩效明显下降。开发部新任经理方某根据经验判断导致张某业绩下降的原因是知识结构老化，不再能胜任现在的工作岗位了，立即向人力资源部提交了《关于部门人员培训需求的申请》，希望人力资源部能尽快安排张某参加相关的业务知识培训，让张某开阔一下思路。HR部门接到申请后，在当月即安排张某参加了一个为期一周的关于编程方面的培训、研讨会。一周结束回到公司后，状况没有出现任何改变。

　　人力资源部主动与张某进行了面对面的沟通，发现了问题的关键。张某工作绩效下降的关键是对新上任的方经理的领导方法不满意，同时认为自己是公司的老员工，不论是工作能力还是技术能力都可以胜任部门经理的工作，但公司却没有给他晋升的机会。其实导致张某工作绩效下降的真正原因是与新任经理的关系不太融洽，并认为自己没有得到晋升的机会，而不是因为知识结构的老化。

　　我们看出，当绩效出现问题时，不能简单地认为是缺乏培训的结果，应该深入了解其真正的原因，进行员工培训与开发需求分析。

资料来源：http://www.52jkjob.com/content.aspx?id=822433218612

第一节　员工培训与开发需求分析模型

在企业员工培训与开发活动中，培训管理者首先要找出的不是"正确的培训项目"，而是找出"正确的管理问题所衍生的培训需求"。正如医生在对患者采取某一治疗方案之前，需要对患者进行诊断，借助必要的技术手段（如测量体温、化验血液、X光透视等）找出病因，培训管理者也需要采用相应的技术方法去界定影响企业绩效的管理问题，得出是否需要员工培训与开发干预的判断，进而采取相应的员工培训与开发方案，做到有的放矢。如果把整个员工培训与开发活动比喻为"预备—瞄准—射击—报靶"的实弹射击，如图4-1所示，员工培训与开发需求分析过程构成前两个阶段——"预备"和"瞄准"，这两个阶段又可以分成五个步骤。

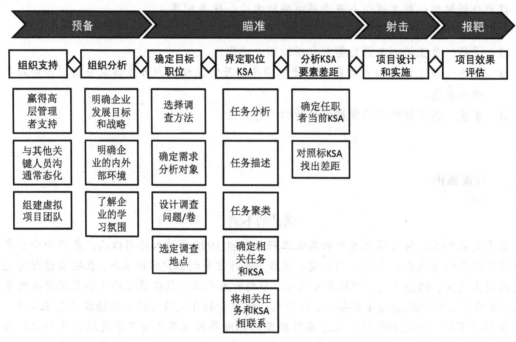

图4-1　员工培训与开发需求分析过程模型

一、"预备"阶段

"预备"阶段包括获得组织支持和分析企业目标及战略两个步骤。

1. 获得组织支持

员工培训与开发需求分析涉及企业经营环节的方方面面，如企业环境、目标和战略、运营计划、操作流程、组织架构、人力资源等，是一项全企业范围的管理干预措施，因而不可能仅仅由培训管理者或培训部门独立完成，而且要获得准确的第一手员工培训与开发需求信息，离不开所有利益相关者的理解和支持，因此，如何赢得组织的支持成为员工培训与开发需求分析过程的首要任务。

首先，要赢得高层管理者的支持。企业高层管理者由于处在战略功能的顶端，对企业所面临的环境挑战、企业发展大方向和总目标、战略意图和优先顺序、资源配置等方面都具有高屋建瓴的把握，能够从战略高度对员工培训需求分析提供方向性建议。因此，离开高层管理者的指导，员工培训与开发需求分析就可能面临方向性问题。同样重要的是，高层管理者对员工培训与开发需求分析活动是否支持在企业中还具有示范作用。如果高层管理者不认可员工培训需求分析的重要性，表现出对需求分析的消极反应哪怕是中性反应，肯定会影响到其他管理者和所有员工对需求分析的态度和反应，需求分析活动所遭受的阻力将会无法克服，最终将导致需求分析的失败，一个失败的起点所带来的后续连锁反应将是不言而喻的。

要赢得高层管理者对员工培训与开发需求分析的支持，可以从以下三个方面做起。

（1）突破传统培训观念的禁锢。现代员工培训与开发的功能已完全不同于工业革命所引发的仅仅是对失去土地的农民进行机器操作技能的培训，其范围也从单纯的流水线操作技能扩大到个人效率、人际沟通和团队合作等个人潜能的开发，并朝着职业开发和组织开发的方向发展。员工培训与开发管理者应当顺应这一发展趋势，积极调整自己的观念，站在高层管理者的角度想问题，坚信员工培训与开发活动是对企业人力资本进行投资，以此为己任并积极地影响他人。

（2）从培训的被动执行者向战略的主动参与者角色的转变。对一个组织而言，真正具有价值的员工培训与开发活动是对组织战略形成和实施过程发挥富有预见性和创造性的积极干预，传统的技能培训者的被动角色显然不能适应这一要求，员工培训与开发管理者只有成为组织变革的促进者和变革的代理人，才能体现出员工培训与开发对组织的战略价值。

（3）提高影响力，增加信任度。企业员工培训与开发人员作为知识工作者，其工作的专业性是其最大的优势，但也可能带来致命弱点：曲高和寡。培训管理者在致力于项目高质量的同时，更应注重项目的接受度。如果有一个完美的项目，但高层管理者的接受度为零，最终成果自然归零，更不存在下一次的可能性；一个并不完善的项目，如果得到高层管理者的坚定支持和热情参与，其效果即使开始时可能不理想，但也会得到不断完善的机会，最终成效显著。如果要增加高层领导的信任度，就要在提高影响自己对高层管理者的影响力方面采取有效的策略和行动，其具体步骤如下。

① 确认决策参与者。
② 勾画决策参与者相互影响关系图。图4-2勾画了A、B、C、D、E五个决策者相互影响的方向和强度。

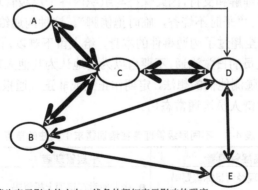

注：箭头表示影响的方向，线条的粗细表示影响的强度

图4-2 决策者相互影响图

③ 高层管理者分类。高层管理者分为全面支持者、部分支持者、中立者、部分反对者和全面反对者。表4-1假设了A、B、C、D、E五个决策者的态度。

表 4-1　决策者态度分析工作表

姓　　名	态　度　分　析				
	全面反对	部分反对	中　立	部分支持	全面支持
A		√			
B			√		
C					√
D	√				
E			√		

④ 使用有效的影响策略。根据决策参与者相互影响关系图，利用支持者影响中立者（变成支持，至少不倒退成反对者）和反对者（向中立转变）。由于C是全面支持者，并且能够强烈影响A、B和D，应充分发挥其作用，促使A向中立态度靠近，B向支持发展，D放弃全面反对的态度，如表4-2所示。

表 4-2　影响策略描述

决策者姓名	态　　度	影　响　策　略
A	部分反对	用C说服A向中立态度靠近，同时防止D对A的负面影响
B	中立	用C说服B向支持态度发展，同时防止D和E对A的负面影响
C	全面支持	加强沟通，保持C的全面支持态度
D	全面反对	重点在C说服D放弃全面反对的态度；B和E虽然有影响，但中立态度没有帮助；A有负面影响，但强度不大
E	中立	B和D对E都有影响，主要防止D的负面影响可能使E倒退至反对态度

其次，与组织内其他关键人员的沟通成为常态。现代组织是一个高度分工但又密切协调的有机整体，企业中不同层级的管理者基于各自部门的利益对员工培训与开发需求分析的关注重点可能会有所不同（见表 4-3）。员工培训与开发作为具有高度专一性的职能活动，必然离不开组织内其他关键成员的理解和支持，因此保持与组织内各个层级管理者的沟通联系成为必不可少的活动。俗话说得好："平时不烧香，临时抱佛脚"。这种沟通给人的感觉往往不是惊喜，而是诧异，其负面效应甚至超过了沟通事件的本身，给人留下难以消除的消极印象。因此，培训管理者要注重与相关人员的日常沟通，不要自以为是地认为其他人时时刻刻了解你在做什么和为什么做，更不要主观臆测他们的想法，定期作正式或非正式通报，有问题就提出来征求他们的意见，做到与相关关键人员沟通常态化。

表 4-3　不同层级管理者在培训需求中关注的重点

需求分析层次	高层管理者	中层管理者	基层管理者
组织分析	● 培训对实现经营目标重要吗 ● 培训会如何支持战略的实施 ● 哪些职能和部门需要培训	● 企业愿意在培训上投资吗 ● 培训项目的费用是多少	● 我有钱来购买培训产品和服务吗 ● 部门管理者支持培训吗

续表

需求分析层次	高层管理者	中层管理者	基层管理者
任务分析	● 需要培训哪些知识、技术、能力	● 哪些领域的工作可以通过培训来提高产品和服务质量	● 哪些任务需要培训 ● 该任务需要具备哪些KSA（即知识、技术和能力）
人员分析	● 公司具备一定知识、技术、能力来参与市场竞争的人员吗	● 哪些人需要接受培训？管理者、专业人员还是一线人员	● 怎样确定需要培训的人员

资料来源：徐芳. 员工培训与开发理论及技术[M]. 上海：复旦大学出版社，2005：109.

最后，组建虚拟项目团队。员工培训与开发需求分析是涉及整个企业范围的活动，需要的信息面广、量大。如果建立实体项目团队将是一件效率低、耗时长的举措，电子化商务使组建虚拟团队实现跨部门、跨地区、跨时差的合作成为现实，建立虚拟团队来实施员工培训与开发需求分析成为培训管理者的优先选择。对虚拟团队成员的选择应遵循以下原则：

（1）从组织中有代表性的部门选择合适的人选。

（2）被选择的人员在该部门具有很大的影响力，很了解所在部门各方面的情况，掌握相应的信息资料，并且能与该部门的人员进行有效的沟通。

（3）被选择的人员必须具备一定的分析和解决问题的能力，具有强烈的责任心。

2．分析企业目标及战略

在战略层面对组织的可能影响员工培训与开发的系统因素进行分析，有利于员工培训与开发管理者了解企业经营的内外部环境，通晓组织的使命、愿景和价值观，明确组织的战略导向和核心竞争力，熟知组织的学习文化，并根据组织目标和战略形成员工培训与开发策略，决定哪些职能或部门需要员工培训与开发的干预，如何有效利用组织现有的员工培训与开发资源，如何创造员工培训与开发成果转化为组织绩效的氛围和条件。

二、"瞄准"阶段

"瞄准"阶段包括确定目标职位，界定目标职位KSA要素和分析任职者要素差距三个步骤。

1．确定目标职位（工作任务）

通过对组织目标和战略的分析，员工培训与开发管理者将企业目标和战略进行分解，得到了有关任务层面及职能或部门需要员工培训与开发的干预的信息，接下来要做的事就是将需要干预的职能或部门具体到某一职位，选择收集目标职位的相关信息的方法。收集资料可以采用访谈法、问卷调查法、工作说明书分析法和观察法等。

2．界定目标职位KSA要素

该步骤主要是对目标职位必需的KSA要素进行分析，明确KSA要素内容及其对完成工作任务、达到目标绩效的关系，明确说明每项工作的任务及相应的最低KSA要素要求。具体方法包括通过填写任务清单对职位进行描述，然后对任务进行聚类分析，在此基础上分析该职位应该具备的KSA要素。需要注意的是，职务分析是针对工作任务而不是任务执行者（任职者）。

3. 分析任职者 KSA 要素差距

KSA 要素差距分析是指对目标职位所需的理想 KSA 要素和现有的 KSA 要素进行对照，发现理想与现实之间的差距。任职者 KSA 要素差距对员工培训与开发具有两个方面的实践指导意义，既可能反映了该职位能力的现状与当前期望能力的差距，也可能反映了该职位能力的现状与未来发展所需能力的差距。前一种差距产生培训需求，后一种差距产生开发需求。

青蛙与兔子的故事

青蛙在池塘边开了个诊所，虽然医术一般，但也勤勤恳恳。一天，诊所里来了一只大兔子和一只小兔子。小兔子捂着嘴巴痛喊，青蛙问小兔子是不是牙疼，小兔子说是，青蛙又追问小兔子为什么牙痛，小兔子想了想回答说可能是啃了木头的缘故，青蛙医生马上就给小兔子开了些镇痛的药，又嘱咐小兔子，以后不要再啃坚硬的东西了。旁边的大兔子是陪小兔子一起来看医生的，它听到后哈哈大笑，把青蛙笑糊涂了，青蛙忙追问它为什么笑？

大兔子说："你这个医生呀，只知道其然，不知道其所以然。我们兔子的门牙是会不停地长长的，如果不去磨牙，我们就无法闭嘴。小兔子牙痛，是因为它还不适应磨牙，你只要给它点止痛药就可以了，你让他不要磨牙，那不是害了它吗？我就听说你的医术不高，果然是这样呀！要不然你怎么连自己的脚都治不好呢？"

青蛙无语！

管理心得：青蛙和兔子的问题，在我们企业管理中也经常遇到。我们在访谈的过程中，一位部门经理对 HR 工作不满，对我们说："我们就是个病人，HR 工作者是个医生，按说医生应该问我们有什么反应，然后辅助以一些仪器检测，才能给我们开药方。现在这些医生省略了检测的步骤，只是询问我们自己身体上的反应，就直接给我开药方，怎么能医治好我们的病？"

公司虽然投入了不少的培训经费，但是培训的课程很多是不能解决实际问题的，大笔的培训经费白白浪费了。所以，提前做好培训与需求分析是十分重要的事情。

第二节 员工培训与开发需求信息的收集和分析方法

员工培训与开发需求分析的实施过程包含了对信息和数据的收集、加工与分析，因此员工培训与开发管理者必须借助科学的收集方法和加工分析方法，做到对信息和数据的收集客观、全面，分析过程科学和结果可靠。常用的员工培训与开发需求分析方法有访谈法、关键人物咨询法、关键事件法、问卷调查法、头脑风暴法、现场观察法、绩效管理资料研究法和评价中心法八种方法。

一、访谈法

访谈法是通过与被访谈人面对面交流来获得员工培训与开发需求信息的方法。可供选择的访谈对象有高层管理人员、有关部门负责人和一线员工。对高层管理者的访谈可以获得组织从战略高度对相关职位和任职者的工作要求，为员工培训与开发需求分析提供方向性的指导。对有关部门负责人的访谈可以获得对岗位及在岗者知识、技术和能力的标准及实际状况的信息，这部分信息经直接加工后就成为培训和开发的项目。因此，对部门负责人的访谈是员工培训与开发需求分析中最常用也是最有效的方法。对一般员工的访谈所得到的信息有时带有相当大的争议，虽然一般来说一线员工最应该了解自己的知识、技术和能力及与职位标准的差距，但实际情况却可能是由于长年从事某种工作，他们对自己的知识、技术和能力已习以为常，乃至安于现状，更说不上差距在哪里；还有一种可能情况是一线员工担心访谈的结果会影响到绩效评估和升职加薪，不愿意说出真实情况，加上人数众多，即使采用抽样方法，也会耗时过长。由此可以看出，对一线员工的访谈用于员工培训与开发需求信息的收集具有相当大的风险，宜采用另外的方法（如观察法或测验法），以使获得的信息更为准确、可靠。

因此，对企业高层管理者、中层管理者和基层员工的访谈内容应具有明显的针对性，表 4-4 提供了一份访谈工作表。

表 4-4　针对企业不同层次人员的访谈工作表

被 访 人	访 谈 主 题	回　答
高层管理者	● 企业当前的目标、战略、政策、流程与期望值之间的差距怎样？将会做怎样的调整或改进？ ● 企业短期（一年内）会面临哪些挑战？需要采用什么样的人力资源对策来战胜这些挑战？ ● 企业长期（3～5 年内）将会获得哪些机遇？将会采用什么样的人力资源战略来抓住这些机遇？ ● 对员工培训与开发活动有哪些看法和建议？	
中层及基层管理者	● 本部门/团队在理解和执行企业的战略、政策、流程等方面存在哪些差距？将采取什么措施来改进或提高？ ● 哪些因素阻碍了本部门/团队完成当前计划的工作？计划采取哪些对策克服这些障碍？ ● 部门/团队在企业未来发展中的战略角色是什么？胜任这一角色对知识、技术和能力有哪些新的要求？ ● 你希望员工培训与开发活动在哪些方面可以更好地帮助你的部门/团队？	
一线员工	● 对本职工作的流程和质量标准方面哪些还不清楚？原因何在？ ● 哪些因素阻碍了你顺利完成当前的本职工作？有什么计划克服这些阻碍因素？ ● 作为专业工作者，你对自身专业技能的开发有哪些计划？如何实施？ ● 你希望增加哪些培训项目？减少哪些培训项目？	

访谈中应注意提问的技巧，根据需要采用封闭式提问和开放式提问。封闭式提问容易得到答案且答案容易分析整理；开放式提问能激发被访谈者思考，了解更多、更深层次的事实和信息。

访谈的模式可以是结构化的，也可以是非结构式的。结构式访谈以预先设定好的一系列标准问题，按一定的逻辑顺序向被访谈者提问，能保证访谈过程的一致性和结果的完整性。非结构式访谈会针对不同的被访谈对象提出不同的开放性问题，给被访谈者留有足够的发挥空间，从而获得对某一问题的深度信息。在实际使用过程中，两种方法应相互结合，主要使用结构式访谈，根据需要辅以非结构式访谈。

二、关键人物咨询法

关键人物咨询法是指通过询问特定的关键人物来了解关于员工培训与开发需求的信息，咨询对象一经确认即可采用访谈法或问卷调查法收集信息。关键人物咨询法特别适用于员工培训与开发对企业突发性战略支持的需求。在大多数企业 CEO 或重要部门负责人出现更替时，企业或部门的战略会相应发生变化，这时新任 CEO 或重要部门负责人成为新战略的发起人和驱动者。如果需要员工培训与开发干预来支持战略形成和实施，他们对干预的需求则清晰而强烈，如对变革管理的干预，从公司最高执行层如何领导变革，中层管理者如何管理变革，以及基层管理者及广大员工如何执行变革，新任 CEO 和重要部门负责人必然成为员工培训与开发需求分析的来源。

三、关键事件法

关键事件法用以考察企业经营管理活动中对组织目标具有关键影响特别是有消极作用的事件，如重大安全责任事故、市场占有率的急剧下降、销售成本突然提高等。对造成这些关键事件背后原因的分析，可以揭示当事人行为、知识、技术和能力的缺陷，从而获得员工培训与开发需求的信息。

四、问卷调查法

问卷调查法是企业中广泛使用的一种收集第一手资料的方法。与通过信件或直接发放问卷和收集答卷的传统方法相比，在现代 IT 技术的支持下，在线调查有效地解决了调查规模大、时间紧、资金少的不利条件，成为仅次于访谈法的员工培训与开发需求信息收集的方法。

一般来说，调查表是由向被调查者提问并征求回答的一系列标准问题组成的。调查表是非常灵活的，它有许多提问的方式。调查表需要认真、仔细地设计、测试和调整，然后才可大规模使用。在设计调查表时，培训管理者必须精心地挑选要问的问题、问题的形式、问题的用词和问题的次序。首先，所提的问题都必须直接与目标相关，同时不应遗漏应该问的问题。其次，问题的形式也会对回答者造成影响，可以根据需要选择使用封闭性问题或开放性问题。封闭性问题包括所有可能的回答，规定了回答问题的方式，被调查者只要做出选择即可，调查者易于统计和分析收集到的答案；开放式问题允许被调查者不受限制地用自己的话来回答问题，常常能提供更多的信息，可以洞察人们内心怎么想，而不是衡量以某种方式在想的有多少人。最后，问题的措辞和次序也应充分考虑。调查应使用简单、直接、无倾向性的词语；所提的问题一定要合乎逻辑次序，如果可能的话，引起被调查者兴趣的问题应安排在调查的开始部分，难以回答或涉及隐私的问题应放在调查表的最后，这样不会引起被调查者的戒备心理。

表 4-5 列出了调查表设计中要问的问题、问题的形式、问题的用词的范例。表 4-6 是一份

员工培训与开发需求调查表的示例。

表4-5　调查表设计中要问的问题、问题的形式、问题的用词（范例）

名　称	内　容	范　例
A. 封闭式问题		
双向选择	一个问题有两个答案供选择	在计划工作日程时，你会将培训项目预先安排在内吗？ 是（　）　否（　）
多项选择	一个问题有三个或三个以上的答案供选择	你喜欢培训项目安排在怎样的时间？ 工作时间（　）　晚上（　）　周末（　） 节假日（　）　都可以（　）
喜欢程度	被访问人对一种看法表示同意或不同意	在职培训比脱产培训效果好。 1.（　）非常不同意　　4.（　）同意 2.（　）不同意　　　　5.（　）非常同意 3.（　）不置可否
语意差别	两个词代表两个极端，被调查人选择适合自己的一点并在填充中标明	本企业员工培训与开发部门， 规模：大——小 经验：非常丰富——无经验 风格：现代——传统
重要程度	表示某种事情的重要程度，从"非常不重要"到"非常重要"	制订培训的行动计划对我来说， 1.（　）非常重要　　4.（　）不重要 2.（　）很重要　　　5.（　）非常不重要 3.（　）有点重要
优劣差别	衡量"好"与"不好"之间的差别	本次培训的后勤服务怎么样？ 1.（　）非常好　　4.（　）不好 2.（　）很好　　　5.（　）很不好 3.（　）一般
参加倾向	衡量被调查者的参加倾向	如果进一步提供进阶培训的话，我将会 1.（　）肯定参加　　4.（　）可能不参加 2.（　）大概会参加　5.（　）肯定不参加 3.（　）不一定会参加
B. 开放式问题		
随意问题	被访者几乎可以随意回答的问题	你怎样看待员工培训与开发部门？
文字联想	提供几个词，被访者说出首先出现在脑子里的词	当你听到下面的词时，你最先想到的词是什么？ 1.领导力　2."飞龙计划"　3.员工培训与开发
完成句子	提供未完成的句子，由被访者来完成它	当我选择参加培训项目时，我主要考虑_____
完成故事	提供一个未完成的故事，由被访者来完成它	几天前我参加了销售技巧培训，我注意到处理客户异议的技巧很实用，这引起了我的一些想法和感觉：（继续完成故事）
完成插图	提供画有两个人的图片，其中一个人在提问，另一个人的回答空着，由被访者填上自己的回答	好了，现在我们开始练习聆听的技巧
主题联想	提供一幅图，被访者按所看到的图讲一个故事，描述他们认为将要发生的事	（此处提供一幅培训师授课时观察学员角色扮演的图片）

表 4-6　××公司 2010 员工培训与发展需求调查问卷（范例）

一、个人信息					
姓名：		部门：		职务：	
直接主管：		加入公司时间：		本职位开始时间：	
二、工作与所需知识和技能					
当前需求和未来发展	岗位任务和工作取向	差距		员工培训与开发需求	
		知识	技能		
本职工作的困难和挑战	任务 1				
	任务 2				
	…	…	…	…	
个人职业规划	工作 1				
	工作 2				
	…	…	…	…	
三、对员工培训与开发的意见或建议					
对过去的意见	1. 去年是否针对个人做过培训需求调查	☐ 是　☐ 否			
	2. 去年的培训是否与绩效管理相联系	☐ 是　☐ 否			
	3. 上年度培训后技能、绩效提升的程度	☐ 明显提升　☐ 稍有提升　☐ 没有提升			
	4. 以往采用的培训形式（可多选）	☐ 课堂讲授　☐ 角色扮演　☐ 案例分析 ☐ 小组讨论　☐ 拓展游戏　☐ 其他（请说明）			
	5. 以往参加培训的原因（可多选）	☐ 自己要求　☐ 主管指派　☐ 公司规定　☐ 自费进修			
	6. 以上未列出，但需要说明的事项				
对未来的建议	1. 目前急需参加的培训（至少列出两项）	- -			
	2. 希望获得提高的知识和技能（至少列出两项）				
	3. 你最希望采用的培训方式	☐ 课堂讲授　☐ 角色扮演　☐ 案例分析 ☐ 小组讨论　☐ 拓展游戏　☐ 其他（请说明）			
	4. 你最能够接受的培训时间安排是	☐ 上班时间　☐ 下班时间　☐ 周末　☐ 节假日 ☐ 都可以			
	5. 你最想要接受的培训类型	☐ 专业技能　☐ 管理和领导技能 ☐ 通用知识/技能（如财务知识、沟通技巧）			
	6. 你认为合适的培训频率	☐ 每月一次　☐ 两月一次　☐ 每季度一次 ☐ 半年一次			
	7. 你认为合适的培训时间长度	☐ 一天以内　☐ 1～2 天　☐ 3～4 天　☐ 5 天以内			
	8. 以上未列出，但需要说明的事项				

说明：由员工培训与开发部门发起的本次调查的目的在于：

（1）了解您的工作重点以及完成这些工作所需的关键知识和技能，在此基础上，帮助您制订相应的员工培训与开发计划来提高这些关键知识和技能；

（2）得到您关于现行的员工培训与开发活动的反馈，使员工培训与开发活动能够更好地服务于公司业务目标和员工职业发展；

（3）请您在20××年××月××日之前完成此问卷，通过电子邮件将答卷发送至员工培训与开发部，同时抄送您的直接主管。

五、头脑风暴法

头脑风暴法又称为小组深度会谈法,是指召集相关人员,围绕某一特定问题,在自由和轻松的氛围中进行开放的交流,坦陈自己的想法,以期小组的群体思维能带来深刻的感知和思考的方法。会议的成果是大量的意见和建议,这些意见和建议或许不具有可行性,但会上不作任何结论,会后将对各种意见和建议进行分析、比较、论证以发现真正的需求。头脑风暴法通常还是进行大规模调查前的一个有用方法,能够缩小调查的范围,提高问题的针对性。表4-7给出了头脑风暴工作表。

表4-7 头脑风暴工作表

目的:			
时间:	地点:	主持人:	
参加人员			
姓名	职位	部门	联系方法
问题清单		想法、意见或建议	
问题1		I. II. …	
问题2		I. II. …	
…		…	

六、现场观察法

现场观察法是通过到工作现场,观察员工的工作行为,对照行为标准,寻找差距,从而发现员工培训与开发需求。现场观察法对观察者的技巧要求很高,运用观察技巧的第一步是明确所需要观察的行为,然后决定观察对象,还要尽可能避免或减少被观察者意识到自己被观察,否则,被观察者的行为会与平时不同,使观察结果的可信度降低,最终影响到行为差距分析,不能产生可靠的员工培训与开发需求。预先设计现场观察工作表可以帮助观察者全面、系统和准确地观察目标行为的情况(见表4-8)。

现场观察法的适用范围有限,只适用于能够通过直接观察加以了解的一般工作,不适用于那些复杂程度高或长时间的工作。

表 4-8 现场观察工作表

目的:					
被观察对象：	观察人：		时间：	地点：	
观察记录					
观察内容	行为等级				备注
	完全错误	较少错误	合格	表现优异	
行为1					
行为2					
行为3					
…	…	…	…	…	…

七、绩效管理资料研究法

企业绩效管理档案资料记录了每个员工历年的绩效考核记录与培训的历史情况，既包括了员工绩效的评估结果，也记录了员工发展的方向，具有系统性和连续性。作为员工培训与开发需求分析的最重要的第二手资料的来源，企业绩效管理档案资料所提供的信息和数据翔实而全面。通过对这些资料进行分析，既可以根据员工当前绩效差距分析得到员工培训需求，又可以根据员工的将来职业发展方向设计个人开发计划。

八、评价中心法

评价中心是企业招聘关键职位管理人员和核心人才开发的重要工具。企业在招聘关键管理岗位的人才时，大多采用评价中心对其知识、技术、能力和行为进行测评，在决定其是否达到任职资格的同时，对该候选人将来任职后需要改进和提高的方面作出建议；在进行核心人才的管理潜能开发时，评价中心采取360度反馈形式，通过本人、上司、下属、同事（有时还包括客户）对被测评人在日常工作中所表现出来的行为的反馈，对照测试的"常模"，找出被测试人的强项和弱项，然后根据加强强项、改进弱项的原则，制订和采取相应的发展计划。

上述八种主要员工培训与开发需求信息的收集和分析技术都有其优缺点（见表 4-9），在实际使用过程中也不是一成不变的，员工培训与开发管理者应根据实际情况的需要灵活运用某一种方法，有时需要几种方法配合使用。

表 4-9 员工培训与开发需求信息收集和分析技术优缺点的比较

收集和分析技术	优　点	缺　点
访谈法	• 直接了解到利益相关者的态度、问题的缘由和可能解决的方法	• 每个访谈加起来的耗时较长 • 访谈结果不易进行量化分析 • 对访谈者的技巧要求高
关键人物咨询法	• 直截了当地获得问题的根源和可能的解决方案 • 简单、成本低	• 取得的信息和资料只代表少数人的意见，可能具有片面性 • 对关键人物的确认至关重要
关键事件法	• 直截了当地获得问题的根源和可能的解决方案 • 简单、成本低	• 取得的信息和资料只代表某一特殊事件，可能具有片面性 • 确认的关键事件应具有典型性

续表

收集和分析技术	优　点	缺　点
问卷调查法	● 在线调查成本低，到达率高 ● 可以在短时间内对大量人员进行调查 ● 被调查者能够独立无干扰地回答问题 ● 对标准问题的回答易于归纳整理和进行分析	● 问卷设计专业性要求高 ● 问卷编制和准备时间周期长 ● 被调查者的意见或建议受到限制 ● 问卷回收率可能低 ● 开放性问题的回答有效性差
头脑风暴法	● 可以当场获得不同的想法 ● 尽可能获得全面和充分的信息 ● 形成分享的氛围	● 比较耗费时间 ● 获得的信息难以量化分析 ● 可能出现大量无关信息 ● 对主持人的技巧要求很高
现场观察法	● 可以获得有关工作环境的信息 ● 有利于将来培训成果的转化	● 观察人员需要具备熟练的观察技巧 ● 只能在观察的环境中收集到信息 ● 被观察者的工作行为可能会因为意识到被观察而受到影响
绩效管理资料研究法	● 通过对现有的资料进行分析，具有很强的逻辑性 ● 资料翔实且容易获得 ● 成本低	● 对问题的分析和得出的结论过于理论化，带有较强的主观性 ● 二手资料，且时效上滞后
评价中心法	● 对人员发展潜力分析和初步确认的有效工具 ● 全面而系统地测试，减少误差，人才测评的科学方法	● 需要外部咨询公司介入，成本高 ● 评价的常模建立是关键的问题

第三节　员工培训与开发需求的优先顺序

一、确定员工培训与开发需求的优先顺序

员工培训与开发需求分析得出的不是单个需求，而是一份需求清单，这就要求员工培训与开发管理者对这份清单分出轻重缓急，列出其优先级顺序。在企业中，员工培训与开发部门可以利用的资源总是有限的，有关实施某项员工培训与开发项目的决定还必须考虑所需要使用的资源如培训设备、场地、培训材料、差旅费、外部供应商、咨询费用等。因此，在考虑员工培训与开发需求优先级顺序时，我们不得不回到企业作为经济组织这一本质上来，回答一个最基本的问题：投资每一种培训或开发项目对企业绩效的贡献是什么，收益是多少？对这一问题的回答是确定员工培训与开发需求优先级的首要标准，也是将来进行员工培训与开发项目效果评估的基准点。培训管理者可以采取以下两项措施来有效回答这一问题，增加决策的有效性和加速决策过程，并获得广泛的理解和支持。

提高员工培训与开发需求优先顺序决策的参与度。由于员工培训与开发项目往往都是对企业某一专门职能领域的干预，进行该项目的投资收益分析时，来自该职能领域的代表参与决策是必不可少的。如果员工培训与开发管理者在日常管理中定期积极、主动地听取员工对员工培训与开发的意见和建议，对当前项目进行完善，对将来项目进行展望，员工们会明显感觉到员

工培训与开发活动与企业和员工息息相关,他们对员工培训与开发项目的支持就会成为自发的行为。

成立员工培训与开发顾问小组。员工培训与开发顾问小组是随时反映员工需求及决定需求优先顺序的一种有效途径。顾问小组定期举行会议,讨论需求分析,检查项目评估结果,对员工培训与开发项目的类型和内容给出建议。顾问小组成员由来自企业不同部门的人组成,因而能够充分代表各方面对员工培训与开发的需求,也能够使员工培训与开发活动得到企业方方面面的支持。

二、员工培训与开发需求分析的潜在误区

在员工培训与开发需求分析的过程中应该避免其存在的潜在误区。

1. 为了需求分析而做需求分析,把手段当成目的

没有人会怀疑需求分析作为确定员工培训与开发活动起点和归宿的手段的重要性和必要性,但是在实际操作中可能会存在两种倾向,一种情况是事前不做需求分析,员工培训与开发项目照样上马,等到要对项目进行评估或为了应付企业审计时,才为了自圆其说不得已而为之;另一种情况是在员工培训与开发需求已经十分明确时,仍然机械地照章行事。这两种需求分析的做法实际上都是错把手段当成目的,结果前者是自欺欺人之举,后者不免有画蛇添足之嫌。

2. 过分偏重个体需求而忽略了整体绩效

员工培训与开发是通过释放组织成员的专业技能来提升组织的整体业绩的,因此任何需求分析的结果最终都会定格在个体的知识、技术、能力、态度和行为等要素上,这就可能导致注意力全部集中在个体的不同需求上,而忽视了员工培训与开发的整体目标。在实际操作中,除对企业关键核心人员所必需的某些技能需求必须个别对待,比如对执行层面的管理者采用一对一的教练开发,绝大多数的员工培训与开发活动必须面对某个群体的共同需求,只有这样,才能保持个体的需求与整体目标的统一。

3. 滥用问卷调查,问题泛泛走过场

问卷调查具有调查范围广,收集信息量大等优点,在电子化商务所提供的便利条件下,该方法已成为企业和咨询公司进行调查和信息收集首选的技术。但是,在问卷调查用于员工培训与开发需求分析时,大量的问题无法量化,描述性答案往往不着边际,有些甚至答非所问;员工面对林林总总的调查问卷,缺乏正确的引导,加之缺乏精心设计的问卷千篇一律,需求调查落得流于形式的结局。

4. 收集信息片面,缺少理性资料和感性想法的综合

需求信息包括理性信息和感性信息两大类,理性信息注重可量化和可测量,感性信息注重直觉和预见性。如果仅仅对其中一类信息进行分析,所得到的信息都会是片面的和不可靠的,此所谓"理性无感性则空,感性无理性则盲"。信息收集技术中有的偏重于理性信息,如绩效资料分析;有的技术偏重于感性信息,如360度反馈。因此,在需求调查中要结合使用不同的方法来相互补充,彼此印证。例如,高潜力人才开发分析时同时采用绩效资料调查法和360度反馈法。

本章小结

员工培训与开发需求分析的过程可以分为四个步骤"预备—瞄准—射击—报靶",而"预备"阶段包括获得组织支持和分析企业目标及战略两个步骤;"瞄准"阶段包括确定目标职位,界定目标职位 KSA 要素和分析任职者要素差距三个步骤。员工培训与开发需求分析的实施过程包含了对信息和数据的收集、加工和分析,常用的员工培训与开发需求分析技术有访谈法、关键人物咨询法、关键事件法、问卷调查法、头脑风暴法、现场观察法、绩效管理资料研究法和评价中心法八种方法。同时在员工培训与开发需求分析的过程中应该注意需求优先顺序以及其存在的潜在误区。

思考与练习

1. 简述员工培训与开发需求分析模型。
2. 员工培训与开发需求分析技术有哪些?并指出其优点和缺点。
3. 员工培训与开发需求分析过程中存在哪些潜在误区?
4. 如何确定员工培训与开发需求的优先顺序?

案例分析

案例一:A 公司的员工培训与开发需求分析

一家区域性医药连锁公司(简称 A 公司)成立于 2001 年,相较于国内大多数连锁企业,成立的时间也不算短。经过了 5 年的发展,该企业在当地区域市场建立了龙头老大的地位。但是与老百姓、海王星辰、成大方圆等国内医药连锁巨头相比,在企业规模与盈利能力上都无法与之相提并论。该企业老总不甘于现状,于 2006 年到 2008 年进行了外部区域的扩张。为了配合企业的拓展,该企业老总在企业内部进行了大大小小不下于 100 场的培训。既有内部的培训,也有外部的培训。但是随着扩张不断进行,企业面临的问题仍是接踵而至。企业当地市场经过几年的深度挖掘,业务规模趋于饱和,业务量以及毛利率都很难再继续提高。新兴市场不断亏损,业务量无法提升,利润也不能补偿企业拓展而产生的成本。此时企业上下都在不断深思,为什么做了如此多的培训,却不能取得预期的效果。

此时,一家咨询机构为 A 公司提供了基于集团管控、组织模式、薪酬及绩效管理等方面的管理咨询。在咨询的过程中,专家组对企业培训现状进行了调查。人力资源部经理介绍说该企业培训管理做得相当规范,培训需求调查、培训计划制订、培训实施、培训现场管理、培训效果评估等方面都做了。专家组也参加了该企业举办的几场培训,培训现场气氛热烈,主持人与员工也进行了大量的互动,现场反应很不错。于是专家组百思不得其解,问题出在什么地方呢?就在此时,专家组调阅了该企业培训需求调查的相关资料。顿时，豁然开朗，发现问题就出于此。

每年该企业在做年度培训计划之前，人力资源部会发一个通知，让总公司各部门与各事业部把本年度的培训需求上报。由人力资源部简单汇总后，制订本年度公司培训计划，上报总裁办公会审议通过后执行。从以上过程看，该企业在进行员工培训时，犯了企业员工培训中的大忌，就是培训需求分析环节没有做好，培训需求不明确。没有抓住员工培训的牛鼻子，培训没有从企业的发展战略、行业特点、岗位能力要求、员工绩效表现出发，培训不是有的放矢。这样的培训必然是吃力不讨好，最终导致企业浪费了金钱，员工浪费了时间与精力。

资料来源：http://www.chinatat.com/new/179_247/2010_5_20.shtml

讨论题：
1. 试分析A公司的员工培训与开发需求分析的不足之处是哪些？
（提示：可以从组织视角、岗位视角、员工视角来进行培训需求分析）
2. 如果你是A公司的人力资源部经理，您会怎样安排公司的培训？
（提示：根据上题中不合理的地方进行调整）

案例二：D公司的员工培训与开发需求分析

D公司自1996年成立以来发展很快，效益很好。公司领导意识到企业要发展，企业管理水平的提高，以及领导干部的管理理念、知识的转变、更新非常重要，有效的方法就是培训。于是公司于2000年就专门成立了培训中心，总经理亲自监督，很快完成了培训中心的硬件建设，确定了培训中心组织机构、人员、资金、场地、设备，同时完善了公司培训工作制度、培训方针，编制了《员工培训流程指导手册》，详细规定了培训流程管理工作各环节的程序、控制点、责任边界，并且给出了适用于各个环节的制度、流程、表单等管理工具，在制度层面规范了公司及各部门主办培训班的具体流程，从调查需求、培训计划的制订、组织实施、经费管理、培训评估一直到培训档案的管理及考核都作出了较为细致且可操作性很强的规定。《指导手册》解决了D公司过去在开展培训需求调查工作中存在的问题，如调查时间、进度随意化，表单不齐全、不规范；操作者的随意性强以致不便于督导其过程和结果，并与十多家咨询公司建立了关系，使公司培训走上比较规范的道路，实现了培训流程管理的制度化、标准化、规范化。

2005年底，又到了D公司制订年度培训计划的时间，人力资源部高度重视，按照ISO 10015流程中的"培训需求确定控制程序"和"培训计划形成与确定控制程序"两个子流程，花了三周的时间进行2006年的培训需求调查工作。首先，人力资源部制订了年度培训需求分析的方案，通过三种方式来获得需求：一是全体员工问卷调查，调动全员参与培训计划制订工作。经过动员，全体员工在填写《员工培训需求表》时积极性较高，感觉到自己的需求被重视，经统计汇总分析后形成《2006年度员工培训需求调查问卷报告》。二是高管需求访谈。设计访谈提纲，对高管和部门经理进行访谈，访谈内容包括对公司战略的理解、对员工能力的要求、课程的重点、对培训的期望等，访谈记录整理分析后形成《2006年度高管培训需求访谈报告》。三是集体研讨。在前面的工作完成后，人力资源部结合公司2006年度的工作重点、绩效情况等制定初步的培训需求，召集部门经理和高管召开年度培训计划研讨会，对培训草案进行讨论，会后修正最终形成D公司年度培训计划。

D公司人力资源部在年度培训计划制订后，总结分析在做培训需求调查工作中的经验教训，发现存在以下问题：

一是运用工具获取培训需求分析的来源有困难。例如，要从企业战略目标、绩效考核、胜任素质、个人发展与生涯规划等来获取需求，这些来源基本上都很明白，可是在实际应用进行需求来源筛选分析时还缺乏相应的可量化工具，对重要的、紧迫的需求不能准确把握，各部门上报的培训需求太多、太散。

二是人力资源部严格按《员工培训流程指导手册》流程规定进行调查，花了很大精力和时间填报、汇总的全体员工培训需求，其价值并不是非常大，无法较好地转化为培训计划；而对高管和部门经理进行的访谈结果，在制订培训计划时却起到了重要作用。

三是《指导手册》虽然明确界定了专业部门、直线经理、部门培训联系人的职责，但是在实际操作中，由于专业部门比较忙，加之觉得培训是人力资源部的事的观念不能一时改变，因此有些职责不能完全落实下去。有些岗位培训需求调查表应是由直线经理在沟通后负责填写，但实际上基本由员工个人根据自己的意向来填写，导致培训需求较散、信息不准确。而且员工个人在填写需求时站的高度较低，基本上都是来自本岗位的提升需求，如对运维人员来说基本上是提升维护能力的，每年开展需求调查时几乎都出现雷同的需求结果。

四是部门培训联系人的作用不能有效发挥。部门培训联系人作为人力资源部与部门的联系人，他们的作用非常重要。流程虽然明确了培训联系人的诸多职责，但在实际运作中部门培训联系人基本上只负责发放、收齐相关表格，比如在部门内解释说明表格、分类整理和详细分析培训需求的职责并没有真正落实下去。

资料来源：http://www.chinahrd.net/talent-development.html

讨论题：

1. 该人力资源部总结的员工培训与开发需求分析存在的问题是否全面？如不全面请重新进行总结。

（提示：可以从战略执行、培训规划、企业绩效等方面进行思考）

2. 给出D公司改进员工培训需求分析的措施及建议。

（提示：根据上题中的问题存在点进行改善）

第五章 员工培训课程开发方法

【本章关键词】
　　培训课程；布鲁纳课程教学法；"经验之塔"理论；学习风格理论

【学习目标】
　　□ 了解：基于岗位能力素质模型的培训体系构建。
　　□ 熟悉：西方培训课程设计方法。
　　□ 掌握：布鲁纳课程教学法，戴尔的"经验之塔"理论，科尔伯格的学习风格理论。

 开篇案例

日本三菱公司的培训开发课程设计

　　日本三菱公司是极具规模的电机企业，在日本电机业中具有举足轻重的地位。该公司为了应付同行业间的激烈竞争，极为重视技术人员的培训工作。"热心教育"是一般人对三菱电机的评论。

　　三菱电机人才培训的宗旨是希望技术人员不仅要具备技术开发的技能，而且应具备领导周围人群的能力。该公司为了培育足以"传薪"的技术人员，设立了"三菱电机工学研习所"，借着小论文发表会、大厅研讨会、工厂实习等研习项目，提高技术人员的专业知识及优秀技能。

　　该工学研习所将课程分为11个普通讲座和4个特别讲座。

　　讲座是采取集体生活一星期、一年结业的训练方式。学生招生人数以20名为限。最初是以15名为目标，但因考虑效率因素，故准予增额招收。

　　在技术课程方面，包括了以下项目。

　　（1）基础技术（理论上的技术）：这是制造产品的基础技术，也是建立制造系统时不可缺少的固有技术。

　　（2）共同技术：制造各类产品时，共同使用的技术。

　　（3）基础知识：技术人员的学历，尤其对电磁学与材料学必须掌握基本概念。

　　（4）基础技术（现场上的技术）：这是支持基础技术的一项。

　　（5）尖端技术、未来技术：虽然在现有的制品中未见使用，但预料将来会被运用的基础技术。

目前，各分公司纷纷引进自动化设备，于是控制系统的重要性就显得格外突出。三菱电机为了使每位技术人员都能了解控制系统，特别聘请公司的系统设计者亲自讲述相关的理论、运用及开发。这种由专家现身说法的教育方式，带给学员很大的收获。

为了适应信息时代的制造技术，三菱制造技术讲座以下列三点为主题：从开发到生产的所有过程，生产技术的革新和制造技术的未来趋势。因为该讲座具有实质性，所以深受技术人员的喜爱。

资料来源：李德伟. 人力资源培训与开发技术[M]. 北京：科学技术文献出版社，2006：123-124.

第一节　获得知识技能的方法

培训课程是指为实现培训目标而选择的培训内容的总和，与教育的学科课程相比，其功利性非常突出。培训课程开发是指培训组织在培训课程设计和授课指导方面所做的一切工作，是一个可持续发展而且可以变通的过程。它有两个含义：一是为完成培训目标开发培训课程的形式和结构，重点在培训课程的内在逻辑；二是为完成培训目标，依据课程的宗旨要求，采用不同的课程要素，构建培训课程的形式与结构。培训教学实践表明，综合考虑不同的课程要素，系统开发培训课程的形式、结构及模式，更能取得良好的培训效果。课程开发探讨的是课程形成、实施、评价和改变课程的方式和方法，它是确定课程、改进课程的活动和过程。

培训课程开发的方法有很多，本章主要介绍三种方法，即获得知识技能的方法、获得学习经验的方法、把握学习风格的方法，同时对西方培训课程设计中运用到的方法进行简单的介绍，本节将对获取知识技能的方法进行详细的介绍。国内外学者在培训课程开发方面有很多研究，提出了不同的培训课程开发理论和原则，具有代表性的有布鲁纳课程教学法，同时它也是获得知识技能的主要方法。

布鲁纳课程教学法（见图 5-1）是由美国心理学家、教育学家杰罗姆·布鲁纳（Jerome Seymour Bruner）在《论教学的若干原则》等有关文章中提出的。他认为布鲁纳课程教学法是通过教学能使受训者最有效地获得知识技能和发展智力的重要规则，对员工获得知识与技能有重大帮助，它为评价教学方法和学习方法提供了一个标准。

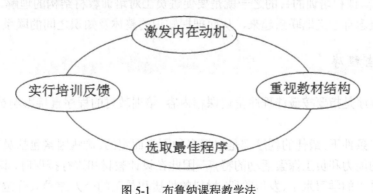

图 5-1　布鲁纳课程教学法

一、激发内在动机

激发内在动机强调要注意学习的心理倾向和学习行为的驱动力问题，认为那些具有自我强化作用的内在动机（如好奇的内驱力、胜任的内驱力等）远比外在动机更为重要。因为以外在动机促进学习的作用很有限，而以激发内在动机、促进学习效果更好，所以培训师要充分利用由于员工本身需要而产生的员工的内在动机，使之具有明确的目的性或方向性，使学习能够保持稳定。

人的学习是主动学习，具体表现在以下两个方面。

（1）重视已有经验在学习中的作用。员工总是在已有经验的基础上，对输入的新信息进行组织和重新组织。

（2）重视学习的内在动机与发展员工的思维，学习的最好动机是对所学知识本身的兴趣。激发员工的内在动机，唤起其积极性，使理性和非理性、智力因素和非智力因素相结合，促成员工整体协调发展。

员工的内在动机包括激发、维持和指向三个层面，具体内容如图 5-2 所示。

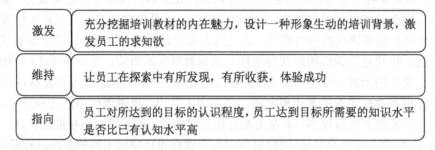

图 5-2　内在动机的三个层面

二、重视教材结构

重视教材结构是指要重视培训教材的结构，将培训内容以知识体系的形式教授给员工。任何学科知识都是具有结构的，这种结构反映了事物之间的联系或规律。

结构的优越性取决于简化信息、产生新命题和增强知识可操作性等，结构就是把大量知识组织起来的方式。课程培训的目的之一就是要促进员工对培训教材结构的理解，使他们能够将事实、观念、概念有意义地联系起来，从而把握知识的整体及知识之间的联系。

三、选取最佳程序

选取最佳程序是指要按最佳程序呈现课程内容。培训教材的程序直接影响员工掌握知识的成熟程度。

在任何特定条件下，最佳的程序都是根据多种因素而定的。这些因素包括员工的学习能力、员工处理信息的能力和员工探索活动的特点。因此在设计教材和进行授课时，课程设计者或讲师要根据员工过去的学习水平、发展阶段、材料的性质和员工的个人差异来确定最理想的程序。

选取最佳程序对课程设计者开发合理、有效的培训课程，合理安排培训内容的次序，保证员工对培训内容的吸收，从而确保良好的培训效果具有重要的指导意义。

四、实行培训反馈

实行培训反馈又称实行培训强化,是指要让员工适时知道自己的学习成果。实行培训反馈是课程设计中不可缺少的一种积极评价方式。落实培训反馈,是要通过提供有关的授课信息,了解授课效果,发现问题并及时矫正。

在授课过程中实施培训反馈涉及以下三个方面的内容,具体内容如表 5-1 所示。

表 5-1 实施培训反馈涉及的三个方面

反馈时机	即在什么时候员工能够接受矫正性信息。例如,只有员工将其发现的结果同所要求的结果进行比较的时候,培训师才可以告知结果是什么,否则就难以对学习产生促进作用
反馈条件	即在什么条件下员工可以利用这种矫正性信息。员工使用矫正性信息的能力是随着其内部机能的变化而变化的。在员工处于强烈的内驱力和过度焦虑的条件下,讲师的反馈就没有多大作用了
反馈方式	即用什么方式可以使员工接受矫正性信息。例如,有关研究表明,"消极信息",即有关某种事情不是这样或那样的信息,对初次接触概念的员工来说,根本没有意义

依据布鲁纳的课程教学方法,在培训课程开发中不仅要注重框架结构及程序,还要注重调动学习动机和不断反馈,尤其是引发内在动机,适时提供反馈信息,发挥反馈作用,以期达到更好的学习效果。

第二节 获取学习经验的方法

人类主要通过自身的直接经验和间接经验两个途径来获得知识。美国视听教育家戴尔在《视听教学法》中提出了"经验之塔"的理论,把人类学习的经验依据抽象程度的不同分成三类十个层次(见图 5-3),学习者对经验的获取分为"做"的经验、观察的经验和抽象的经验三大类。

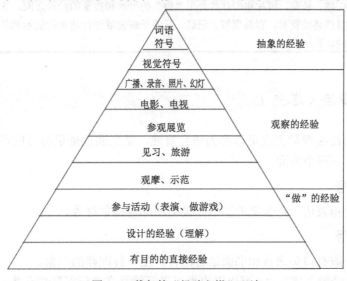

图 5-3 戴尔的"经验之塔"理论

一、"做"的经验(塔的底部)

"做"的经验包括直接的、有目的的经验,指直接与真实事物本身接触取得的经验,是通过对真实事物的看、听、尝、摸和嗅,即通过直接感知获得的具体经验。它位于"经验之塔"的塔底,主要包括以下三个方面。

1. 有目的的直接经验

"经验之塔"的底层是直接经验,是直接与真实事物本身接触的经验,是最丰富的具体经验。

2. 设计的经验

设计的经验即真实的改编、设计有助于人们更容易理解真实情况。例如,制作模型可以产生比用实物教学更好的效果。

3. 参与活动(表演、做游戏)

通过表演、做游戏感受那些在正常情形下无法获得的感情上和观念上的体验。

二、观察的经验(塔的中部)

观察的经验在心理学上也可以称为摸象直观,是指通过观察事物和载有事物信息的媒体间接获得事物的信息,具体的观察经验信息如表 5-2 所示。

表 5-2　观察经验信息构成表

信 息 类 别	信 息 说 明
观摩、示范	通过看别人怎么做,让受训者知道自己该如何做,以后受训者即可以动手模仿去做
见习、旅游	可以看到真实事物和各种景象
参观展览	通过观察了解进行学习
电影、电视	屏幕上的食物是实际事物的代表,而不是事物的本身。通过看电视得到的是替代的经验
广播、录音、照片、幻灯片	广播、录音、照片和幻灯片介于"做"的经验和抽象的经验之间,既可以为受训者提供必要的感性资料,容易理解、记忆,又便于解说或进行培训的提示和总结,从而加强受训者的认识

三、抽象的经验(塔尖)

抽象的经验在心理学上也可以称为语言直观,是指通过抽象符号的媒体去获得事物的信息,主要包括以下两个方面。

1. 视觉符号

视觉符号是指表达一定含义的图形、模拟图形等抽象符号。

2. 语言符号

语言符号一般有口头语言和书面语言两种,是一种纯粹的抽象。

在戴尔的"经验之塔"中,可以看出学习者开始是在实际经验中作为一名参与者,然后是作为一名真实事件的观察者,接着是作为一名间接事物的观察者,最后学习者观察到的是一个事件的抽象符号。戴尔认为,学习者积累了一些具体经验,并能够理解真实事物的抽象表现形式,在这个基础上才能有效地参加更加抽象的教学活动,所以培训教学应从具体经验出发,逐步升到抽象。有效的学习应该充满具体经验,但是不能止于具体经验,而要向抽象和普遍发展,并形成概念。

戴尔之所以提出"经验之塔"理论,是让人们认识人类认知途径,根据人类的这种"从简单到复杂,从形象到抽象,形象和抽象相结合的认知规律",选择合理的学习方式,使自身的认知过程符合这一认知规律,达到最佳的学习效果。

培训中所采用的媒体越是多样化,所形成的概念就越丰富、越牢固。网络的出现、各种视听辅助教具的利用,使塔的中部的主观性得以增强,并更容易转向塔的两端即抽象概念化和具体实际化。在培训活动中,白板、写字板、投影仪、录音带、幻灯片、电影剪辑材料、音乐等多媒体的使用,正是遵循了戴尔所提出的"媒体越多元化,所形成的概念就越牢固"的原理和指导思想。

小故事

2005年,武汉某太阳能热水器企业请专家进行咨询。专家经过了解,这个企业的老板在观念意识上是很重视员工的,比如给员工福利、给员工股份等。因为企业在武汉销售产品的时间很早,所以刚开始的业绩还比较理想,但后来业绩却下滑很大,而且竞争对手也像雨后春笋一样多起来了,该企业老板找不到业绩下滑的原因。

经过专家的调查分析找到了企业的"压力点":企业的销售体系建设慢慢在走下坡路,销售人员的业绩能力、开拓市场的能力也存在很大问题。

专家在仔细研究过之后,给出如下建议:第一,引进新的销售队伍,建立新的销售渠道;第二,建立起适合于销售人员成长的价值体系和平台;第三,开发有关销售人才的培训课程体系。

老板据此实施,到2006年下半年的时候,公司月度业绩就以20%以上的速度在增长。由此可以说明培训与开发需求分析十分重要。

第三节 把握学习风格的方法

学习风格是课程培训中需要考虑的一个重要因素,如果对受训者在什么样的情况下能够达到最好的效果分析不正确,而使用了不恰当的教学方法,有可能导致受训者对知识和技能掌握不好。因此在设计课程时,一定要考虑受训者的学习风格。

在培训课程的开发中,科尔伯格的学习风格理论备受推崇。科尔伯格学习风格理论主要是将人的认知过程的两个维度划分成四种不同的学习风格。

科尔伯格的学习风格理论中的两个维度包括:一是学员如何感知信息,如抽象的感知、具体的感知;二是学员是怎么学习的,如反思型的处理者、积极型的处理者。将该理论的感知方式和处理方式相互组合，可以得出四种类型的学习方式：① 理论者：抽象感知者+反思型处理者；② 实用者：抽象感知者+积极型处理者；③ 行动者：具体感知者+积极型处理者；④ 体验者：具体感知者+反思型处理者。

一、两个维度

两个维度指的是受训者如何感知信息和受训者是怎么学习的，具体内容如图5-4所示。

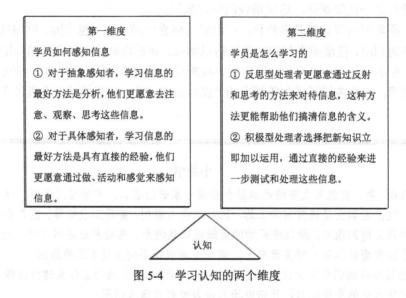

图5-4 学习认知的两个维度

二、四种学习方式

任何一种感知方式和处理方式相互组合，可以组成四种类型（见图5-5）。抽象感知者+反思型处理者；抽象感知者+积极型处理者；具体感知者+积极型处理者；具体感知者+反思型处理者，这四种类型构成了科尔伯格的学习风格理论。

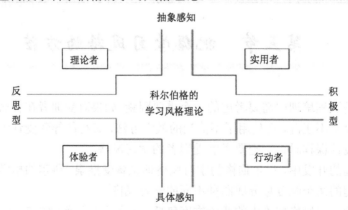

图5-5 科尔伯格的学习风格的四种类型

1. 实用者

实用者善于做决定、解决问题，弱于集中精力、体验与评估思想。适合的培训方式为同伴之间的互动与反馈，提供技能、技巧活动等。

2. 行动者

行动者善于完成计划、领导和冒险；弱于不现实，只重目的。适合的培训方式包括技巧及技能的训练、亲自解决问题、小组讨论、同伴的互动与反馈等。

3. 体验者

体验者学习态度好，善于想象及解决脑筋急转弯问题；弱于发现机会，提出行动方案。适合的培训方式包括大量反馈时间的课程讲授、引导、提供专业指导、用外部的客观标准来判断受训者自身的绩效等。

4. 理论者

理论者善于制订计划、创建模型和理论；弱于从经验中学习，不能看到更广阔的前景。适合的培训方式包括案例分析、理论研讨、独自思考等。

从科尔伯格的学习风格理论中可以看出，学习周期是一个持续往复的过程，如各种概念在实践中要不断地进行检验，并作适当的修整，学习的方向是学习者本人根据自己的需要和目标来控制的，这些需要和目标必须加以归纳，防止学习过程出现偏差或效率低下。学习是一个具有很强的个性化的经历，应该根据具体情况和环境条件选择教学操作方式。

第四节 西方员工培训课程设计方法

本节主要介绍三种西方培训课程设计方法——以能力为基础的培训、教学体系设计和培训整体设计模型。

一、以能力为基础的培训——CBT

CBT（Competency Based Training）是一种以能力为基础的培训体系，当前流行于北美。这种培训模式对我国的培训工作有许多有益的启示。它强调从事某一项工作的人必须具备的各种综合能力，包括相关知识与专项技能。以能力为基础的培训体系有时也被称为"以成果为基础的培训"，"以实际工作表现为基础的培训"，"以结果为基础的培训"或"以标准为参照的培训"。

CBT 的培训特点如下：

（1）要求培训者花更多的时间去开发学习资料，保持同学习者个人和小组的接触以及对学员的评估。

（2）培训者应利用少量时间去准备授课计划、课堂讲课和小组讨论。

（3）充分掌握学习者的个人兴趣和需求。

（4）允许学习者按自己的学习进度安排学习。

（5）允许学习者在给定的学习活动中有更多的选择权。
（6）经常给学员提供积极的学习反馈。
（7）使学习者对知识、态度与技能的学习和掌握同步获取。

二、教学系统设计——ISD

教学系统设计（Instruction System Design，ISD）最初在第二次世界大战后由美国军方开发，是一种针对当时传统的培训课程设计方法的新型模式。美国人力资源开发与培训专家Carnevale、Gainer和Villet认为，在ISD开发以前的50年中，随着经济和技术发展变化不断加快，雇主已认识到非正式的学习程序已难以确保培训的效率和质量，因此出现了试图把培训与实际工作相结合的培训方法。这种方法通过精心设计，把实际的培训需求转变为实际的培训计划。他们还指出，ISD之所以被广泛地接受和应用，主要是因为其成本低廉。

ISD模型强调的是正式的、针对性很强的、把实际需求与培训内容和方法紧密结合的培训。因此，ISD模型与传统培训理念和方法是完全不同的，如表5-3所示。

表5-3 传统方法和ISD方法的比较

比 较 项	传统的方法	ISD方法
立足点	普通主题	经营需要
方针	以教师为中心	以学员为中心
目标	不可测量	可以测量
活动过程	讲课为主，学员听教师讲	根据亲身体验学习，在做中学、应用，交叉沟通
方式	教室	灵活、宽领域的系统方式
实施	国内	全球、国际化
评价	学员做评议	不同层次的人参与评价，以保证学习满足了经营需要
结果	很少的技能被掌握，并运用到工作中去	学到工作中所需要的技能

三、培训整体设计模型

培训整体设计模型目前尚处于研究阶段，还没有在实践中广泛运用，但作为一种发展趋势，是值得我们加以关注的。

培训整体设计的一般模型如图5-6所示。

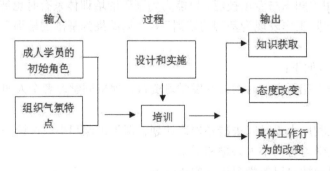

图5-6 培训整体设计的一般模型

（1）把培训设计成一个由输入—过程—输出组成的系统。

（2）把成人学员的特点以及培训的环境作为输入的重要因素和条件，表明 STD 整体培训模型更加注重结合学员的实际，并考虑许多因素的影响。

（3）强调输出的变量，即学习和培训的结果的多样性与层次性，包括知识的获取、态度的改变和行为的改变。

（4）培训设计和实施的过程必须从学员的特点与培训环境出发，最终达到获取知识、改变态度和行为的整体效果。培训设计和实施要服从和服务于越来越个性化的学员的要求。

第五节　基于岗位能力素质模型的培训课程开发

基于岗位素质的培训体系是以岗位定制化的素质要求为主，不仅注重专业的知识、技能等显性素质的提高，还注重员工隐性素质的培养。由于不同岗位的能力素质要求不同，因此针对不同岗位设置不同的培训课程，以体现培训课程因岗设置的差异化。同时，由于课程内容是针对不同的岗位和能力素质要求设计的，因而具有很强的针对性、实用性和匹配性，能够快速提升员工的工作绩效，实现企业和员工共赢。

一般来说，基于岗位能力素质模型的培训体系构建需要经历以下几个步骤。

第一，确认培训课程开发的岗位能力素质模型，从岗位能力素质模型中分析，提取培训要素，根据培训要素归纳出培训主题。

第二，对培训主题进行搭配组合形成最终的培训主题。同一项能力素质所分解的培训要素，从要素涉及的行为分类不同、行为逻辑顺序等角度，归纳出一个或多个培训主题。归纳这些主题必须遵循以下要求：用一个响亮的名词或动词短语进行描述；同一能力要素所归纳的培训主题之间在概念的内涵和外延上相互独立；不同能力要素所归纳的培训主题在内涵和外延上相同或相近的应进行二次归纳合并；培训主题进行合并时，与之对应的培训要素均需进行归纳合并，以确保培训要素间在内涵和外延上不重复。在确定完培训主题后，根据培训主题所表现出的共同特征，拟定培训课程名称并编写课程提纲。

第三，对课件的开发制定统一的要求与规范，使不同课程最终以同样的格式呈现。

第四，按照课程提纲进行课件编制。

第五，利用编制好的课件进行一定范围内的试讲，并总结经验，完善课程开发规范，其具体过程如图 5-7 所示。

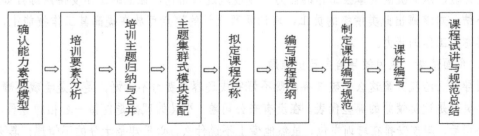

图 5-7　课程开发逻辑思路

阅读资料：

培训课程开发莫忽视员工情绪

通常我们习惯把培训关注点放在对员工操作水平和技能的提高，以及对其专业知识和业务水平的提升上，而没能有效地解决员工的诸如态度、心理等方面的问题，最后导致培训效果不理想，优秀员工照样流失，管理工作依然滞后。其中很重要的一个因素，就是培训课程开发忽视了员工的情绪。

那么，怎样根据员工的情绪来进行培训课程开发呢？下面结合具体的案例来谈谈。

D公司是一个有着12年历史的电器制造企业，市场前景很好，公司规模逐年扩大。人力资源部从以前的综合部独立出来，老严是人力资源部经理，下属有六名员工——负责薪酬的小王、负责考核的小张、负责企业文化的小胡是公司的老员工，而负责招聘的小李、负责培训的小吴以及负责社保的小付是公司近两年招进的新员工。最近一段时间，老严发现这六位员工身上都出现了不同的情绪表现，部门绩效也出现了滑坡，他决定从情绪入手针对这六位员工的特点进行培训。

他经过仔细剖析员工情绪状态产生的根源，计划针对每个人的具体特点，采取"一把钥匙开一把锁"、"对症开方"的方式，设计不同的培训课程，从而使每一名接受培训的员工都能通过培训或提高专业技能、或转变工作态度、或提升管理水平、或增强工作责任意识，进而让整个人力资源部的工作绩效得以提高。

一、员工对"工作任务难"理解反差大

1. 正面情绪：希望寻求帮助解决难题

这项工作怎么这么难啊，我都不知道从哪里入手，时间又紧，谁可以给我指导和帮助呢？

小李就是出现了这样的情绪：由于小李刚来公司不到半年，虽然是人力资源管理专业毕业的高材生，却从来没有做过实际的招聘工作。最近公司要新建一个项目，急需招聘一批新员工，老严跟小李说，限他三个月内把公司所需的员工招聘到位。接到指令后，小李一脸苦相，常常自言自语道：这个难题该从哪入手呢，谁能为我指条明路呢？

针对小李出现的情绪状态，老严考虑将下一步培训工作的重点放在提高其工作技能上，也就是培训课程开发重点放在提高其招聘工作技能以及熟悉其招聘工作的流程上；同时，还要抽时间带小李参加几场大型招聘会，对如何面试新员工、如何甄选到符合公司招聘要求的员工进行言传身教，从而提高其掌控工作的能力，慢慢地进入角色，让他的工作变得熟练自如起来。

小结： 对流露出此类情绪的员工，培训课程设计的重点可放在提高其工作技能上，以便提高其掌控工作的能力。

2. 负面情绪：认为领导给自己出难题

领导怎么给我分配这么个破任务，既不好完成还容易费力不讨好，是不是看我不顺眼啊！

小吴就是这类情绪的典型代表。在没有来公司前，小吴的理想是能做一名招聘专员，但是进到公司后，却被安排在培训岗位，虽然他嘴上不说什么，心里却是十分的不情愿：怎么把我分配到这个岗位上，既无前途又体现不出工作价值，太悲催了。

小吴在培训这个岗位上已经工作了两年多，培训工作的流程以及培训技能，可以说都已经基本掌握，这两年的工作业绩也还不错，应该算是一名称职的培训专员。老严分析小吴身上流露的问题以及表现的情绪后认为，应该不是技能方面的问题，而是心态的问题。因此，对小吴的培训课程开发重点放在其工作态度、心态方面，要找小吴好好谈谈关于职业定位、个人职涯发展以及如何树立正确的工作态度等问题，进而使他尽快转变工作态度，认清自身不足，继续做好培训工作。

小结：有此类情绪状态的员工，主要是心态问题，在培训课程开发上就应该重点放在工作态度、心态方面，也就是提高其基本素质，从而使其转变工作态度，认清自身的能力差距。

二、员工对"工作状态忙"看法不一

1. 正面情绪：怎样跳出瞎忙的迷宫

我的工作为何每天总是这么忙呢？是我工作方法不对，还是有其他什么问题呢？我怎样才能提高工作效率？

小付因为刚到公司时间不久，对大多数员工不太熟悉，加之以前没有做过社保，不知道如何同地方社保局的工作人员进行沟通，所以工作总是忙忙碌碌。于是他就想：我为何每天总是这么忙碌呢？是不是因为我的工作方法不对？怎样做才能尽快提高工作效率呢？

老严找小付进行了一次长谈，他发现小付流露出的情绪应该从两个方面来分析：从小付自身来看，其工作计划安排不尽合理，与社保局工作人员的沟通方式及方法不正确，对轻重缓急的问题也不知道如何处理；同时老严也做了自我分析，承认自己在对小付的工作安排上有些欠妥，没有考虑周全，在他工作最忙的时候也没有及时要求部门其他同事来协同完成，这是自己在管理能力方面存在的不足，今后需要引起注意。所以对于小付，下一步主要对其工作能力、工作效率、人际关系，以及分析和处理问题的能力等方面进行培训。

小结：这类员工流露出的情绪，管理者既要分析员工对工作安排是否接纳、工作方法是否得当等，同时也要分析自身对下属的工作安排是否考虑周全。如果属于员工自身的问题，则需要对其工作能力、工作效率等方面进行培训；如果是管理者的问题，则需要加强自身管理能力的提升。

2. 负面情绪：领导就是欺负老实人

我们领导吃柿子就爱挑软的捏，每次给我分配的工作总是那么多，而别人总是那么清闲。

小张是公司的老员工，又是人力资源部唯一的女员工，一直在做员工的绩效考核工作。因为每个月底要对部门和员工的考核进行总评，所以每天都要去收集考核数据，跑前跑后，很少有空闲时间，于是她就在心里嘀咕：我们领导总是把麻烦的工作交给我，搞得自己很疲惫。

老严认为小张这些年在公司绩效考核方面做了大量工作，也取得了不错的业绩，这一点值得肯定。绩效考核的确比较繁琐，考核数据收集也不是易事，这几年自己也很少和小张好好沟通，所以在小张身上表露的情绪应该是心态和沟通问题，而在沟通方面自己是有责任的。下一步除了要对小张在心态方面进行引导，以及重点对她进行沟通技巧的培训外，还要尽可能多地抽出时间同小张以及属下其他员工进行沟通，努力为部门员工之间提供一个良好的沟通氛围。

小结：这类员工身上表露的情绪，主要是心态和沟通问题，也许员工及其上司都存在这类问题，也许是单方面的，除了要对其进行相应的培训外，还要为其营造良好的沟通氛围。

三、员工对"工作成就感"认识不同

1. 正面情绪：工作的挑战越来越小

我的工作论难度还不小，但已经能得心应手，每天还有些时间学点其他东西。

在公司主管薪酬且有着五年工作经验的小王和其他几位同事相比则显得轻松许多，他时常在公司其他部门的同事面前自诩：薪酬管理这个工作论难度还真不小，但是说实话我每天工作还算轻松，相比其他同事也不是很忙，每天还有时间学点其他东西。小王的工作论工作性质可以说忙闲均有，从薪酬工作的难易度来说应该适中，每个月除了统计和计算工资这几天比较忙以外，其他时间比较宽松，在工作安排的合理性方面问题不是很大。

小王的这种情绪，从另一方面来看，其实就是一种危险的信号，表明企业在管理上出现了问题。假如小王的工作能力远远超出其工作能力范畴，那么，如果不及时对他进行岗位轮换、职位晋升，小王就很有可能会"跳槽"，就算小王不"跳槽"，工作也可能由此变得消极、懒散。对此，除了继续对其专业知识进行再提高培训外，还必须对其进行职业素质、管理能力方面的培训，为以后岗位轮换、职务晋升奠定基础。

小结： 对此类员工，我们首先要对其工作性质进行分析，接下来对其工作的难易度进行甄别，然后再对其工作安排的合理性进行评估。在设计培训课程时，则以技能方面的培训为主。

2. 负面情绪：凑合混日子

我的工作很难做，也没有人告诉我怎么做，慢慢凑合做吧。反正工作就是混，当一天和尚撞一天钟。

小胡以前负责公司的招聘工作，最近两年开始负责公司企业文化建设。两年多时间，小胡越来越感到企业文化工作并不是自己当初想象的那么容易，相反却越来越难做。有一次老严问小胡对工作的感受，小胡直言不讳地说："我感觉企业文化工作很难做，慢慢凑合做吧。"在小胡的心里，其实就是"当一天和尚撞一天钟"。

老严对发生在小胡身上的问题进行了仔细分析，主要有以下几个方面：其一，对企业没有认同感；其二，工作状态不对劲；其三，对自己的工作责任界定不清；其四，专业知识和技能亟需提高。鉴于此，老严决定在培训课程设计上除了必要的企业文化专业知识和技能培训外，还必须在公司战略、职业素质方面加大对小胡的培训，重点是工作态度、职业道德、工作状态，以及员工对企业文化的认同感等内容。

小结： 出现这种情绪的员工自然是心态出了问题，所以培训课程设计就应当放在心态调整方面，以及员工对企业的认同感上。除了对其进行基本素质方面的培训外，重点是工作态度、职业道德等方面的培训。

以上所列举的三种类型、六个方面的正负面情绪，只是员工在日常工作中所表露出的具有一定代表性的情绪。当公司整体绩效不佳或者员工业绩不高时，并非都是员工技能出了问题，有时工作态度、心理素质也同样会产生这些结果。因此，在培训课程开发时对此有所把握并整合到工作中，或许培训工作会收到意想不到的成效。

资料来源：http://www.chinahrd.net/talent-development/corporate-university/2013/0528/196012.html

本章小结

培训课程开发是指培训组织在培训课程设计和授课指导方面所做的一切工作，是一个可持续发展且可以变通的过程。本章主要介绍了培训课程开发的三种方法——获得知识技能的方法、获得学习经验的方法、把握学习风格的方法，对应的培训课程开发理论和原则分别为布鲁纳课程教学法、戴尔的"经验之塔"理论、科尔伯格的学习风格理论，同时对西方培训课程设计中运用到的方法进行了简单的介绍，最后还介绍了基于岗位能力素质模型的培训体系构建。在实践中，企业要根据自身的特点和员工的需求，选择最适合的培训课程开发方法。

思考与练习

1. 培训课程开发的方法有哪些？
2. 西方培训课程设计方法对你有什么启示？
3. 说说如何进行基于岗位能力素质模型的培训体系构建。

案例分析

案例一：云南电网公司的培训课程开发——基于岗位能力素质模型

云南电网公司为实现打造国内领先的省级电网运营企业的目标，需要根据形势实施各种管理创新、技术创新，而人力资源管理的核心就是围绕公司战略目标的要求，运用更加先进和实用的人力资源管理手段，为目标的实现打造和提供人力资本平台，对人力资源进行系统的开发、培养和利用。基于这一认识，云南电网使用了基于岗位素质模型的培训课程开发。本次课程开发，以标杆岗位人员的能力素质要求为依据，以隐性素质培养为重点，通过系统的逻辑思路与方法，对目标岗位人员所需要提升素质的培训课程进行了精准的开发，并通过这个过程总结出了可供持续进行课程开发的规范，达到了预期的目的。下一步，云南电网公司将继续对其他岗位开展培训课程开发研究，全面建立基于岗位能力素质模型的员工培训课程体系。下面对其具体操作过程进行详细阐述。

第一步，云南电网公司根据能力素质模型的相关理论及方法，建立了供电企业5类职系、26项职能，涉及640多个岗位的能力素质模型。为了将能力素质模型应用到培训课程体系的建设中，改变了传统培训存在的不足，选取了专业技术职系和技能职系8个不同专业的班组长作为一线岗位的标杆职位，量身开发用于能力培育和提升的培训课程，并总结出一套基于岗位能力素质模型的课程开发标准模式。

第二步，培训要素分析是课程开发中最重要的环节之一。云南电网公司将标杆职位的能力素质分为共通型能力素质和差别化能力素质两类。

第三步，核对能力素质的关键行为要求，运用投入、过程和产出分析方法，分别分析该岗位人员需要在投入、过程和产出三个环节上有什么样的行为表现，形成培训要素，具体示例如表5-4所示。

表5-4　基于岗位能力素质模型的培训要素提取表——配网线路班班长

能力要项	维度	关键行为描述	培训要素分析		
			投入	过程	产出
敬业精神（A）	热爱工作	充分认识到自己的工作对企业运作的重要性，具有强烈的主人翁意识，将自己的工作当成事业，力求做到个人发展与企业发展相统一	1. 认同班长的岗位价值 2. 把工作成事业	1. 主动思考工作问题 2. 积极地改善行动 3. 保持乐观向上的精神面貌	1. 把个人职业规划与企业成长相结合 2. 问题被及时发现和处理
	服从执行	能够根据上级工作要求，提出有效的工作执行方案，力求取得最好成效	服从和效率意识	1. 理解和吃透工作任务及要求 2. 想尽一切办法	任务完成不拖延
	乐于奉献	能够从企业发展的角度出发，不计较个人利益得失	认同企业价值观	1. 从企业角度考虑问题 2. 奉献出自己的智慧和方法	多干、苦干、不讲条件
	自信坚韧	面对突发情况或不同意见时也能紧盯目标，并团结和带领他人为实现目标一起努力，想尽办法完成任务	1. 自信心 2. 百折不挠的精神	1. 及时调整和完善计划方案 2. 保持总目标达成不受干扰	目标完成不打折扣、不变味

第四步，对提取的培训要素表编制成调研问卷，在基层供电局选取103位班组长进行调研，广泛听取意见，调研问卷如表5-5所示。

表5-5　基于班组长能力素质模型的培训课程调研问卷

班组名称：主网调度组　　岗位：副组长　　填表人：

能力要项	定义	从哪些方面进行培训	工作中体现在哪些方面
责任意识	热爱本职工作，主动承担工作任务，想尽办法去完成每一项任务，始终把公司利益放在第一位	1. 团队意识 2. 人员责任心 3. 企业文化	认真完成本职工作，不计较个人得失，能够承担调度工作的压力和责任
分析判断	通过对相应资料及信息的分析，运用所掌握的专业知识进行推理与判断，把握问题的实质，最终确定问题解决的思路与方案	1. 大量案例 2. 丰富工作经验 3. 培养不断思考、总结的习惯	考虑全面，分析准确
专业素养	掌握本专业的专业知识、原理和方法，了解相关专业的基本知识，不断强化和提升专业能力并主动与他人分享，不断提升自身的素质	1. 热爱专业工作 2. 不断要求学习进步的思想 3. 团队学习共同进步意识——"水涨船高"	积极学习专业知识，与同事讨论学习

续表

能力要项	定义	从哪些方面进行培训	工作中体现在哪些方面
计划推进	将工作计划进行分解并跟进实施,协调相关资源,解决计划实施过程中出现的问题	1. 根据实际情况将工作正确分解 2. 督促协调能力	1. 工作完成情况 2. 工作过程中各方面的评价
沟通协调	采用适当的方式与个人或组织进行有效的信息交流,妥善处理所涉及的各种关系,促成相互理解与支持,获得帮助与配合,建立良好有序的沟通渠道与习惯,提高工作的成效	沟通协调能力	1. 工作完成情况 2. 工作过程中各方面的评价
指导监督	利用专业方面的优势与特长,对相关人员的工作进行指导,并监督其严格地执行,以保障目标的达成	1. 专业技术 2. 人员培训能力	1. 工作完成情况 2. 工作过程中各方面的评价
可靠意识	能有效分析电网运行情况,准确组织、指挥、指导和协调电网的运行操作,积极排除隐患,充分发挥本地区电网输供电能力,确保电网的安全、优质、经济运行	1. 专业知识 2. 工作经验 3. 分析能力 4. 人员责任意识组织协调能力	1. 事故及异常的处理过程 2. 日常记录内容是否准确、全面 3. 调度操作指令票、指令记录正确率 4. 对电网运行及操作中危险点的掌控
快速反应	对故障及缺陷能够快速反应与识别,面对出现的故障能当机立断,快速下达准确的指令并立即处理	1. 专业知识 2. 工作经验 3. 分析能力	事故处理过程
事故防范	具备隐患意识,善于进行电网运行状态分析,能够发现、识别电网运行中的隐患及故障,并通过编制事故预案等可行的预防措施,防止事故的发生,保障电网安全运行	1. 专业知识 2. 工作经验 3. 分析能力	电网运行及操作过程中对危险点把握控制是否全面、到位

第五步,培训主题归纳与合并。在培训主题归纳与合并后,针对提出的培训主题及背后的工作行为逐项逐条地进行审核分析,以确保未来课件编写和后期授课中知识点不重复并尽量避免交叉。培训主题归纳与合并,具体示例如表5-6所示。

第六步,主题集群式模块搭配与课程名称拟订。结合培训授课中的实践经验,根据培训主题在内容性质上的相似性和课程章节构成的逻辑要求,对培训主题按集群式模块搭配的方法进行组合,形成培训主题群。具体步骤为:首先,集群式模块搭配。每一培训主题为一个独立模块,根据模块内容的行为类别分类不同(内涵和外延的不同)、行为逻辑顺序等,多个模块可以搭配组合形成培训主题群。其次,专家组研讨。分类并确定哪些培训主题可以进行模块搭配,视每一主题群为一门课程内容综合,研讨并为其拟定课程名称。最后,专家和课程开发团队共同研讨,最终确定培训主题模块搭配及课程名称。

表 5-6 培训主题归纳与合并表——配网线路班班长

培训要素分析			提取培训要素	
投 入	过 程	产 出	培训主题	培训要素
1. 认同班组长的岗位价值 2. 把工作当成事业	1. 主动思考工作问题 2. 积极地改善行动 3. 保持乐观向上的精神面貌	1. 把个人职业规划与企业成长相结合 2. 问题被及时发现和处理	我与企业共发展	1. 认同班组长的岗位价值 2. 把工作当成事业 3. 主动思考工作问题 4. 积极地改善行动 5. 保持乐观向上的精神面貌 6. 把个人职业规划与企业成长相结合 7. 问题被及时发现和处理
服从和效率意识	1. 理解和吃透工作任务及要求 2. 想尽一切办法	任务完成不拖延	提高执行力	1. 服从和效率意识 2. 理解和吃透工作任务及要求 3. 想尽一切办法 4. 任务完成不拖延
认同企业价值观	1. 从企业角度考虑问题 2. 奉献出自己的智慧和方法	多干、苦干、不讲条件	保持奉献精神	1. 认同企业价值观 2. 从企业角度考虑问题 3. 奉献出自己的智慧和方法 4. 多干、苦干、不讲条件
1. 自信心 2. 百折不挠的精神	1. 及时调整和完善计划、方案 2. 保证总目标达成不受干扰	目标完成不打折扣、不变味	有一颗自信和百折不挠的心	1. 自信心 2. 百折不挠的精神 3. 及时调整和完善计划、方案 4. 保持总目标达成不受干扰 5. 目标完成不打折扣、不变味

第七步，提纲编写。借鉴结构功能分析法的思路，为实现课程对培训对象能力培育和提升的功能，从结构上认定培训主题群中每一培训主题为一个章，同时从概念、行动方法步骤和结果要求与衡量三个方面编写每一章的内容。每一章可分为三节：第一节，概念。这是对培训主题进行解释，这部分充分考虑云南电网公司的企业特点，运用适合培训对象理解的语言来解释其内涵和外延。第二节，行动方法。这是为达成培训主题所要求的工作目标，结合培训对象实际的工作业务，构建一套让培训对象能学会的工作步骤和一套工作方法。第三节，结果要求与衡量标准。是通过设定可观察的行为或结果来作为检验培训对象是否达到素质要求的标志，培训课程提纲编写示例如表 5-7 所示。

第八步，课件开发。课件开发前，专门制定了课件标准格式，明确编写思路，确定编写时限，并对编写进度及过程中出现的问题及时审核把关，做到编写工作稳步推进，顺利完成了基层班组长培训课程课件的编写。

表 5-7　培训课程提纲编写表

课程名称		班组团队管理	
章	节		课程内容
1. 共同目标建立的重要性	1.1 团队目标管理的内涵		1.1.1 什么是目标管理
			1.1.2 树立全局观和大局观
			1.1.3 建立共同的团队目标并成为前进的动力
	1.2 如何进行团队目标管理		1.2.1 进行全局工作的交流、研讨
			1.2.2 将整体目标层层分解并合理安排工作
			1.2.3 密切关注团队工作的整体进度和团队内部情况
	1.3 以目标管理促进班组绩效提升		1.3.1 了解团队成员的特点，帮助成员在团队中找到自身位置
			1.3.2 有效监督和辅导团队成员
			1.3.3 发扬民主制，共同管理、建设班组
2. 如何实现团队协作	2.1 团队协作的深刻涵义		2.1.1 团队协作的内涵
			2.1.2 团队协作的重要性
	2.2 培养团队协作的要诀		2.2.1 以团队利益为思考出发点，不计较个人得失
			2.2.2 为团队服务的高度事业心与责任感
			2.2.3 动态调整，援助完成任务遇到困难的员工
			2.2.4 逐步形成团队完成任务的能力和集体荣誉感
	2.3 团队协作，实现梦想		2.3.1 积累加强团队协作的经验
			2.3.2 合理安排人员，实现各尽所能

资料来源：曲聪，等. 基于岗位能力素质模型的培训课程开发[J]. 中国人力资源开发，2010（8）：32-36.

讨论题：

1. 结合案例，说说如何进行基于岗位能力素质模型的培训体系构建。
（提示：参见案例和培训体系构建的步骤）
2. 试比较基于能力素质模型的培训课程开发与本章提到的其他三种培训课程开发方法。
（提示：结合本章内容，合理即可）

案例二：天津港股份有限公司的培训课程开发

　　天津港股份有限公司原名天津港（集团）股份有限公司，其前身是天津港储运股份有限公司，成立于1992年12月21日。自1996年上市后，通过不断收购控股股东（原天津港务局）下属优质资产、成立专业化经营公司，公司由单一的港口货物集疏运公司发展成为集港口装卸、货物集疏运及货物代理为一体的综合性港口经营公司，实现了业务重心的转移，增强了市场竞争能力，提高了经济效益。天津港是中国最大的人工港。港区现有水陆域面积近200平方公里，陆域面积47平方公里，规划到2010年港口陆域总面积达100平方公里。目前，天津港主航道长35公里，水深-18.5米，20万吨级船舶可自由进出港，25万吨级船舶可乘潮进出港。天津港共拥有各类泊位140余个，其中本港泊位85个，万吨级以上泊位62个，泊位岸线总长1.81万米。

　　天津港非常重视员工的培训，特意为企业管理人员设计了一套培训课程开发体系。公司首先分析了管理人员的专业结构和年龄、学历、职称结构，其次进行了管理人员需求的调查和课程的编制和实施，最后进行培训课程的评价。整个培训课程开发过程中，公司还制定了培训课程开发的保障措施。

1. 管理人员专业、年龄、学历和职称结构分析

天津港公司的6 000多名管理及专业人员分布于11个专业系统内。各类管理人员中，经营业务系统人数最多，科技设备系统次之，其基本体现了港口主营业务的特点。公司管理人员31~40岁和41~50岁年龄段成峰状，而30岁以下和50岁以上成谷状。五年以后，将出现管理人员年龄老化的问题，特别是高级人才队伍提前老化。因为高级专业技术人才中，50岁以上的占高级人才总量的40%。公司管理人员本科及以上、专科、高中、中专、技校、初中学历近似正态分布。其中，大、中专及以上学历占50%左右，中专、高中学历的比例相对较高，但硕士及以上学历仅占1.07%。管理人员中，高、中、低职称各占的比例分别为7%、25%、44%，无职称的所占比例为21%。天津港据此可看出公司管理人员存在年龄结构偏大，文化程度偏低，中高级管理人员占职工总数比例偏低等问题。

2. 管理人员培训需求的调查

公司首先查阅了在定岗定员工作中拟定的全公司各岗位的工作任务书，确定了各岗位的目标绩效标准。通过对天津港总公司下属6 000名管理人员和专业技术人员培训需求的问卷调查和对一些部门的专访调查，在充分调查个人工作需要及个人职业发展需要的基础上，结合公司总体战略目标，确定了管理人员的培训目标。从2006—2013年，对全集团公司55岁以下的5 000余名各级各类管理人员进行了一次多层次、全覆盖、高质量的普遍轮训，每年有组织、有计划地培训公司内1/5的管理人员。结合集团公司用人制度改革发展的要求，根据不同管理系列、不同港级、不同岗位的任职条件要求，分系统、分等级、分专业地进行培训，逐步形成符合发展要求、体现港级梯次能力条件和内在联系的培训内容体系，为管理人员职业发展搭建了岗位培训的平台。

3. 管理人员培训课程的编制

管理人员培训工作主要是在对现有管理人员队伍适应不同岗位情况分析的基础上，有针对性地进行各类培训。内容分为六类：新理念、新知识和新技术的专项培训，岗前培训，岗位培训，学历教育，中高层管理人才及其后备人员培训，新员工入职培训。

培训课程结构采用"集群式模块课程"。每个模块以"菜单"方式列出各门课程，可以以搭积木的形式对模块进行删减、增加或组合，并根据学习者已有的经验知识和技能，灵活实施个性化教学，使培训既有实用性和针对性，又有很好的拓展性。在课程内容结构中，"宽基础"指共性知识，"活模块"指专项知识。"活模块"可分为"大模块"和"小模块"。"大模块"针对各种专业系统或职业工种，包含若干"小模块"。"小模块"只针对一个特定技能、方法或专业知识，内容相对完整、独立，可以进行单独测量和考核。每个"小模块"不仅可以和同一"大模块"中的其他"小模块"结合，还可以与其他"大模块"中的"小模块"结合。

4. 管理人员培训课程的实施

（1）培训渠道方面。天津港采取联合办学、委托培养等方式，充分发挥高校师资、设备等方面的资源优势。合理利用国外教育培训资源，通过友好港口，合资伙伴等，积极开辟国外培训渠道，逐步形成精品培训项目。（2）培训方式。坚持脱产培训和在职自学相结合，举办各种短期培训班，专题讲座和辅导报告，合理运用工作轮换法，具体方式可采取挂职锻炼、轮岗锻炼、岗位助理等，使管理人员"通才化"。（3）培训方法。运用情景模拟、案例分析、体验式教学、对策研究等方法，提高学员参与度。同时，强化实践环节，安排实践课程，组织

管理人员开展基层调查研究，深化理论理解，提高其解决问题的能力。

5. 管理人员培训课程的评价

天津港根据调查问卷及培训有效性评估表，进行培训工作的效果评价。其中，调查问卷是针对学员培训后的感受和看法，来评价培训工作的一个方法。而评价有效性评估表，则是通过各个部门对送出员工培训后的工作表现，来评价培训工作的另一个方法。此项培训还建立了培训质量评价和资格认证制度，由教育主管部门牵头，组织有关部门每年对培训项目和培训基地进行跟踪管理，对培训内容的实践性和对绩效的影响程度进行全面评价，为以后培训具有更好效果奠定基础。

资料来源：史韵. 企业管理人员培训课程的开发与设计[J]. 中国培训. 2008（11）：18-20.

讨论题：

1. 结合案例，说说培训课程开发是如何进行的。

（提示：结合案例及本书第十章内容）

2. 培训课程开发的方法有哪些？如果是你负责天津港管理人员的培训课程开发，你会如何进行？

（提示：结合案例及本章内容）

3. 天津港管理人员的课程培训开发对你有什么启示？

（提示：此题为开放题，回答合理即可）

第三篇　实际操作篇

第六章　员工培训与开发规划制定

第七章　员工培训与开发项目的设计

第八章　员工培训与开发需求分析

第九章　员工培训与开发对象分类及对策

第十章　员工培训课程开发

第十一章　员工培训与开发的实施和管理

第十二章　员工培训与开发效果评估

员工培训与开发规划制定

【本章关键词】
  员工培训与开发规划；战略规划；年度规划；项目规划

【学习目标】
- 了解：员工培训与开发规划的三个层次；企业战略、人力资源战略和员工培训与开发战略的关系。
- 熟悉：员工培训与开发战略的制定和目标设定。
- 掌握：员工培训与开发规划制定的流程和方法；员工培训与开发年度计划和项目计划的制订；运用成本分析法进行员工培训与开发预算。

大通曼哈顿银行的员工培训与开发规划

  坐落于纽约市中心的大通曼哈顿银行是一个培养和选拔职业商业银行员工的摇篮，它在人事管理和员工培训方面也有不凡之处。
  大通曼哈顿银行设专门的培训机构，人事管理部门下属的1~5个培训处都有足够的人员抓培训工作，主要任务之一就是根据银行领导或董事会的要求，组织员工撰写个人年度培训规划，然后组织落实各种培训工作，如他们的职工教育技能培训可分月进行，趣味性的培训每周两次，这种培训机构完成了银行的各种培训规划。
  年度培训规划是大通曼哈顿银行每年必做的一项工作，银行要求全体员工每年要搞一个自我培训规划。例如，某员工的自我培训规划：1~2月，对银行内部的基本环境和结构作一次调查；2~3月，对自身不足之处和对银行的不满之处作一个系统的总结；3~7月，主要对自己的不足之处加以改善；7~12月，对银行的不足之处提出更好的建议。大通曼哈顿银行的培训规划，是在员工提出的新一年培训规划基础上，由总行制定，再由员工选择，如计算机、写作、银行新业务等，然后交员工所在部门审核并报上级部门，最后由培训主管部门汇总、实施。
  从上面的案例可以看出，员工培训与开发规划制定是一个复杂的系统工程，制定之前有许多需要考虑的因素，这些因素直接影响培训规划的质量和效果，本章就来专门讲述员工培训与开发规划的制定。

  资料来源：李德伟．人力资源培训与开发技术[M]．北京：科学技术文献出版社，2006：82．

第一节 员工培训与开发战略规划制定

企业员工培训与开发规划按时间跨度来分类可分为中长期规划、年度规划和项目规划，表 6-1 显示了这三类规划的层次、主要内容和作用。本节主要对员工培训与开发战略规划的制定进行详细的介绍。

表 6-1 员工培训与开发规划的三个层次

规划的类型	规划的层次	内容和作用
中长期规划（3~5 年）	战略层次	陈述企业未来 3~5 年员工培训与开发的使命、愿景和战略，为企业层面员工培训与开发活动提供方向性的指导
年度规划	运营层次	说明企业年度员工培训与开发活动的策略及优先级、资源的分配和成果的衡量，为员工培训与开发部门提供运作性框架
项目规划	操作层次	规定员工培训与开发项目的具体细节，如目标、项目设计、项目实施、项目评估，为项目执行者提供操作性指南等

一、企业战略、人力资源战略和员工培训与开发战略的关系

作为企业人力资源职能的组成部分之一，员工培训与开发活动必须始终围绕企业总体人力资源战略制定自己的使命、愿景和战略。因此，制定员工培训与开发规划首先必须从理解企业人力资源战略开始，而人力资源战略又必然追溯到企业战略，由此路径制定员工培训与开发战略契合了企业经营对人员知识和技能的要求，体现了员工培训与开发规划与人力资源规划和企业规划的一致性。图 6-1 显示了三者之间的战略递进和支撑关系。

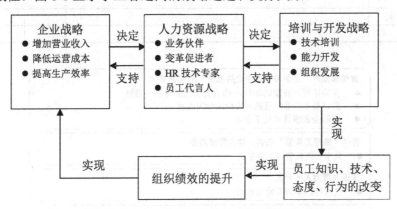

图 6-1 企业战略、人力资源战略和员工培训与开发战略的关系

二、员工培训与开发的使命、愿景和价值观

作为企业的战略支持活动，员工培训与开发应该陈述自身的使命、愿景和价值观（见表 6-2）。

表 6-2　员工培训与开发的使命、愿景和价值观

	内　　容	举　　例
使命	陈述员工培训与开发职能对组织和成员的价值所在，用来获得利益相关者对员工培训与开发的理解和支持，体现该职能对存在和发展的诉求	"我们致力于组织发展和员工成长"
愿景	指明员工培训与开发职能的发展目标，用来激励员工培训与开发人员对未来的渴望和追求，体现该职能对专业化水平的诉求	"在未来三年内使员工个人发展计划（IDP）覆盖率达到100%，实施率达到90%"
价值观	规定员工培训与开发职能关于"是"和"非"的判断标准，用来规范员工培训与开发人员的职业操守，体现该职能在商业伦理方面的诉求	"专业、激情、学习和敬业"

三、员工培训与开发战略的制定

员工培训与开发战略是企业人力资源战略的延伸，是在人力资源活动框架指导下确定员工培训与开发活动"做什么？"，对所有需要做的事进行分析并确定哪些成功的事需要继续做下去（Sustaining Success）、哪些无效的事需要放弃不做（Turnaround）、哪些有问题的事需要调整后再做（Realignment）、哪些全新的事需要开始做起来（Start-up），在此基础上形成员工培训与开发战略。这一过程可以借助员工培训与开发战略制定工作表来完成，简称 ST$_A$RS 模型（见表 6-3）。图 6-2 是某企业的员工培训与开发战略举例。

表 6-3　员工培训与开发战略制定工作表（ST$_A$RS 模型）

人力资源活动	员工培训与开发战略	战略选择			
		继续保留	完全放弃	适当调整	全新开始
业务伙伴					
变革促进者					
人事技术专家					
员工代言人					

```
宣传和推广"在学习中与企业共成长"的企业文化
  ● 保持培训与开发活动与企业/人力资源战略的一致性
  ● 提供员工职业发展的多方位的学习选择
  ● 兼顾企业绩效和员工专业

提供"经理工具箱"培训，建立管理规范
  ● 共享管理和领导力方法论

加速高潜力人才开发
  ● 通过行动学习开发领导力

启动新任经理的引导培训
  ● 新的绩效和责任

HR 专业技能开发：业务知识、组织视野和 HR 技能
  ● 在本职工作中拓展业务知识、组织视野和 HR 技能
  ● 通过业务教育夯实专业基础知识
  ● 参加培训项目弥补技能缺陷
```

图 6-2　员工培训与开发战略举例

四、员工培训与开发目标的制定

员工培训与开发目标的制定是将需求分析所得的结论转化为培训专业语言,为培训项目设计人员在进行项目开发时提供指南,同时为将来对员工培训与开发效果评估提供依据。需要制定的目标主要有两大类:企业员工培训与开发总体目标和员工培训与开发具体项目目标。

1. 总体目标的制定

总体目标是指组织层面上的员工培训与开发目标的设定,可采用指标法,如 ASTD 法和人力资源指标法。

(1) ASTD 法。美国员工培训与开发协会(ASTD)是全球最具影响力的培训行业协会,通过对全美企业员工培训与开发信息的收集和分析,它每年都会发布员工培训与开发评估的指标(见表 6-4),这些指标反映了组织层面的员工培训与开发情况,既可以作为组织内部纵向比较的依据,也可以发掘与行业平均水平或标杆企业的差距。

表 6-4 美国员工培训与开发协会(ASTD)员工培训与开发指标

1. 企业的培训总费用
2. 每个应培训员工支出的培训总费用
3. 技术培训费用占培训总费用的百分比
4. 报销的学费占培训总费用的百分比
5. 其他费用占培训总费用的百分比
6. 培训总费用占企业总报酬的百分比
7. 实际接受培训人员占应接受培训人员的百分比
8. 应培训人员与培训者的比率
9. 每个应培训人员的总培训时间
10. 课堂培训时间占总培训时间的百分比
11. 技术学习时间占总培训时间的百分比
12. 支付给外部培训供应商的费用占总培训费用的百分比
13. 全职和兼职培训师的薪酬占总费用的百分比
14. 对预期效果的回报率
15. 以知识或技能为基础的薪酬支付
16. 员工发展计划
17. 技能证书
18. 员工胜任力档案

资料来源:理查德·斯旺森,爱尔伍德·霍尔顿,等. 人力资源开发[M]. 北京:清华大学出版社,2008:285.

(2) 人力资源指标法。该方法是基于平衡计分卡的应用,利用关键指标来衡量企业范围内员工培训与开发水平及其效率。在具体使用时,评估者应根据企业具体情况,采用尽可能多的指标来反映员工培训与开发的全貌。表 6-5 包含三套人力资源指标体系可供设定员工培训与开发总体目标时参考使用。

需要注意的是,并不是说上述方法和指标都适合所有的企业用来制定员工培训与开发目标,也不是说某一企业的员工培训与开发活动必须采用所有指标。对不同产业和不同发展阶段的企业,目标的选择和制定应该有针对性,契合组织的目标和战略,面面俱到的目标会失去重点,反而使人失去方向,更谈不上将来对目标实现评估的有效性和价值。

表 6-5　人力资源指标法

BECKER，B.，HUSELID，M.A.ULRICH，D（2001）
- 高绩效工作体系
  - 后备人才比率
  - 每个员工胜任力开发费用
  - 列入发展计划的员工百分比
- 人力资源员工培训与开发效率
  - 每个受训者的小时成本
  - 安全生产的培训和宣传活动数目
  - 每年的培训天数和培训项目数量
  - 参加培训的员工人数和百分比
  - 列入开发计划的员工百分比
  - 得到恰当的培训和发展机会的员工百分比
  - 每年在培训项目中采用新资料的百分比
  - 培训费用占薪酬的百分比
  - 新员工适应工作所需的时间
- 人力资源的绩效驱动因素
  - 组织学习的程度
  - 员工获得工作所需信息和知识的便利程度
  - 人力资源部门对领导力开发和提升的贡献程度
  - 具有职位提升可能性的员工百分比
  - 员工中拥有现职工作岗位和现职外工作经历的百分比
  - 开发计划的实现程度
  - 外部雇佣人员的成功比例

ULRICH，ZENGER，AND SMALLWOOD（1999）
- 综合性指标
  - 员工培训与开发费用占总费用的百分比
  - 员工在猎头公司中的声誉
  - 在本职业的从业年限
  - 提出新想法（含这些想法的实施）的员工比例
  - 职位储备的比例：关键职位中可供填补的后备人才百分比
  - 整体人才储备率：可以转移到关键职位的员工人数
  - 个人接受关键职位授予的比例
- 胜任力指标
  - 垂直维度：每个层次上的员工具有工作所需的知识和技能
  - 水平维度：需要时员工胜任在部门间转换工作
  - 外部维度：企业内部的胜任力能够满足外部价值链的需要
  - 全球维度：组织成员的胜任力能够参与全球范围内的竞争

KAPLAN AND NORTON（1996）
- 学习与成长——员工能力
  - 员工满意度
  - 员工保留率
  - 员工生产率

资料来源：理查德·斯旺森，爱尔伍德·霍尔顿，等. 人力资源开发[M]. 北京：清华大学出版社，2008：289.

2. 项目目标的制定

采用菲利普斯"五级六指标体系"设定员工培训与开发项目的目标，表6-6提供了一个工作表。

表6-6 评估目标的级别及其关注点

评估目标的级别	目标的关注点
一级 对培训的反应/满意度	规定培训实施后，学员对培训的满意度和反应的程度
二级 学习结果	规定学员应该从培训中获得的知识和所需技能的提高程度
三级 培训的应用/实施	规定培训结束后，学到的知识和技能被应用到工作环境中时必须实现怎样的行为变化
四级 培训对业务的影响	规定培训结束后，业务指标将发生怎样的变化和改善
五级 培训的投资回报率	规定比较成本和收益，实施培训项目所带来的投资回报率
无形受益	规定无法转化成货币价值的四级指标作为无形受益

资料来源：杰克·J. 菲利普斯，等. 如何评估培训效果[M]. 北京：北京大学出版社，2007：27.

（1）反应/满意度目标的制定。作为最为基础的目标，一级培训目标反映了学员对项目的喜欢程度，体现了是否在培训中建立双赢关系，这对取得更高级的培训效果至关重要。因此，学员对培训活动的反应应该是正面的，至少也不应该是负面的。

（2）学习目标的制定。学习目标既能够帮助学员明确学习的内容和成绩要求，又为评估学习效果设定了标准。表6-7可供设定学习目标时参考。

表6-7 学习目标的设定

衡量知识和技能的掌握程度

最好的学习目标：
- 描述可观察到的和可衡量的行为
- 以结果为导向，描述清楚、具体
- 具体说明学员在培训之后的应知、应会和应做
- 包含三个元素
  - 行为——在培训结束时，学员将能够做什么
  - 条件——在什么情况下学员才能完成任务
  - 标准——有效地完成任务必须达到的程度或水平

三种类型的学习目标：
- 认知——熟悉术语、概念和流程
- 知识——对概念和流程的理解
- 行为——技能的展现水平（至少具备基本水平）

举例：
  ① 能够辨别和理解六个领导力模型与理论
  ② 在给定的十个客户访问场景中，以百分之百的正确率来启动客户拜访程序（应用正确的步骤）

资料来源：杰克·J. 菲利普斯等. 如何评估培训效果[M]. 北京：北京大学出版社，2007：27.

（3）应用/实施目标的制定。应用/实施目标是学习目标的延伸，反映的是从培训中学到的知识和技能在实际工作中的应用，同时为评估员工在工作中的行为变化和绩效改变提供了标准。表 6-8 可供设定应用/实施目标时参考。

表 6-8　应用/实施目标的设定

衡量知识和技能在工作中的应用程度
最好的应用/实施目标： ● 描述可观察到的和可衡量的行为 ● 以结果为导向，描述清楚、具体 ● 具体说明学员在培训之后应该做出哪些改变（行为和绩效） ● 包含三个元素 　➢ 行为——在培训结束后的一个具体跟踪时间周期内，学员做出了哪些改变或取得了哪些成果 　➢ 条件——在什么情况下学员才能完成任务 　➢ 标准——有效地完成任务必须要达到的程度或水平 两种类型的应用/实施目标： ● 基于知识层面的目标——对概念、流程的一般理解 ● 基于行为层面的目标——技能的展现水平（至少具备基本水平） 需要回答的主要问题： ● 在工作中将应用的新知识 ● 应用技能的频率 ● 将完成的新任务 ● 将采取的新措施 ● 将采取的新行动 ● 将实施的新程序 ● 将实施的新方针 ● 将实施的新流程 举例： 　① 在每个客户访问的场景中，应用开启拜访的正确步骤 　② 确定小组成员中谁在客户拜访过程中表现出缺乏信心，以便在应用过程中为他们提供辅导

资料来源：杰克·J. 菲利普斯，等. 如何评估培训效果[M]. 北京：北京大学出版社，2007：29.

（4）业务影响目标的制定。业务影响目标是所有利益相关者对培训"成果"的期望所在，是衡量学员是否将培训中所学的知识和技能应用到实际工作中而带来行为和绩效变化的关键步骤，也是对知识掌握（二级目标）和应用/实施（三级指标）的进一步验证。表 6-9 可供设定业务影响目标时参考。

表6-9 业务影响目标的设定

衡量应用知识和技能对业务产生的影响
最好的业务影响目标： ● 衡量指标必须与培训中所教授的知识和技能相关 ● 描述的衡量指标容易收集 ● 以结果为导向，描述清楚、具体 ● 详细说明培训结束后，学员在业务部门中应取得怎样的成果 四种有硬性数据的业务影响目标： ● 产出 ● 质量 ● 成本 ● 时间 三种普通的带有软性数据的业务影响目标： ● 客户服务（如响应速度、准时交货、完好性等） ● 工作环境（如员工保留、员工抱怨、不公平待遇等） ● 工作习惯（如怠工、缺勤、违反安全条例等） 举例： ① 在一年内，将员工流失率从25%降低到18% ② 在6个月内，将缺勤率从周平均8%降低到3%

资料来源：杰克·J. 菲利普斯，等. 如何评估培训效果[M]. 北京：北京大学出版社，2007：30.

（5）投资回报率（ROI）目标的制定。培训投资回报率这个概念相对于企业一般投资回报率来说还是一个新鲜事物，具体计算办法是：将培训获得的价值（用货币形式表示的收益）与投入的资源（培训的成本）相比较。

$$\text{ROI} = \frac{\text{培训净收益}}{\text{培训总成本}} \times 100\% \tag{6-1}$$

第二节 员工培训与开发年度规划制定

年度规划是根据员工培训与开发战略确定本年度员工培训与开发的项目大类、子项目、参加人员、时间和地点，以及企业层面的员工培训与开发效果评估方案。

一、年度员工培训与开发规划

年度员工培训与开发规划一般要制定年度规划表，员工培训与开发年度规划表一般以项目类别来分类，包含项目类别、项目序列、课程名称、参加人员和时间表。表6-10提供了年度规划工作表的例子。

表 6-10　年度规划工作表

项目类别	项目序列	课程名称	参加人员			时间表											
			普通员工	专业人才	核心人才	1月	2月	3月	4月	5月	6月	7月	8月	9月	10月	11月	12月
管理及领导力发展																	
通用技能开发																	
新员工培训																	

二、年度员工培训与开发效果评估方案

在组织层面对企业员工培训与开发总体效果进行评价时，主要采用指标法包括ASTD法、人力资源指标法、经济增加值（EVA）法和知识资本法。ASTD法和人力资源指标法业已成熟，得到了广泛的应用；而EVA法和知识资本法在实际应用时由于其理论的复杂性和数据收集的苛刻要求，仍然处于理论成果阶段，要成为可操作性技术尚需假以时日。

（详见第十二章员工培训与开发效果评估技术的相关内容）

第三节　员工培训与开发项目规划制定

一、员工培训与开发项目规划

在员工培训与开发项目规划中制定的项目规划表一般包含项目及子项目名称、项目时间长度、每期容纳人数、时间表、项目进展、目标人数、目标覆盖率、项目负责人、项目预算和人力成本预算。表6-11提供了项目规划的工作表。

表 6-11 项目规划工作表

项目名称	项目时间长度	每期容纳人数	时间表												小计	项目进展	项目人数	目标覆盖率/%	培训师/组织者	项目预算
			第一季度			第二季度			第三季度			第四季度								
			1	2	3	4	5	6	7	8	9	10	11	12						
																				总成本

二、员工培训与开发项目效果评估方案

员工培训与开发活动的评估可以从微观和宏观两个层次展开,其中员工培训与开发项目效果的评估活动一般从微观层次展开。微观层次的项目评估模型有柯氏（Kirkpatrick）四层次模型、菲利普斯（Philips）"五级六指标"模型、斯旺森-霍尔顿（Swanson & Holton）"结果评价体系"模型、高尔文 CIPP 模型和沃尔 CIRO 模型,其中菲利普斯"五级六指标"方法具有实际操作性。

（详见第十二章员工培训与开发项目效果的评估）

第四节 员工培训与开发预算制定

员工培训与开发成本是企业的主要人力成本之一,要对其实施有效使用和控制,就必须进行科学的预算。员工培训与开发成本预算由两部分组成：年度总成本预算和项目成本预算。

一、年度总成本预算

年度员工培训与开发总成本预算一般采用两种方法：固定比率法和项目预算加总法。固定比率法是从整体到部分的分解,由企业财务部门负责；成本预算加总法则是由下而上的整合,由培训部门负责。

1. 固定比率法

根据企业所在行业的性质,参照行业标准或平均水平和企业标准,在一定的基数基础上以

固定的比率进行员工培训与开发成本预算。表 6-12 描述了年度预算的固定比率法计算方法。

表 6-12　年度预算的固定比率法计算方法

计算公式：
　　年度培训总预算 ＝ 预算基数×固定比率
预算基数：
- 年度销售收入预测
- 年度员工总薪酬成本

固定比率：
- 行业标准
- 企业历史数据
- 企业预算比率
- 咨询专家建议

举例：
　　某企业以 2010 年的销售收入 3 500 000 000 元为基数，取行业平均数 0.12%为固定比率，则该企业 2010 年度培训预算的计算如下：
　　年度培训总预算 ＝ 3 500 000 000×0.12% ＝ 4 200 000（元）

2. 项目预算汇总法

项目预算汇总法可以用数学公式表示为

$$C = C_0 + \sum_{K=1}^{n} C_n \tag{6-2}$$

其中：C 表示年度培训总成本预算；C_0 表示培训部门的固定成本预算；C_n 表示第 n 个项目的成本预算。

项目预算加总法就是将年度计划的所有单个培训项目的预算累计相加。相对于固定比率法，这种方法原理简单，但在实际操作中对系统性和全面性的要求较高，最重要的是如何得到准确和可靠的每个项目预算。在本节接下来的"员工培训与开发项目预算"部分中会有详细的说明。

需要注意的是，固定比率法是从整体到部分的分解，由企业财务部门负责，方法简单易行但预算不够精确；成本预算汇总法则是由下而上的整合，由培训部门负责，预算比较精确但操作起来很繁琐。在具体操作时应根据企业的具体情况（如企业的性质、规模、发展阶段等因素）灵活运用，如规模较小没有专门培训部门的企业适合采用固定比率法，以常规培训为主的企业适合采用项目汇总法，而大型企业应当将两种方法结合起来。

二、员工培训与开发项目预算

项目预算首先要对培训过程的每一阶段发生的成本进行分类，再对每一阶段的不同成本类型进行细分后汇总，保证成本预算的数据合理、全面和可靠。

1. 成本的分类

在确定培训成本时，为了将所有与培训相关的成本都包含在内，需要对成本进行科学的分类，通过分类可以确保成本预算的系统性和全面性。表 6-13 显示了根据培训的不同阶段所进行的成本分类方法。

表 6-13　培训成本预算分类表

成 本 项 目	项目直接成本	间接分摊成本
需求评估		√
设计和开发		√
采购		√
实施	√	
● 薪水/福利——培训人员	√	
● 薪水/福利——协调人员	√	
● 培训材料费用	√	
● 差旅/住宿/餐饮	√	
● 设备	√	
● 学员的薪水/福利	√	
● 培训日常管理成本	√	
培训效果评估		√
日常管理费用/员工培训与开发		√

资料来源：杰克·J. 菲利普斯，等. 如何评估培训效果[M]. 北京：北京大学出版社，2007：163.

2．总成本计算工作表

表 6-14 提供了在计算培训需求成本、项目开发成本、实施成本和评估成本的基础上进行加总求得培训总成本预算的工作表。

表 6-14　培训总成本计算表

培训项目：　　　　　　　　　　　　　　日期：

成 本 分 类	细 分 项 目	项 目 小 计
需求分析成本	培训人员的薪资和福利（人数×平均薪资×员工福利因数×项目所占的小时数）	
	餐饮、差旅和住宿费用	
	文具费用	
	打印与复印费用	
	外部服务费	
	设备费用	
	注册费用	
	其他杂费	
	需求分析成本总计	
项目开发成本	培训人员的薪资和福利（人数×平均薪资×员工福利因数×项目所占的小时数）	
	餐饮、差旅和住宿费用	
	文具费用	

续表

成本分类	细分项目		项目小计
项目开发成本	培训材料费用	影像和音响材料	
		光盘/磁带	
		幻灯/投影片	
		软件	
		手册和材料	
		其他	
	打印与复印		
	外部服务费		
	设备费用		
	注册费用		
	其他杂费		
	项目开发成本总计		
实施成本	学员成本		
	学员的薪资和福利（人数×平均薪资×员工福利因数×参加培训所占的小时数或天数）		
	餐饮、差旅和住宿（人数×平均日消费×培训天数）		
	学员替换成本		
	生产损失（解释根据）		
	培训材料		
	讲师费用	薪水和福利	
		餐饮、差旅和住宿	
		外部服务	
	设施费用（远程学习、传统课堂、实验室和其他）	场地租赁	
		设施费用	
	设备费用分摊		
	其他杂费		
	实施成本总计		
项目评估成本	培训人员的薪资和福利（人数×平均薪资×员工福利因数×项目所占的小时数）		
	餐饮、差旅和住宿费用		
	文具费用		
	打印与复印		
	外部服务费		
	设备费用		
	其他杂费		
项目评估总成本			
培训部门一般费用分摊			
培训项目成本总计			

资料来源：杰克·J. 菲利普斯，等. 如何评估培训效果[M]. 北京：北京大学出版社，2007：171.

本章小结

本章介绍了关于员工培训与开发规划制定的理论和方法,主要包括员工培训与开发战略规划、年度规划、项目规划的制定及员工培训与开发的预算制定。员工培训与开发战略规划、年度规划、项目规划是依据时间跨度来分类的。制定员工培训与开发战略规划首先必须从理解企业人力资源战略开始,而年度规划是根据员工培训与开发战略规划确定的。项目规划是在年度规划的指引下进行的操作层次的规划,需要规定员工培训与开发项目的具体细节,如目标、项目设计、项目实施、项目评估、为项目执行者提供操作性指南等。员工培训与开发预算就是对培训项目进行成本—收益的分析,主要是通过成本分析法进行员工培训与开发预算,本章主要是从年度总成本预算和项目成本预算两个方面进行介绍的。

思考与练习

1. 试分析企业战略、人力资源战略和员工培训与开发战略的关系。
2. 如何进行员工培训与开发战略的制定和目标设定?
3. 试分析比较员工培训与开发规划的三个层次的区别与内在联系。
4. 如何进行员工培训与开发预算的制定?

案例分析

案例一:某电信有限公司营销中心培训规划

一、培训目的

为了适应市场日趋激烈的竞争形势,更好地履行营销中心在公司的职能,逐步建立完善的营销体系并在客户中树立良好的企业形象,需要加强营销人员服从领导、听从指挥的意识,需要规范营销人员的行为,为此特举办此次培训。

二、培训主题

上下结合,齐心协力,开拓进取,共同进步。

三、培训形式

以军事化贯穿整个培训过程,采用全脱产形式。

四、主办部门和培训对象

人力资源部主办,相关部门协办。培训对象为营销中心全体员工。

五、培训内容和目标

1. 军训

为了形成服从领导、听从指挥、统一行动、协调一致的团队作风。

2. 公司发展的过程及现状

第一，公司组织、生产、营销等方面的发展过程，使学员对公司发展过程有一个整体的概念。第二，公司管理、人才、生产、技术、营销等现状，具体包括以下三点。

（1）概括公司文化，使学员了解公司经营管理现状。

（2）质量管理和质量保证体系，使学员了解为什么要建立 ISO 9001 质量管理和质量保证体系，建立该体系有什么作用，了解公司的质量方针和含义，以及从质量检验的角度来讲，公司如何保证产品质量。

（3）制造资源管理系统（MRPII），使学员了解引进这一系统的目的、作用和系统的基本运行原理。

3. 公司的产品形成过程及产品现状

（1）了解公司产品形成的过程和特点。

（2）公司现有产品的种类、主要配置和工作范围。

4. 公司现有产品的主要特点

（1）认识产品，了解产品各部分的名称及作用。

（2）了解现有产品的操作步骤和使用方式、手段和程序。

（3）现有产品和同类产品相比有何特点，了解公司的优势所在。

（4）监控系统的实现过程及主要功能。

（5）公司在进行结构和工艺设计时，是如何为顾客考虑的。

5. 经济合同法

了解如何与合作方谈判和签订合同，以及签订合同时应该注意的事项。

6. 营销情况。

（1）营销简述。了解从推销到营销的转变过程和营销体系的建立程序与主要组成部分。

（2）不同客户的对待方法。学会与不同的客户打交道。

（3）销售技巧。

（4）公司的实际销售案例。对公司产品的销售对象进行分类，了解不同类型客户的不同特点以及如何对待客户的实际案例。

7. 营销人员的行为规范

了解公司关于营销人员的管理制度、销售待遇等。

六、培训的步骤、时间、地点和责任人

详见表 6-15 所示。

表 6-15 营销中心营销培训的步骤、时间、地点、责任人一览表

步骤	时间	地点	培训内容		责任人
1		8:00—8:10	电教室	动员	总裁
2		8:10—11:30	小学广场	军训	保安公司教官
		11:30—12:00	午餐		
3	2月23日	12:00—14:00		经济合同法	法律顾问
4		14:00—16:30	电教室	公司发展概况	发展过程及现状	储运计划部经理
					制造资源管理系统	
					产品的制造过程和现状	
					ISO9001 质量管理和质量保证体系	质量部经理

续表

步骤	时间	地点	培训内容		责任人
	2月23日	16:30—17:00	晚餐		
5		17:00—18:00	电教室	性格及能力测试	人力资源部专员
6		18:00—19:00		合同评审	营销办公室主任
7	2月24日	8:00—11:00	电教室	公司产品的主要特点	结构、操作	技术支持工程师
		11:00—11:30	午餐		
8		11:30—13:30	电教室		监控系统实现过程及主要功能	结构设计工程师
9		13:30—14:30			结构、工艺设计是如何为顾客考虑的	工艺设计工程师
10		14:30—16:30		营销技巧	营销概况	外聘专家
		16:30—17:00	晚餐		
11		17:00—18:00	电教室		对待不同客户的方法	看光盘
12		18:00—19:30			营销技巧	
13	2月25日	8:00—10:00	电教室	公司营销案例	各营销副总监
14		10:00—11:00		销售人员行为规范	营销办公室主任
		11:00—11:30	午餐		
15		11:30—12:30	电教室	公司产品与同类产品的比较分析	技术支持工程师
16		12:30—15:00		公司产品使用操作	
17		15:00—16:30		讨论答疑	所有主持人
		16:30—17:00	晚餐		
18		17:00—19:30	食堂大厅	闭卷考试	
19	3月1日前			作业	将信息表、营销信息调查表交到人力资源部	人力资源专员
20	5月1日前				将客户调查表交到人力资源部	

七、要求及注意事项

（1）营销中心所有人员均要求参加此次培训，不参加培训或此次考试不合格者不能上岗。第二次培训考试依然不合格者，公司将解除与其的聘用关系。培训活动一般不能请假、迟到，请假按平日的两倍扣工资，迟到一次（包括课间休息后再上课）按旷工半天计算。因工作需要确实不能参加培训者，需得到总经理的书面批准。

（2）在培训过程中（上课、军训时）禁止吸烟，禁止使用手机。因业务需要不能关手机，应将手机贴上姓名交给人力资源部统一管理。

（3）在整个培训过程中，均要服从推举出的队长的指挥，如违反纪律，队长有权根据违纪程度的轻重给予警告、检查或解除培训的处罚。

（4）培训师上课前，队长喊"起立"，学员站立向培训师行注目礼。培训师说"请坐"后，学员坐下开始上课。课间休息不履行上述仪式。

（5）本次培训的考试分成课堂闭卷考试和作业考试两种形式。课堂闭卷考试满分为 100 分；作业考试（营销信息调查表和客户调查表）占总考核分数的 20%，考核总分满 60 分为及格。

（6）做作业时，不许相互交换意见，不许抄袭。违反者总考核分视为不及格。

八、本次培训应达到的目标

（1）逐步强化员工的组织观念。

（2）完善员工履历调查。

（3）了解员工的社交能力。

（4）使员工详细了解公司的管理、产品、技术情况，掌握有关营销的知识、技能和法规要求。

（5）使员工掌握合同的签订程序。

（6）完成建立营销体系的基础工作。

资料来源：徐丽娟. 员工培训与发展[M]. 上海：华东理工大学出版社，2008：145.

讨论题：

1. 试分析该电信有限公司营销中心在培训规划中存在的问题有哪些？可以做哪些修改？（提示：参见员工培训与开发规划的三个层次的相关内容）

2. 该公司的培训规划有哪些可取之处？谈谈在进行员工培训与开发规划制定时需要注意哪些方面？（提示：在本章内容的基础上，可适当发挥，合理即可）

案例二：蓝天实业有限公司年度培训计划制订

一、公司概况

蓝天实业有限公司是大型国有企业，是华东地区重要的汽车零部件制造基地和现代汽车服务贸易基地，它的主要业务分为零部件和服务贸易两大板块。零部件板块产品涉及模具及装备、铸锻毛坯、底盘相关系统（传动系统、动力系统、制动系统、转向系统、悬挂系统等）、电子仪表及饰件配件。服务贸易板块业务主要包括物流配送、物资贸易、汽车贸易、进出口贸易、汽车服务、房地产开发业务等，总资产31亿元，2011年销售收入50亿元，出口创汇8 000万美元。公司拥有控股、参股等各类企业22家，占地面积138万平方米，拥有员工9 000多名。

二、公司制订年度培训计划的目的

随着中国经济的飞速发展，公司的运营体制管理模式和生产设施都相应地发生了巨大的变化。在整个汽车零部件和相关服务贸易行业充满机遇与挑战的现实情况下，我们清醒地意识到培训工作对实现公司"三年跨入百亿企业行列"的发展战略的重要性，秉承"人才资源是第一资源"的理念，通过科学、理智的思考与分析，充分利用自身优势，合理配置内部资源，解决公司短期内"培训谁"、"培训什么"和"如何培训"的三大问题，大力宣传蓝天的战略使命和目标，加速文化融合和蓝天愿景、核心价值观的传播，增强蓝天的凝聚力和向心力，为企业不断提升竞争力，实现可持续发展提供人力资源的支持和保障。

三、培训需求分析

1. 培训需求的战略层次分析

根据企业五年发展战略规划和人力资源规划的分析，未来五年企业外部人力资源的环境是一般人力资源供给充足，骨干人才成为竞争焦点，而公司内部中高级经理人队伍、技术与管理骨干队伍、高级技术工人队伍的数量偏少、年龄偏大、学历偏低，尚不能满足企业发展的需要，企业急需建设一支忠诚且富有效率、稳定而又年轻的骨干员工队伍。

2. 培训需求组织层次和个人层次的分析

根据公司"三年跨入百亿企业行列"的长期目标和2011年的人力资源培训目标，为充分、有效地利用培训资源，突出以人为本，体现个人与企业共同成长发展的培训理念，我们利用重点团队分析法，在现职高管和后备干部中各挑选10人，组织头脑风暴，结合集团公司的要求，最终进行了归纳。现职高管的培训要重点突出：企业文化、品牌、价值观教育；"人人成为经营者"的管理模式；合资合作理念、危机意识、大局意识、管理哲学、领导艺术等高管能力的提升；国家战略及鼓励政策解读。后备干部的培训要重点突出：党性修养、政治理论；公司发展战略与要求；领导艺术与领导方法；非财务人员的财务知识；创新思维及管理技巧。

同时主要通过发放培训需求调查表和企业培训中心的培训课程目录，对专业技术人员和高技能人员进行培训需求调查；通过部室和下属企业人力资源人员根据2011年度的员工绩效考评和岗位说明书的要求，在进行员工胜任能力分析的基础上，对需要培训人员提出培训需求，经过6周的数据收集归类和汇总，根据二八原则将质量管理、现场管理、数控设备编程与维修、调整、精益生产、人力资源作为公司专业技能培训的重点。

四、培训实施计划

1. 确定培训目标

结合蓝天公司2012年经营工作计划，根据现职高管2011年考评、自然减员、本人意愿（含离职流动）、撤资退出、合资合作趋势确定高管及后备人才培训的数量，提出优化后备干部人才库，建立一支80名左右的年轻后备干部队伍、培养一支120名左右的中年高级专业技术人才、磨炼一支200名左右高学历的高技能人才队伍。2012年在提升现职高管管理理念、夯实年轻后备理论基础、拓展专业技术人才水平、提高高技能人才实战能力的同时，理顺经营管理、专业技术高技能人才等三大序列的职务发展通道，在推动企业高速成长的同时，为每一个有志于自身发展的员工提供一个可充分实现自身价值的广阔空间。

2. 确定培训对象

经营管理培训对象：全体现职高管、后备干部和部室和下属企业的部分经理、车间主任、班组长。

专业技术培训对象：各部室和下属企业选拔的年龄在45岁以下的专业技术人员和部分优秀的青年大学生。

技能培训对象：各下属企业选拔的年龄在45岁以下中专以上学历的一线骨干。

3. 培训形式

（1）高管及后备干部的培训方式。高管及后备干部的培训方式以理论培训与实岗锻炼相结合，主要分岗位见习、岗位助理、岗位资质取证、岗位实践、对口交流、理论培训、轮岗锻炼、素质提升（理论）、挂职锻炼九个阶段。理论培训以半脱产为主，少数赴香港地区和国外培训为短期脱产培训。实岗锻炼主要以全职参与为主，其中，对口交流指困难企业干部到优势企业或同层次企业干部之间相互学习；轮岗锻炼指干部在企业、公司、集团内担任相同或不同的同级别职务；挂职锻炼（培训）指在明确晋升意向后，对干部进行岗位实习考察。

（2）专业技术高技能人员的培训方式。专业技术人员的培训方式以半脱产理论培训与对口交流和轮岗锻炼为主；高技能人员培训方式以半脱产理论培训与实习操作作为主要培训形式。

4. 培训组织协调

公司经营管理类课程、专业技术类课程和技能培训类课程由公司相关部门牵头，培训中心负责组织、协调、实施各项理论培训；职业资格认证由培训中心牵头，各部室、下属单位协助实施；岗位见习、岗位助理、对口交流、轮岗锻炼、挂职锻炼，由人力资源部牵头、组织、协调、实施实岗锻炼。

5. 培训考评

各类理论培训以理论考核（笔试）结合本企业管理（项目）改进方案（论文）进行培训效果考评，其中管理（项目）改进方案交企业主管领导监督方案的推进落实，并最终由企业根据方案的可行性和有效性作出评价；结合学员出勤率、课堂气氛和培训信息反馈表对培训课程的设置、内容、教师和培训组织协调进行评估，数据汇总分类后，利用帕雷托分析，找出最突出的项目予以持续改进实岗锻炼，一般以6~12个月为周期，均安排企业相关领导作为带教老师进行指导，以工作业绩考察为主，结合本人总结和带教老师评价，对培训效果进行评估，其结果纳入培训学员和带教老师的年度绩效考核。

高技能人员实习操作，主要是应用所学知识提高生产效率以及技能的传授等，以其参加培训前后完成工作任务数量和质量的对比作为考核要点。

6. 培训预算

由公司人力资源部牵头，组成由培训中心、财务人员、培训师、企业代表参加的预算编制小组，在进行市场调研和横向沟通的基础上，考虑各部室和下属企业的经费能力（教育培训经费按工资总额2.5%划拨），合理规避费用风险，编制培训费用预算，并经公司人力资源部和财务部审核。

7. 培训审核批准及计划调整

公司年度培训计划必须经公司总经理办公会审批通过方可实施，人力资源管理部门根据企业的短期目标和长期目标制订或修正培训计划，将培训计划与企业发展目标一一对应，必要时将年度计划进行调整。

培训计划完成率和人均培训课时作为主要指标纳入人力资源部和培训中心的年度绩效考核。

资料来源：洪宁．企业年度培训计划制定[J]．企业管理，2012（11）：56-60．

讨论题：

1. 蓝天实业有限公司的年度培训计划制订对你有什么启示？

（提示：结合所学内容，合理作答）

2. 如果你是某零售企业的人力资源经理，公司要求你制定一份企业员工培训与开发年度规划，你会如何做？

（提示：结合本章内容及案例）

第七章

员工培训与开发项目的设计

【本章关键词】
　　培训目标；项目确定；培训外包；培训师选择

【学习目标】
- 了解：需求评估的结果转换成一个具体的培训或人力资源开发的措施。
- 熟悉：购买人力资源开发项目需要考虑的因素。
- 掌握：培训外包的技巧和原则。

冠东公司的绩效管理培训

　　冠东公司是一家处于高速成长中的民营企业，其主业是为上海通用、上海大众等大型汽车制造企业提供车灯配套。1998 年公司建立时仅有员工约 500 人，到 2002 年已有员工 2 100 余人，其中大专及其以上学历水平的员工约占 30%。与公司业务迅速扩张不相适应的是，企业的管理工作捉襟见肘。2001 年的员工满意度调查结果表明，薪酬管理存在问题。企业高层要求 HR 部门对薪酬问题进行调查。结果显示，薪酬分配不公的深层原因是企业缺乏合理可行的绩效考核体系：对 2 000 多名员工不分工作岗位的特殊性，统一使用"员工态度考核表"，考核指标不具有可行性；考核实际上流于形式，无法作为薪酬的依据；员工实际的工资标准主要由各级领导的主观臆断决定。为了改革绩效考核制度，人力资源部就此问题对所有的部门主观进行了一次问卷调查，并根据调查反馈的信息进一步作了访谈，发现大部分主管人员缺乏绩效考核的基本知识和技能。为此，人力资源部门决定对所有的部门主管进行专题培训。那这个培训项目应该怎样设计呢？

　　资料来源：http://www.21ask.com/htmls/v323020.html

第一节　确定员工培训与开发的目标

　　在完成需求评估之后，人力资源开发人员首先要做的就是明确培训目标。培训目标是指培训活动的目的和预期成果。目标可以针对每一个培训阶段设置，也可以面向整个培训计划来设定。培训是建立在培训需求分析的基础上的，培训需求分析明确了管理人员所需提升的能力，评估的下一步就是要确立具体且可测量的培训目标。

目标的设置对培训或人力资源开发项目的成败起着关键的作用，有了培训目标，员工学习才会更加有效。因此，确定培训目标是员工培训必不可少的环节。组织不仅以目标为基础去选择项目的内容和方法，而且还参照目标对项目进行评估。此外，它还有利于受训者将注意力集中在目标上，根据目标进行学习。

一个有用的目标应该包含以下三个方面的内容。
（1）受训者应该学会的操作。
（2）进行这些操作的环境条件。
（3）评判作业是否成功的指标。

在许多情况下无须经过学习，只要向受训者说明学习或作业的目标就足以使他们表现出期望的行为。也就是说，有时候正是员工不知道对他们的期望是什么，或者说没有告诉他们标准作业的规范是什么，才导致了他们的实际作业水平和期望之间的差距，而明确、具体的目标的优点就在于向员工详细说明了这些信息，表明了组织的期望，所以可以起到塑造员工行为的作用。表 7-1 是一份编写培训目标的行动指南的参考。

表 7-1　编写培训目标的行动指南

1. 培训目标是文字、符号、画图或图表的组合，指出了受训者应该从培训中取得的成果
2. 培训目标应该从三个方面来传达培训的意图： （1）受训者在掌握了需要学习的东西后应该表现出什么样的行为？ （2）受训者学会的行为应该在哪些情况下表现出来？ （3）评价学习成果的标准是什么？
3. 在编写目标的时候，需要不断修改初稿，直到以下的问题都有了明确的答案： （1）我希望受训者能够做什么？ （2）我希望他们在哪些重要的情况下表现出这些行为？ （3）我希望他们的作业水平达到什么标准？
4. 逐条写出你期望受训者取得的每一个成果，直到你认为已经充分表达了你的意图
5. 当你把写好的目标给受训者看的时候，也许你已经不需要做其他的工作了。原因何在？因为员工早已具备了你期望的作业水平，一旦他们知道了对自己的期望是怎样的，他们会主动表现出自己的工作能力

一、培训目标的作用

培训目标确定的作用表现在以下几个方面。
（1）结合受训者、管理者、企业各方面的需要，满足受训者方面的需要。
（2）帮助受训者理解其为什么需要培训。
（3）协调培训的目标与企业目标的一致，使培训目标服从企业目标。
（4）为培训结果的评价提供一个基准。
（5）有助于明确培训成果的类型。
（6）指导培训政策及其实施过程。

(7) 为培训的组织者确立了必须完成的任务。

二、培训目标确定应把握的原则

培训目标确定应把握以下原则。

(1) 使每项任务均有一项工作表现目标，让受训者了解受训后所应达到的要求，具有可操作性。公司在培训之前可以先跟员工沟通清楚。本次培训的目标是什么，并向其传递公司对员工的预期，这样培训的导向性更加明显，培训的效果也会更好。

(2) 培训目标应针对具体的工作任务，要明确。目标要与具体的工作内容紧密相联，清晰明确，不能模棱两可。

(3) 培训目标应符合企业的发展目标。培训的目标要符合企业目前的发展目标，对于企业的中高层人员，可以设置一些管理能力和提升领导素质的培训，这些都可以根据企业的长期发展目标来进行安排。

三、培训目标的分类

1. 知识目标

知识目标如受训者应在入职培训之后，清楚地了解本组织的创始人、主要发展历程、组织结构，初步了解组织的财务报销、休假、晋升、绩效评估等各项制度，并能准确了解各部门的工作与沟通关系。

2. 态度目标

态度目标如所有的受训者应明确：有效的入职培训能减少新进员工的麻烦，提高其对组织的归属感，并能从全局层面认识其工作的重要性。

3. 技能目标

技能目标如受训者能准确使用工作手册和员工手册，在遇到生病、出差等情况时，能知道如何按规定行事。

4. 工作行为目标

工作行为目标如受训者能将其所了解的组织使命、员工基本行为规范、工作安全等知识运用到其处理同事、客户关系的工作行为上去。

5. 组织成果目标

组织成果目标如通过入职培训，使员工试用期间的主动离职率降低5%。

四、确定培训目标时要注意的问题

1. 分清目标的主次关系

在制定培训目标的时候，要分清目标的主次，不是所有的培训都要达到同样的层次，也不是在一个培训中要掌握所有的知识。对于一个培训项目来说，要分清一定要掌握的知识技能和可以了解的知识技能，这样可以使员工在培训的时候把握重点，提高培训的效率。

2. 检查目标的可行程度

制订一个培训计划和培训项目的时候，培训目标的设置一定要合理可行，符合实际情况。不仅要考虑到员工接受知识、技能的能力和速度，也要考虑培训内容和目标的匹配度，确保绝大部分员工都能在培训之后达到设定的培训目标。

3. 理顺目标层次

培训也是一个循序渐进的过程，很多培训都是环环相扣或者需要一定基础的。例如，如果之前没有接触过 Photoshop 软件，直接安排高级的 Photoshop 软件技巧，这样的培训效果就很差；或者进行高级证书技能的培训之前必须有初级技能证书，这些都是需要在制定目标的时候理清的培训目标层次，在此基础上能更好地达到设定的目标。

第二节 员工培训与开发项目确定

一、确定培训与开发项目的方法

对于大部分企业来说，培训项目的选择都是由人力资源部确定的。一般来说，企业内部 HR 确定培训与开发项目的方法主要有以下几种。

1. 任务分析法

通过对某项任务进行系统分析，找出工作难点或质量控制点。首先把一个任务进行分解，逐项分析、判断各项工作的难点和重要性，然后根据企业或某单位的人力资源现状进行模拟操作分析，确定完成这项任务的质量控制过程和环节。这些控制环节就是需要培训的项目。

2. 缺陷分析法

例如，在生产过程中，企业的某项工作易发生事故、缺陷较多，通过对工作中的事故和缺陷所产生的原因进行分析，找出哪些因素与人力素质有关，然后以企业的岗位标准和生产质量标准为依据，结合企业现岗的人力素质现状，对职工的知识、技能、工作态度进行对比分析，确定培训项目及培训哪些知识、技能。

3. 技能分析法

技能分析主要是针对企业非管理人员工作的分析。一是工作的设施与职工身体条件是否相适应；二是工作环境条件对职工生理和心理是否有影响；三是职工的工作态度是否端正，积极性是否高涨；四是对职工的工作过程进行详细分析。通过以上分析，找出差距，确定培训项目和内容。

4. 目标分析法

当一个企业确定其发展目标后，为实现这个目标，必然对企业人力素质提出标准和要求，即理想状态的人力素质。对理想状态的人力资本的结构和等级与现实的企业状态的人力资本的结构能力进行比较分析，找出差距，确定培训项目及内容、方法。

以上这几种方法都是企业确定培训需求和培训项目的主要途径。

二、确定培训与开发项目的提供者

分析了人力资源开发项目的需求并明确了人力资源开发项目的目标之后,人力资源开发人员就要对一系列关于项目设计、实施方面的问题作出决策了。其中一个关键问题就是究竟应该由谁来提供人力资源开发项目,是内部自行开发还是直接从外部培训机构购买(培训全包),或者是只购买其中一些关键的东西(培训半包),即是否需要外请培训师、采购培训资料(培训买断)等。

外部的培训机构或咨询顾问提供的项目很多,主要包括以下几点。
(1)协助进行需求评估。
(2)指导内部员工设计和实施某项目。
(3)为组织量身制定人力资源开发项目。
(4)提供培训的辅助资料(练习题、工作手册、计算机软件、录像带等)。
(5)向组织介绍以前设计的项目。
(6)对组织内部的培训人员进行培训,提高其教学技能。

表 7-2 列出了在进行采购决策时应考虑的因素。

表 7-2 在采购一个人力资源开发项目之前需要考虑的因素

专业知识	组织内部是否缺乏设计、实施人力资源开发项目的技术、知识和能力
时机	现在是不是雇用外部专业机构的适当时机
受训者人数	在通常情况下,受训者人数越多,组织自行设计培训项目的可能性越大。因此,如果需要接受培训的只有寥寥数人,人力资源开发部门可能会外派他们参加培训
课程内容	如果课程内容是一些敏感性话题或涉及专利问题的话,那么人力资源开发部门会使用内部员工作为培训人员,进行内部培训
成本	人力资源开发部门通常会考虑成本问题,但通常不会单独考虑这个问题,一般会将成本与其他问题结合起来考虑
人力资源开发部门的规模	人力资源开发部门的规模在很大程度上反映了组织自身具备的设计、实施技能培训的能力
"X"因素	一些其他的外在因素使雇用外部机构进行技能培训更为合适

资料来源:P. Carnevale, L.J.Gainer, J.Villet, et al. Training Partnership: Linking Employers and Providers. Alexandria, VA: American Society for Training and Development: 1990(6).

其他影响组织采购决策的因素包括组织与外部培训机构的个人接触或过去的合作经验、两者地理距离的远近、当地经济状况以及政府对培训的鼓励政策等。

第三节 员工培训外包

一旦组织决定从外部采购人力资源开发项目或其中一部分,那么接下来的问题就是选择培训提供者了。在选择培训机构时,要观察它们提供的服务项目或其他业务能力是否与组织的需要和目标相符。

一、选择培训外包的原则

选择外部培训机构的标准因不同的组织而不同,但一些原则是普遍适用的,如表7-3所示。

表7-3 选择培训外包机构的原则

成本	价格要与培训项目的内容和质量相称
资格证明	包括资格认证、学历和其他能证明培训提供者专业能力的资料
行业背景	在相关领域从事经营的时间长短和经验
经验	培训提供者以前有哪些客户,与这些客户的合作是否成功,能够提供哪些证明人
经营理念	培训提供者的经营理念是否与组织相符
实施培训的方法	培训提供者采用哪些培训方法和技术
培训内容	项目和资料的主题和内容如何

综上所述,外部培训提供者为组织在培训和人力资源开发项目设计与开发方面提供了广泛的选择。如果组织在人力资源开发上的现有职能比较狭窄,需要接受培训的人也不多,而且项目涉及的内容也不具有专利保密价值,那么不妨考虑从外部采购人力资源开发项目。但是,无论组织大小,一旦决定从外部采购培训服务和项目,就必须首先进行需求分析,因为只有这样才能作出明智的决定。

二、培训外包流程

1. 培训需求分析

人力资源部对汇总的企业培训各类需求进行分析,根据具体培训项目要求,结合内外部培训费用的对比分析,商讨选择何种培训方式。

2. 确定培训外包方式

人力资源部经过讨论,决定选择外包方式后报送上级部门审核和认可,根据领导的审批意见确定是否选择外包培训方式。

3. 决定外包培训项目

(1) 培训外包申请经领导审批通过后,人力资源部根据现有工作人员的能力、培训预算、培训内容等商议将哪些项目外包。

(2) 确定了外包培训项目,负责培训人员起草《培训项目计划书》。

4. 挑选培训服务商

《培训项目计划书》编写完成,人力资源部根据项目的具体要求和公司的具体培训情况,评估并挑选适当的培训服务商。

5. 寄送项目计划书

人力资源部将《培训项目计划书》寄送给挑选出的培训服务商。

6. 接受并评价计划书回复

培训服务商回复项目计划书后,人力资源部结合自身培训外包预期,对其回复进行评价。

7. 选定外包培训服务商

人力资源部根据培训服务商回复内容以及事前了解的培训服务商的信誉、报价等,最终确定培训服务商,并发出合作意向。

8. 签订外包培训服务合同

双方经过协商、谈判,达成共识,对合同条款进行修订后签订《外包培训服务合同》,双方按照合同要求履行各自的义务。

整个培训外包流程如图 7-1 所示。

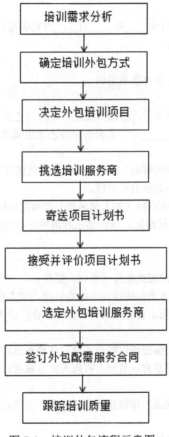

图 7-1 培训外包流程示意图

三、培训外包合同

表 7-4 是一份培训外包合同样本。

表 7-4　培训外包合同样本

培训合同

甲方：
乙方：
根据甲方委托，乙方承办_____培训，经双方协商，达成如下协议，共同信守执行。

一、培训目的
甲方委托乙方培训的目的：_____。

二、培训的内容范围及要求
1. _____
2. _____
3. _____
4. _____

三、培训时间
甲方委托乙方从_____年___月____日至_____年____月____日完成培训任务，乙方计划____天内完成，并向甲方提供"培训课程表"一式____份。

四、承办培训人员
由乙方指定此次培训负责人_____承办该项培训。

五、费用及支付方式
根据培训授课课时及授课老师的水平高低，经双方议定，甲方向乙方支付培训费_____元。本协议生效后，甲方向乙方预付 50%的培训费，即_____元，其余部分待乙方出具培训课程表时一次付清。

六、乙方的义务
1. 培训过程坚持向甲方提供的"培训课程表"保证按时按量地完成教学计划，管理好培训班的日常性事务，未经甲方许可，不得将此次培训交予其他公司办理。
2. 遵守职业道德，对甲方提供的有关资料（如人员名单）和情况保守秘密。
3. 随时或定期向甲方报告培训的进展情况，培训结束时请甲方参与监考发证等考务工作，以便验收培训结果。

七、甲方的义务
1. 按约定日期为乙方提供所需培训的相关业务（培训）资料。
2. 培训未完毕，但因不可归责于乙方事由使培训不能完成时，甲方也应向乙方支付报酬。
3. 乙方在承办培训过程中，甲方应指定有关人员积极协助配合，给予工作方便。

八、双方的权利
按照国家有关民办职业教育的规定，保证培训的合法性。在培训过程中，若一方未履行合同书，另一方则有权终止该合同；若一方有培训未尽事宜，另一方有向人民法院起诉的权利。

九、违约责任
甲乙双方按照《中华人民共和国合同法》承担违约责任。若甲方终止合同，乙方不退预收款；若是乙方原因而终止合同，乙方退还预收款。

十、本合同未尽事宜，按国家相关法律法规办理。
十一、本协议一式贰份，甲、乙双方各执壹份，签字盖章后生效。

甲方单位：（盖章）　　　　　乙方单位：（盖章）
甲方代表：（签字）　　　　　乙方代表：（签字）
联系人：　　　　　　　　　　联系人：
地　址：　　　　　　　　　　地　址：
　年　月　日　　　　　　　　　年　月　日

第四节 培训师的选择

在组织以及决定要自行设计项目或已经采购了一个培训项目以后，如果从培训形式看需要一名培训师的话，那么就需要选择合适的培训师了。培训胜任力是指设计实施某项培训所需的知识和技能。一名出色的培训师必须具有良好的表达能力，必须能够清楚地讲解储存在他们大脑中的知识，能够在培训中灵活使用不同的培训技术，具备良好的人际交往能力，能够充分激发他人的学习动机。

一、外部培训师的选择

对于外部培训师的选择，一般来说，最佳的选择标准是项目专家和培训能手的组合，这样就把专业知识和培训技巧完美地结合到一起，如图 7-2 所示。

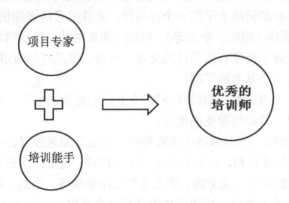

图 7-2 优秀培训师模型

选择外部培训师的主要方法有试听、看产品以及客户考察三种形式。

1. 试听

试听是最直接的一种选择培训师的方法。试听包括以下三种主要的形式。

（1）现场试听。如果条件具备的话，最好在培训前尝试让培训师做一次培训，进行现场评价，以全面了解其知识、经验、培训技能和个人魅力。这种方法比较适用于不很出名或刚出道的培训师，对知名讲师不是很适用。

（2）参加培训班。通过各类培训班，可以直接与各种培训师接触，可以观察到各位培训师的培训风格和内容适用性，从而寻找到企业需要的优秀培训师。

（3）高校旁听。高校是一个藏龙卧虎的地方，可以去高校旁听各门相关课程，直接进行了解，尤其是一些著名高校的工商管理硕士培训班、企业管理学院、与企业经营直接相关的专业院所、科室等，或专业技术院校的相关科室等，都是培训师的宝库。

2. 看产品

培训师的产品主要包括以下三种类型。

（1）光盘类产品。现在很多成名的培训师都出了光盘产品，因此，看其产品就可以达到足不出户进行试听、甄选的效果。其讲课内容是否深入，风格是否风趣、幽默，有无启发性或实用性，是否适合本企业等，通过光盘产品就可以直观地了解。

　　（2）书籍。在培训师出书成了行业趋势的今天，培训师有无所讲专业的书籍出版，是否实用，以及是否有深入的见地等，也是了解培训师专业水平的好途径。

　　（3）文章。察看培训师有无在全国主流媒体或专业媒体上发表专业文章，文章的角度、文章的实战性、操作性如何，是否反映了企业的突出问题等，也可以用来了解培训师水平。

　　在看培训师产品的过程中，权威性大小依次为光盘产品＞书籍＞文章，因为光盘产品凝聚了培训师的课程精华，在万人观瞻的情况下，培训师必会全力以赴；书籍比起光盘来，相对比较好出，因为可以直接参考引用大量资料；而书籍相比文章系统性要强得多。

3．客户考察

　　客户考察主要有以下四种方式。

　　（1）直接了解。主要是通过向培训师索要其培训的客户名录，向相关单位求证了解，了解内容主要包括：讲课内容（深度、广度、实战性）、讲课技巧风格、培训效果、学员反映等。通过别人的介绍，是了解培训师水平的一个好途径，而且很多培训师也乐于公布其客户名单。

　　（2）媒体介绍。媒体（报纸、杂志等）、网站（培训网站、管理网站）是了解优秀培训师的好途径。这些专业媒体上经常有培训师的文章、专访、事迹等的报道，通过分析这些报道，我们就可以对培训师有一个基本的了解。

　　（3）专业协会。"人以类聚，物以群分"，专业性的协会（如人力资源协会、营销协会、企业家协会等）也是潜在培训师聚集的地方。

　　（4）与顾问公司合作。培训师挑选比较费神，企业与知名顾问公司合作是一个较好的方法。顾问公司作为专职培训机构，对培训师选用比较严格，能根据企业实际需要选择合适的人选。同时，顾问公司还能站在专业立场，为企业提供配套服务。当然，对顾问公司的考察也要慎重，要根据其声誉、受训客户、培训历史等进行综合考察。

　　对培训师的甄选方法很多，可以多种方法综合运用。"磨刀不误砍柴工"，培训组织者只要下工夫挑选，总能找到合适的培训师，这样企业的培训效果就会大大提高，培训组织者的价值也就更能得到企业老板、员工的承认，培训也能真正为企业的发展提供强大的动力。

二、公司内部培训师的培养

　　对于企业内部的培训来说，第一选择还是从企业内部选拔培训师，因为内部培训师相对于外部培训师来说有以下优点：

- 使用组织熟悉的语言和事例，便于学员接受；
- 了解组织的文化和战略，培训针对企业的需要；
- 是激励员工的有效手段，职业发展的重要途径；
- 使用风险小，沟通协调方便，费用低。

　　如果组织内部的培训人员在培训上的能力有所欠缺，除了可以从外部专业人士那里寻求帮助以外，还可以考虑以下解决的办法。

1. 对培训师进行培训

有一些组织选择自行设计培训者培训项目。如果组织需要不断地补充熟练的培训者或技术培训者,或者企业特别需要某种培训技术,那么由自己来培训内部的培训人员是明智的选择。培训师培训需要分层、分级去执行。建议主要通过三个方面去操作——通用培训技巧培训、课程逻辑拆解培训和实战模拟。通过通用培训技巧课程,让公司内部的培训师了解并掌握基础培训技巧。在此基础上,进一步讲解本次开发的课程的设计逻辑,帮助培训师了解课程设计思路,更好地掌握课程内容。为了巩固培训效果,在培训后需跟进实战模拟,请公司内部培训师就某一部分展开讲解,同时请外请专家点评、指导,公司内部培训师在这一阶段感觉到的进步最为明显。

2. 教研组活动

由于公司内部培训师多为所在部门的骨干力量,本职工作繁忙,没有时间备课,培训部门可定期组织教研组活动,一方面帮助公司内部培训师进一步熟悉课程,完善授课技巧;另一方面可通过组织培训技术工作坊,使培训师了解课程开发、案例教学等方面的知识,有效补充专业知识。

3. 标准课试听

很多有经验的培训讲师说:"要想快速实现上台讲课,最简单的办法就是'模仿'。",反复看视频,模仿成熟讲师的每一句话确实是非常有效的一种方法。所以在公司内部培训师培养中,也要借鉴这一成功经验,在了解课程的设计思路后,组织培训师参加标准课试听,反思自身,向外请专家学习。

4. 集体备课

集体备课是公司内部培训师上台的最后一重保障。在开课前组织集体备课能进一步提升自信,并可相互切磋交流心得。

本章小结

本章主要根据培训需求和培训目标,确定了培训项目的具体内容,同时根据培训对象的具体情况,阐述了培训方式的选择和培训师的甄选。

思考与练习

1. 培训目标的确定原则有哪些?
2. 如何编写培训目标的行动指南?
3. 如何确定培训项目?
4. 如何选择一个优秀的培训师?

案例分析

案例一：冠东公司的绩效管理培训

冠东公司根据公司的现状首先制定了本次绩效管理培训的项目定位：绩效考核和绩效管理——以战略为导向的KPI指标体系设计。

一、确定具体培训项目目标

具体的培训项目目标主要有三个：

（1）通过培训，受训的管理人员要能够明确阐述绩效考核和绩效管理的重要作用。

（2）掌握设定绩效考核指标的基本流程，并在人力资源专职人员的协助下建立部门员工绩效考核指标体系。

（3）明确自己在绩效考核和绩效管理中的职责，并运用于管理实践中，使员工的绩效投诉率下降为5%。

二、确定培训方式

人力资源部首先考虑招聘企业内部培训师。一周后，有几位员工带着自己曾经讲解过以及特地为本次培训项目准备的材料前来应聘。经过面试和试讲，人力资源部认为内部员工目前还难以胜任培训师的工作。为了促进企业绩效考核制度的建设，保证培训项目的质量，人力资源部决定从外部聘请培训师授课，并引进外部顾问帮助企业设计一套科学、完整的绩效考核和管理的体系。

由于以前很少组织外部培训师来企业授课，所以几乎没有现存的外部师资网络。为了此次培训活动的顺利进行，企业人力资源部的所有成员、公司的董事长、总经理都积极展开联系教师的工作。最后在公司总经理好朋友的引荐下，人力资源部与北京某咨询公司取得了联系。

培训的准备工作量大而复杂：人力资源管理部门与该培训师商定，于培训正式开始前一周提交授课计划，培训正式开始前3天提交授课大纲，以保证学员即企业的各级各类主管在培训开始前就基本了解本次培训的基本内容。为了使培训的内容更符合企业的实际，人力资源部派专车把咨询师接到公司，进行为期一天的实地调研。

为了尽可能地提高培训的效果，人力资源部事先与学员进行沟通，动员他们收集一些日常工作中碰到的棘手的问题，以便请教教师和同行。还将学员分组，便于培训师组织讨论。另外，由于企业没有专门的培训场所，人力资源部在公司领导的支持下，将公司的会议室精心布置成功能完备的培训教室。

由于高度的重视和细致的工作，本次培训活动取得了成功。培训师对人力资源管理部的服务和支持评价很高，学员和企业领导也对培训表示满意。培训结束后，冠东公司与该咨询公司签署了绩效体系建设的咨询服务协议，双方形成了相对稳定的合作关系。人力资源部的工作得到领导的肯定，为今后的工作做了很好的铺垫。

资料来源：http://wenku.baidu.com/view/cb39bc1114791711cc791737.html

讨论题：

1. 请根据这个案例归纳培训项目的设计和实施的基本程序或主要工作。

（提示：培训项目的设计流程）

2．冠东公司第一次做这样的培训就获得了成功，你认为主要的原因是什么？

（提示：培训目标和方式）

案例二：别具一格的杜邦培训

作为化工界老大的杜邦公司在很多方面都独具特色。其中，公司为每一位员工提供独特的培训尤为突出。因而杜邦的"人员流动率"一直保持在很低的水平，在杜邦总部连续工作30年以上的员工随处可见，这在"人才流动成灾"的美国是十分难得的。

杜邦公司拥有一套系统的培训体系。虽然公司的培训协调员只有几个人，但他们却把培训工作开展得有声有色。每年，他们会根据杜邦公司员工的素质、各部门的业务发展需求等拟出一份培训大纲，上面清楚地列出该年度培训课程的题目、培训内容、培训教员、授课时间及地点等，并在年底前将大纲分发给杜邦各业务主管。根据员工的工作范围，结合员工的需求，参照培训大纲为每个员工制订一份培训计划，员工会按此计划参加培训。

杜邦公司还给员工提供平等的、多元化的培训机会。每位员工都有机会接受像公司概况、商务英语写作、有效的办公室工作等内容的基本培训。同时，公司一直很重视对员工的潜能开发，会根据员工不同的教育背景、工作经验、职位需求提供不同的培训。培训范围从前台接待员的"电话英语"到高级管理人员的"危机处理"。此外，如果员工认为社会上的某些课程会对自己的工作有所帮助，就可以向主管提出，公司也会合理地安排人员进行培训。

为了保证员工的整体素质，提高员工参加培训的积极性，杜邦公司实行了特殊教员制。公司的培训教员一部分是公司从社会上聘请的专业培训公司的教师或大学的教授、技术专家等，而更多的则是杜邦公司内部的资深员工。在杜邦公司，任何一位有业务或技术专长的员工，小到普通职员，大到资深经理都可作为培训教师给员工们讲授相关的业务知识。

案例来源：http://wenku.baidu.com/view/1cd5c93c580216fc700afd5e.html

讨论题：

1．杜邦公司的培训体系与传统的培训体系有什么不同？

（提示：培训对象的分类方式）

2．杜邦公司的培训体系有什么优缺点？

（提示：需要考虑培训成本及培训评估）

3．杜邦公司的培训师是如何选择的？有什么值得借鉴的地方？

（提示：培训师选择多元化、针对性强）

员工培训与开发需求分析

【本章关键词】
　　员工培训与开发需求分析；需求类型；分析方法；分析报告

【学习目标】
　　☐ 了解：员工培训与开发的流程，需求分析的含义以及需求类型。
　　☐ 熟悉：员工培训与开发需求分析的三个层次。
　　☐ 掌握：以组织、任务和人员为重心这三层次需求分析的主要方法，以及培训与开发需求分析报告的撰写。

某企业的需求和培训错位

　　某企业发现员工在日常工作中运用计算机很不熟练，认为员工需要进行有关计算机应用方面的培训。于是就在某大学里找了一个很出名的计算机培训班让员工们参加，结果却是员工学习一半才发现这个培训班主要讲授的是高级程序语言，而员工们只需要掌握基本的办公软件的应用就可以了，从而出现了培训需求与培训供应错位的现象。

　　由于新产品的销售业绩没有达到预期的目标，总经理就要求培训部门为有关的销售人员进行新产品介绍的培训，而培训经理则认为培训不一定是解决问题的主要方式。于是他深入到销售部门作了进一步的了解，结果发现销售业绩不佳的问题不是由于人员缺乏培训引起的，而是激励策略的问题。

　　公司对老产品的销售奖励政策是20%的回扣率，而对新产品的销售回扣只有15%。这是销售人员没有销售新产品积极性的主要原因。总经理了解了这一情况后规定所有产品的销售回扣率为15%，结果新产品的销售额就上来了。

资料来源：http://wenku.baidu.com/view/6709c33610661ed9ad51f32d.html

第一节 员工培训与开发需求分析概述

企业员工培训与开发通过有计划地培育和释放员工的专业技能来提升企业业绩,是企业管理活动的重要组成部分之一,这已成为企业管理的一种共识。但企业员工培训与开发的现实状况往往是管理者"说起来重要,做起来次要,忙起来不要";员工会告诉你参加培训后他们"第一天激动,第二天想动,第三天不动"。是什么原因造成了这种对培训与开发在认知和实践之间的巨大反差?究其原因,最重要的莫过于员工培训与开发对企业经济绩效的贡献不清晰甚至不作为。经济绩效是商业组织的首要职能,是其存在和发展的基石,因此衡量企业的管理活动轻重缓急的首要标准就是每项管理活动对企业经济绩效的贡献。任何不能对企业经济目标做出贡献的活动都没有或将会失去其存在的合法性,对企业经济目标贡献微不足道或不清晰的管理活动自然而然变得无足轻重。

不得不承认的现实是:企业的员工培训与开发活动恰恰就可能陷入了这一令人尴尬的境地。如何走出这一困境?答案就是重视和加强员工培训与开发需求分析,使员工培训与开发需求来源于企业提升经济绩效的需要,让员工培训与开发活动对企业绩效目标的达成和战略的实施发挥不可缺失的作用。

一、需求分析是连接员工培训和开发活动与企业绩效"成果区"的桥梁

如何才能改变员工培训与开发对企业经济目标作用不清晰乃至不作为的状况,进而解决培训和开发职能的生存和发展的问题呢?让我们借用彼得·德鲁克关于成果管理(Manage for Results)的理念和方法,去分析和挖掘企业员工培训与开发活动的"成果区"应该在哪里,是什么因素决定了员工培训与开发成果的方向与大小。要回答这两个问题,首先必须从培训与开发的起点开始。你是否同意表 8-1 中有关员工培训与开发起点的观点?那么你同意或不同意的理由是什么?

表 8-1 关于员工培训与开发起点的观点

员工培训与开发的起点	你的选择		理由
	同意	不同意	
某一培训项目目前正流行于各大公司中,该项目想必也会适合我们公司			
A 大师是当今非常著名的培训师,所以我们将邀请 A 大师来实施某项培训			
我们要求经理们列出他们想要的培训,大约 1/3 的经理作了回答,然后我们照单接受			
市场部要在两周后举行管理培训,正好手头这家培训公司可以提供			
某家培训公司说他们具有多年成功运作该培训项目的经验			
有咨询公司说:如果时间和成本允许,他们可以根据我们企业的实际情况改编他们现有的培训项目来达到我们的要求			

如果真的以上述某一点出发来发起某一培训项目,你觉得有什么不妥之处吗？令人吃惊的事实是从上述起点出发的员工培训与开发项目在许多企业中大行其道,其原因不外乎有这样几种：跟随行业领导者；追逐流行课程；崇拜明星讲师；依赖外部培训供应商。

毫无疑问,以这些作为出发点的培训与开发项目不可能契合组织提高个人、团队和组织能力的要求,更谈不上提升企业的绩效。通过培训与开发来有效提升组织绩效的起点必然发起于企业的管理需求：企业的生存和发展。表 8-2 列出了员工培训与开发的出发点的例子。

表 8-2　员工培训与开发的出发点

员工培训与开发的出发点	举　例
解决当前的问题	● 客户投诉率居高不下 ● 销售人员缺乏大客户开发技巧 ● 员工敬业度下降
预防可能发生的问题	● 保证工作场所的环境、健康和安全 ● 企业兼并后的文化整合 ● 开展新业务的人员技能储备
兼顾个人和组织（绩效和学习的平衡）	● 员工个人发展计 ● 未来领导（力）开发

简而言之,有效地满足企业生存和发展中产生的需求并以此作为培训的出发点是培训取得成果的先决条件,这就是需求分析作为员工培训与开发流程的起点所产生的不可替代的作用。图 8-1 显示了员工培训与开发活动的流程。

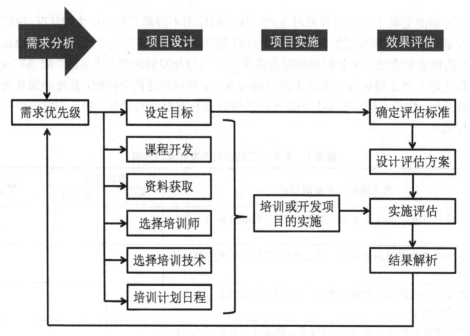

图 8-1　员工培训与开发流程图

资料来源：Randy L. Desimone, Jon M.Werner, David M.Harris. Human Resource Development[M]. 3rd ed. New York: Havcourt College Publishers, 2001:24.

一旦培训需求阶段产生偏差，自然造成培训的起点不正确，接下来不管培训设计和实施阶段多么正确、有效率，其结果就是"正确地做了不正确的事"。因此，培训管理者首先要找出的不是"正确的员工培训与开发项目"，而是找出"正确的管理问题及其所衍生出来的员工培训与开发需求，包括组织、工作和个人在知识、技术、能力、态度和行为等方面的员工培训与开发需求"，这就是员工培训与开发活动对企业绩效贡献的"成果区"（见图8-2）。

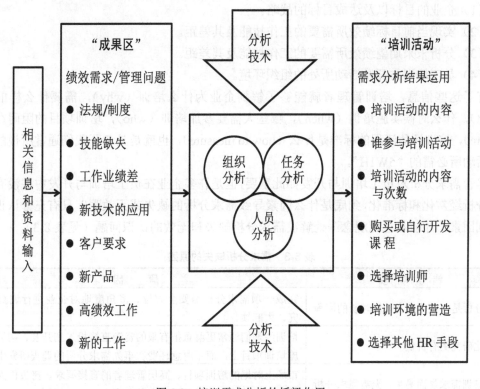

图 8-2　培训需求分析的桥梁作用

资料来源：谢晋宇. 企业培训管理[M]. 成都：四川人民出版社，2008：105.

从图8-1和图8-2中还可以看出，需求分析产生的目标直接影响对员工培训与开发效果的评估。事实上，长期困扰培训管理者有关培训效果难于评估的问题，并不是不知道怎么评估（工具的缺失），而是不知道评估什么（评估目标的缺失），或者说评估得到的结果无关乎企业的绩效（评估目标的偏差），员工培训与开发活动结果落在企业绩效的"成果区"外，这样的评估只能自欺欺人，企业白白浪费资源，员工培训与开发职能也会被边缘化，最终失去其存在的理由。

综上所述，员工培训与开发的起点应该是影响企业绩效的管理问题，界定和聚焦于正确的问题而不是方案，才能保证员工培训与开发的"成果区"落在企业的经济方向和绩效目标内，培训与发展才能变被动为主动，真正成为企业经营中不可缺失的管理手段，同时也解决自身生存和发展的问题。这一切都将起始于员工培训与开发需求分析，它是连接员工培训和开发活动与企业绩效的桥梁。

二、员工培训与开发需求分析的含义

员工培训与开发需求分析是企业通过界定绩效差距，分析差距背后的具体影响因素，从而进一步揭示组织及其成员在知识、技术和能力方面的差距，为培训与开发活动提供依据的管理过程。通过需求分析可以发掘以下信息。

（1）企业的目标以及达成目标的战略。
（2）实现当前目标绩效所需要的工作技能及其差距。
（3）分析未来期望绩效所需要的工作技能及其差距。
（4）员工培训与开发活动所处的组织环境。

有了这些信息，培训管理者就能够了解到企业为什么培训（why），需要什么样的培训（what），什么时候实施培训（when），哪些人需要参加培训（who），培训项目的阻碍在哪里（where），培训评估流程的标准是什么（how to measure），也就是具备了我们通常所说的进行一项活动所必需的"5W1H"。

尽管需求分析对员工培训与开发如此重要，但是许多企业在员工培训与开发中并没有做到需求分析经常化和标准化，到底是什么因素导致需求分析的缺失或无效呢？只有充分认识到这些不利因素，才能从思想观念深处解决需求分析缺失和无效的认识问题（见表8-3）。

表8-3　需求分析缺失的原因

错误观念	原因
需求分析是一项难度高、耗时长的流程	完成一项需求分析需要全方位、多角度地对企业进行调查和研究，太麻烦
行动比研究更有价值	培训经理们通常更愿意把有限的资源直接投入到开发、购买和实施培训项目上，而不愿意耗费在事先需求分析的调查研究中
企业培训需求显而易见，无需需求分析	市场上时髦的培训项目、高层管理者的直接要求、拷贝优秀同行或竞争者的培训项目是举手之劳之事
缺少管理层对需求分析的支持	培训管理者缺少必要的战略思维能力显示需求分析的战略功能，或者缺少向管理层推销需求分析的技巧
根据常规经验培训效果也不错	在相对稳定的商业环境中，有可能在没有获得准确的需求分析时，员工培训与开发活动能够侥幸地使企业的绩效得到了提升

三、员工培训与开发需求和企业管理需求的关系

企业员工培训与开发需求来源于企业的一般管理需求，是一种派生需求，因此不能把一般管理需求等同于员工培训与开发需求来看待。企业管理需求来源于企业对某一工作现实绩效与目标绩效差距的不满意。例如，家电维修经理要确保其维修人员在接到用户报修电话后8小时内到达维修现场，但现实是维修人员往往需要在12小时内才能到达现场，这4小时的滞后就使绩效差距产生了。再如企业在金融危机时往往会通过裁员来降低成本，但由此必然会影响员工的士气，造成员工敬业度的急剧下降。这些绩效差距都会产生相应的管理需求，企业需要通过相应的管理策略来"纠正"这些绩效的偏差。例如，企业可以通过人力资源开发策略（如技

能培训或在职辅导的方法）提高员工的知识、技术或能力来改善绩效，也可以通过人力资源管理的策略（如提高薪酬水平或改变雇佣条件）来激励员工，还可以通过其他的管理策略（如更新设备等硬件条件）来改善工作环境。由此可以看出非常重要的一点是：并不是所有的管理需求都能够或者必须转换为员工培训与开发需求，乃至更广泛的人力资源开发策略如团队建设和组织发展等。

四、员工培训与开发需求的四种类型

绩效差距引起的员工培训与开发需求是企业管理需求派生出的最基本的需求。由企业的一般管理需求还可以派生出另外三种员工培训与开发需求：员工 KSA 差距需求，合规强制性需求和员工偏好需求（见表 8-4）。

表 8-4　员工培训与开发需求的四种类型

需求类型	描述	时效性
绩效差距需求	当前绩效与目标绩效之间的差距	当前
KSA 差距需求	人员实际知识、技术和能力与工作胜任能力的差距	当前和未来
合规强制性需求	健康和安全、环境保护、社会责任等国际和国内法规的要求	当前和未来
员工偏好需求	鼓励人员参与、获得培训和开发活动的支持	当前

1．绩效差距需求

企业常规绩效评估为绩效差距分析提供了可靠的信息，为采取培训干预提供了目标性依据。但是，绩效差距分析并不能直接指出什么原因造成绩效的差距，因而其分析结果和资料不能为员工培训与开发操作直接提供指导，对绩效差距分析的信息进行"深加工"后得到的 KSA 差距，才能揭示隐藏在绩效差距中的原因，从而为员工培训与开发操作所利用。

要注意的是，绩效差距分析着眼于当前的职务绩效，有利于当前工作绩效的提升，但也可能使需求分析过于顾及短期效用，忽视长期的利益。

2．KSA 差距需求

KSA 差距分析是员工培训与开发需求分析中最有价值的方法。该方法通过直接对员工在实际工作中表现出的 KSA 的细致分析，对照职位的 KSA 标准，找出员工的实际 KSA 与当前期望或未来理想的 KSA 的差距，为员工培训与开发提供第一手操作性支持。

3．合规强制性需求

该类需求来源于企业对国际和国内法律与制度的遵守。企业在一定的国家和地区内从事经营活动，就必然要受到当地法规的约束。随着经济全球化的深入发展，国际通行的对健康和安全、环境保护、新能源政策特别是 21 世纪初的全球金融危机引发的国际社会对投资和风险的监管无不对企业提出相应强制性的培训要求。

4．员工偏好需求

在企业所提供的培训与开发项目中，普通员工和管理者有时会特别喜爱或不喜爱某些项目,表现出一定的偏好。虽然企业的员工培训与开发管理是对企业的战略支持,应集中于企业绩效和组织能力的提升,但培训与开发活动同样离不开所有员工的参与和支持,具有"民主性"的一面,必须充分考虑员工职业化和专业化发展的需求。在下一章"员工培训与开发对象分类及对策"中将对此作详细介绍。

五、员工培训与开发需求的三个层面

企业员工培训与开发需求产生于三个层面:组织层面、任务层面和人员层面。因此,员工培训与开发需求分析也应该在相应的层面上展开。表8-5详细列出了三个层面、分析内容和相应的分析结果。

表8-5 员工培训与开发需求分析的三个层面

分析层面	分析内容	分析结果
组织层面	组织战略	揭示企业中哪个职能或部门需要员工培训与开发以及在何种战略背景下进行员工培训与开发
任务层面	工作任务	揭示为了有效地完成工作任务,必须做什么以及如何做,需要什么样的知识和技能
人员层面	人员KSA	揭示对谁进行员工培训与开发,培训与开发什么,采取何种员工培训与开发对策

第二节 员工培训与开发需求分析的应用

根据战略管理过程,企业经营管理活动可以划分为战略、战术和操作三个层次。员工培训与开发作为企业战略的重要支持活动,必然也要相应地着眼于这三个层次的需求,以组织、任务和个人为重心进行需求分析。

一、以组织为重心的员工培训与开发需求分析

在组织层面,员工培训与开发所面对的是具有深远意义的系统需求,而不是单个员工、团队或工作流程中的问题,也就是说必须从系统的角度保证单个工作职能的知识、技术和能力得到有效的整合,产生协同效应,这就要求在企业整体运营的框架下,以一定的逻辑顺序分析每一职能的需求。图8-3描述了企业运营整体框架及其职能元素,可用来指导组织层面的员工培训与开发需求分析。员工培训与开发管理者通过系统、全面地考察每一个职能元素,对没有开展的职能活动,从知识、技术和能力的角度分析如何建立该职能;对业已开始或正在进行的职能活动,从知识、技术和能力的角度分析差距;使员工培训与开发需求分析全面、系统地深入到组织的各个职能,这样获得的需求信息才能够在组织层面上支持战略的形成或实施。

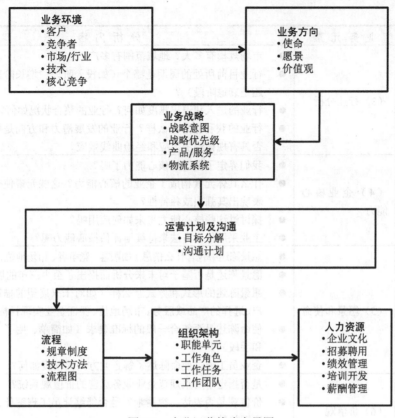

图 8-3　企业运营战略全景图

1. 企业运营战略全景图分析法

企业运营全景图分析法由 8 个管理模块和 16 个职能元素构成，详细阐述如表 8-6 所示。

表 8-6　企业运营战略全景图分析法

管理模块	业务元素	分析内容
1. 业务环境	（1）客户	● 谁是客户？他们的业务将如何变化？为什么？具体如何变化？什么时候发生变化？ ● 客户的潜在需求是什么？当前需求会怎样变化？ ● 将来和客户关系的定位是什么？（优选供应商、唯一供应商、合作伙伴还是联合？） ● 客户对产品或服务的新需求是什么？ ● 客户是如何看待我们的（产品质量、响应速度、业务流程、了解客户当前需求、解决客户潜在问题等方面）？
	（2）竞争者	● 对当前竞争者的业务和计划了解的程度如何？会有潜在的竞争者吗？ ● 谁是主要竞争者？他们的业务会发生怎样的变化？什么时候发生变化？ ● 竞争者的变化会怎样影响我们的业务？（如市场份额、市场地位、被淘汰危险） ● 什么机会被竞争者忽视了，或者做得不如我们好？

续表

管理模块	业务元素	分析内容
1. 业务环境	（3）行业分析	● 市场规模有多大？地域范围有多广？ ● 行业目前所处的周期是哪个（如投入阶段、增长阶段、成熟阶段还是衰退阶段）？ ● 行业的进入和退出难度如何？行业的整合状况如何？ ● 行业的获利能力怎么样？行业的发展潜力和方向是什么？行业是否具有规模经济效应和经验曲线效应？
	（4）企业核心能力	● 我们界定了自己的核心能力了吗？ ● 什么具体元素构成了企业的核心能力？这些元素使企业哪些方面表现出其强项或独特性？ ● 探讨过这些核心能力将来如何应用吗？ ● 企业采用什么方法来持续地评估核心能力呢？
2. 业务方向	（5）愿景和使命	● 愿景陈述中包含什么信息（如顾客、竞争者、市场地位、核心能力）？ ● 愿景陈述是否基于对未来分析而提出了至少三年的展望？ ● 愿景陈述的形式和方式怎么样（如对未来展望的描述、服务的客户、选择的产品或服务、市场地位、保证企业实现目标的价值观）？ ● 使命陈述是否符合一般的标准要求（如简单、明了、指明了方向和手段）？ ● 企业员工通过使命陈述了解企业方向的程度如何？
	（6）价值观	● 是否指定了用来规范企业业务运营的价值观系统？ ● 价值观是否表达得很清晰？是否能够让员工理解什么行为是组织所期望的？ ● 员工相信管理层能够身体力行地确保价值观的实现吗？
3. 业务战略	（7）战略意图及其优先级	● 战略意图是来源于"差距"分析吗？这些差距体现了企业现实活动与期望活动之间的差距吗？弥补这些"差距"能够达到期望的市场地位、满足客户需求和提升核心能力吗？ ● 企业确定了几项关键战略吗？这几项战略能够实现企业的愿景、保持或增强企业成功吗？它们的优先级顺序如何确定？ ● 战略形成过程中调查研究和讨论是否充分？ ● 是否设计了测量标准和测量方法来指导战略的实施？
4. 运营计划及沟通	（8）运营计划	● 企业的战略如何"落地"？ ● 实现战略的相应的工作任务是什么？ ● 战略是否经过分解以确保每个工作单位和个人目标都能与战略"挂钩"？ ● 完成关键战略目标的权力和责任是否清晰界定？ ● 员工都参与了本部门目标设定的过程吗？ ● 每个员工都自己设定了与本部门和总体战略挂钩的目标吗？
	（9）沟通	● 是否设计了沟通计划以确保员工被充分告知企业的业务状况、面临的挑战及其相应的战略形成过程及进展？ ● 是否采用了多种沟通媒介（如会议、通信、告示板、电子邮件）？ ● 是否采用双向沟通的程序以确保员工的建议能够得到重视和采纳？ ● 员工是否确信他们所得到的信息是可信的和完整的？

续表

管理模块	业务元素	分析内容
5. 工作流程	（10）规章制度和流程图	● 企业是否制定了实现业务战略的关键工作程序？ ● 企业所有人员是否明白企业可以看成是一个基于满足内外部客户需求的客户服务系统？ ● 有关工作程序的讨论有没有从客户对产品或服务的观点出发？ ● 企业是否通过流程改进来控制成本、提高质量和增加生产率？ ● 现有业务技术（如沟通、数据收集和跟踪、客户信息系统）是否通过有效性评估？
6. 组织架构	（11）工作单元任务和工作团队	● 组织架构是根据实施战略和完成目标的要求来设定的吗？ ● 企业实行集权化管理或分权化管理架构的理由是什么？ ● 组织架构有利于跨职能和跨团队的沟通吗？ ● 客户需求对组织架构有什么样的影响？ ● 组织架构能满足业务活动快速和精确地进行吗？
7. 人力资源	（12）企业文化	● 企业文化是通过明文规定的还是潜移默化来传播的？ ● 企业成员了解企业文化支持提高生产率和质量的行为吗？ ● 企业领导者在发扬企业文化方面起到了模范作用吗？ ● 企业领导者相信员工赋有才能和创造力吗？
	（13）招募和聘用	● 在企业中，处于"冬眠期"或"在岗退休"的员工占总数的百分比是多少？ ● 由于人员流失和工作转换造成的财务成本增加和生产率损失是多少？ ● 员工年资增长所带来的业务经验和知识的积累会成为公司宝贵的资产吗？ ● 在变革时期，员工是强烈抵制还是缓慢地适应呢？
	（14）绩效管理	● 员工知晓他们的工作目标和责任吗？ ● 管理者给下属提供诚实的绩效反馈吗？ ● 管理者能够成功地辅导和开发他们的下属吗？ ● 绩效管理中评估流程有效性如何？ ● 绩效管理中包括员工个人发展计划吗？
	（15）薪酬管理	● 员工认为报酬系统公平且具有激励作用吗？ ● 员工获得报酬的依据是实际贡献（绩效加薪）还是其他标准（年资加薪）？ ● 贡献最大的员工能够得到相应的报酬吗？ ● 报酬系统对技术人员贡献的激励能够和管理职位的升迁相匹配吗？
8. 整合协调	（16）方向和战略的协调统一	● 企业运营框架中的每一元素间的契合度如何？ ● 管理者和计划人员是否讨论过业务元素的整合？ ● 员工是否学会协调个人行动与部门目标、企业战略和企业目标之间的一致性？ ● 在决定放弃旧流程或采用新流程时，依据的是该流程与企业战略的契合程度吗？ ● 企业日常经营活动的重点与战略的一致性如何？

企业运营战略全景图分析法有效地保证了在组织系统范围内对管理活动存在的问题进行分析，员工培训与开发管理者所面对的是具有深远意义的系统状态和事物，而不是单个员工、团队或工作过程中的问题，从而在统一性的前提下保证系统范围内知识、技术和能力的提高，使员工培训与开发真正具有战略的视野，以实现组织目标为己任，员工培训与开发活动与企业运营最终融为一体，成为必不可少的一部分。

2．组织分析的其他方法

组织层面的员工培训与开发需求分析常用的方法还有四要素框架法和 7-S 模型法。

（1）四要素框架法。四要素框架法是在对组织目标、组织资源、组织氛围和组织环境这四个要素进行分析研究的基础上，聚焦在下列有关员工培训与开发需求的问题上：

- 在企业目标中，是否有不够具体的目标需要转化为员工培训与开发需求的任务？
- 企业各个阶层的人员对员工培训与开发的目标都有承诺吗？
- 企业中各阶层人员或部门从需求分析这一起始阶段就参与了员工培训与开发目标设定和项目设计吗？
- 企业的管理者是否接受培训后员工行为的改变，并身体力行成为期望行为的楷模？
- 接受培训的人员是否会因为在工作中使用学到的技能或行为而得到奖励？
- 员工培训与开发是否被用来解决那些应该用其他方法解决的管理问题？
- 企业高层管理者是否承诺在员工参加员工培训与开发项目时，会采取相应的措施以保证该员工的工作不会中断？

（2）7-S 模型法。麦肯锡公司开发的 7-S 模型是著名的组织诊断工具（见图 8-4），该模型由七个独立而又彼此相关的要素组成：共同价值观（Shared Value）、战略（Strategy）、结构（Structure）、系统（System）、管理风格（Style）、员工（Staff）和技能（Skill）。员工培训与开发需求分析可以借助该模型为分析框架，对每个因素进行差距分析，并注重七个因素的联系，在系统性的基础上发现真正的需求。

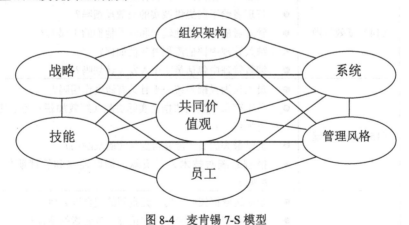

图 8-4　麦肯锡 7-S 模型

二、以任务为重心的员工培训与开发需求分析

以组织为重心的分析从组织目标和战略的视野解决了员工培训与开发出发点（方向）和归宿（目标）的问题，接下来要解决的是要"做什么"的问题，即员工培训与开发需求分析进入

以任务为重心的阶段。

1. 任务分析概述

以任务为重心的员工培训与开发需求分析简称任务分析，也称工作分析，是指系统收集关于某项工作或某一类工作信息的方法，确定承担该项工作的人员完成期望工作所需要学习的知识、技术和能力。任务分析得到的信息通常包括工作绩效标准、完成工作所需要的方法、实施工作方法需要的相应知识、技术和能力，以及其他有助于完成工作的相关因素。这些信息揭示了员工工作的现状、存在的问题、问题的根源，以及能否通过员工培训与开发干预来解决这些问题。

2. 任务分析的方法和步骤

虽然任务分析的方法很多，着眼点各不相同，如工作说明书、绩效标准、高绩效因素、工作综述、任务陈述等，每一种方法也已经成熟，但都有共同的分析逻辑，归纳起来都遵循下列五个步骤。

（1）步骤1：查阅工作说明书。组织由配备了人员的工作职位构成，每一职位的职责以及职位的任职人的特征和资格都有相应的规定或描述，这些规定或描述构成了工作说明书的内容。工作说明书包含的具体信息有工作任务、行为要求、工作辅助工具、绩效标准、工作环境、任职人知识、技术和能力的要求。

大多数组织中对每一职位都有现成的工作说明书并保持定期更新，因此员工培训与开发管理者可以很方便地获取和查阅这些工作说明书，得到对员工培训与开发需求分析有用的信息。但是实践证明，一般的工作说明书中提供的信息很难满足培训专业性的要求，这就要求培训管理者在详细阅读工作说明书的基础上，对重点信息要深入研究，如对实际的现场操作进行观察，对工作说明书的撰写人进行访谈等，以保证员工培训与开发管理者获得的信息能够符合员工培训与开发的专业要求。

（2）步骤2：分解工作任务，列出具体工作清单。一项工作通常可以分解成一系列或一组更具体的工作，也称为子任务。在进行员工培训与开发需求分析时，分解并列出这些子任务，并明确哪些子任务是应该执行的以及应该执行到何种程度；同时了解子任务的实际操作状况，得到相关的变动范围。只有在了解这些信息的基础上，员工培训与开发管理者才能确定哪些操作存在差距需要通过员工培训与开发干预来改进，以及在员工培训与开发干预结束后应该达到的操作水平。

在分解工作任务，列出子任务的方法中，"工作—职责—任务"分析法（见表8-7）最为实用。该方法包括确认职位名称、工作职责以及完成每一项任务所需具备的知识、技术和能力。

（3）步骤3：分析工作任务所需的知识、技术、能力和其他要素。员工必须具备专门的知识、技术和能力才可能胜任并完成本职工作任务，因此员工培训与开发管理者需要能够分析和界定每一项工作必须具备的知识、技术和能力等胜任力要素（见表8-8），并且确定能够通过员工培训与开发干预使该职位员工的这些胜任力要素得到提升。通过经验学习的能力是绝大多数员工都必须具备的基本要求，因此，员工培训与开发活动需要在尽可能大的范围内提供相应的培训或开发项目。但是，像律师任职资格所需的特殊知识必须参加专门的培训和认证机构提供的项目；高层管理者的媒体沟通技巧，就必须借助专业行为教练的辅导。

表 8-7 用"工作—职责—任务"分析法进行任务分析

职位名称：人力资源员工培训与开发专员　　　　　　　　具体职责：任务分析

工作任务	子任务	所需知识、技术和能力
列出此项工作的任务	1. 观察行为	● 能够列出行为的四种特征 ● 能够将行为加以分类
	2. 选择动词	● 具备关于行为动词的知识 ● 符合语法规范
	3. 记录行为	● 能够用通俗易懂的语言叙述行为 ● 能够有条理地进行记录
列出子任务	1. 观察行为	● 能够列出除典型行为外所有其他行为 ● 能够将行为加以分类
	2. 选择动词	● 能够正确地对行为加以描述 ● 符合语法规范
	3. 记录行为	● 有条理、通俗易懂
列出所需知识	1. 说明哪些是必须了解的知识 2. 确定技能的复杂程度	● 能够对所有的信息进行分类 ● 能够确定某项技能是否代表了必须按一定顺序学习的系列行为

资料来源：徐芳. 员工培训与开发理论及技术[M]. 上海：复旦大学出版社，2005：120.

表 8-8　知识、技术、能力和其他要素的定义

KSA 要素	定　义
知识	对成功完成某项任务所需信息的掌握和了解，这些信息通常是陈述性的或结构性的
技术	个人在某项作业上的熟练程度或胜任力水平。胜任力水平通常可以用量化性的形式表达
能力	个人在执行任务之初就拥有的更一般化、更持久的特质或能力，比如完成某项体力活动或脑力活动的能力
其他要素	包括人格、兴趣爱好和态度

（4）步骤 4：界定哪些任务以及相应的知识、技术和能力可以通过员工培训与开发获得提升。由审阅工作说明书得到工作任务及子任务清单，再经分析得到完成任务所必备的知识、技术和能力等要素，培训管理者获得了有待"加工的对象"，但这样的加工对象可能会数量众多、内容庞杂，容易使员工培训与开发需求分析陷入混乱。因此，培训管理者需要对完成任务必备的知识、技术和能力中哪些是通过员工培训与开发能够获得或提高的作出分析和界定，对不能通过员工培训与开发干预解决的任务及其所需要的知识、技术、能力和其他要素，建议采用其他人力资源管理方式来解决。

在界定哪些任务适合员工培训与开发干预时，需要通过给任务评定等级，按照得分高低来决定取舍。评定等级的考察关键维度有：任务的重要性；时间成本；工作所需 KSA 获得的难易程度。如果一项任务具有战略价值，完成任务时间短，需要的 KSA 容易学习，该项任务的等级就会相应很高。在界定哪些知识、技术和能力可以通过员工培训与开发获得提升时，也可以采用上述等级评定的方法，考察的关键维度为：重要性；学习的难易程度；在工作中获得的机会。如果某项技巧很通用，学起来很容易，在工作中随时可以获得，那么这项技巧的获得和提高就不需要员工培训与开发的干预。

（5）步骤 5：确定员工培训与开发需求的优先级顺序。本步骤可以运用本章第二节中介绍的确定员工培训与开发需求优先顺序的方法，对步骤 4 界定出的需要通过员工培训与开发得到或提高的知识、技术和能力需求清单分出轻重缓急，列出其优先顺序。在此基础上，进一步考虑员工培训与开发部门可以利用的资源如培训设备、场地、培训材料、差旅费、外部供应商、咨询费用等，对知识、技术和能力员工培训与开发需求优先级很高的项目，即使在资源缺乏的条件下，也要想方设法组织实施；对知识、技术和能力员工培训与开发需求排序靠后的项目，在现有的资源条件下，量力而行。这样才能保证员工培训与开发需求的优先级顺序对员工培训与开发项目的设计和实施不仅准确、可靠，而且切实可行。

三、以个人为重心的员工培训与开发需求分析

以个人为重心的员工培训与开发需求分析又称人员分析，需要解决的问题是将培训需求落实到员工个人。通常采用的需求分析方法有两大类型：绩效差距分析法和 360 度反馈法。

1. 绩效差距分析法

在进行人员分析时，绩效差距分析法是最基础、实用，也是最容易实施的方法。企业常规绩效评估资料为绩效差距分析提供了可靠的信息。基于绩效评估的人员分析模型遵循下列步骤（见图 8-5）。

（1）获取员工绩效评估资料。
（2）确认员工行为、特质与期望绩效标准之间的差距。
（3）确认差距根源，结合组织分析、任务分析和个人分析进行综合分析。
（4）选择恰当的干预措施消除差距。

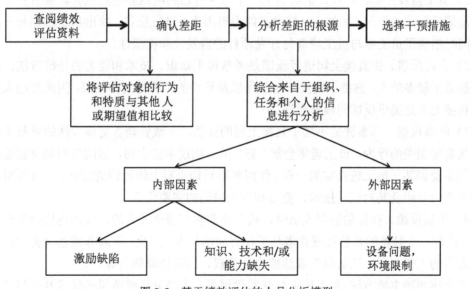

图 8-5 基于绩效评估的人员分析模型

资料来源：Randy L. Desimone, Jon M.Werner, David M.Harris. Human Resource Development[M]. 3rd ed. New York: Havcourt College Publishers, 2001: 150.

需要引起注意的是，在使用上述绩效差距分析模型时存在着一定的风险，企业在绩效管理过程中可能由于目标设定、评估技术和工具、管理者评估技能等因素造成绩效评估资料的不准确，因此，为了避免这一缺陷，尽可能采用其他方法作为补充，360度反馈法就是其中一种方法。

2．360度反馈法

360度反馈的信息提供者包括员工自己、直接上司、同事，有时还包括客户和业务合作者（见图8-6）。由于观察的角度不同，他们的反馈会形成关于知识、技术、能力和行为的全方位的评价与建议。

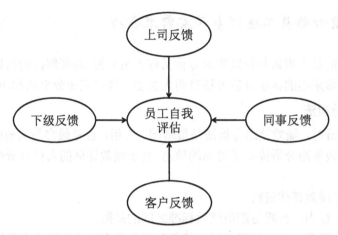

图8-6　360度反馈信息来源

（1）员工自我评估。自我评估给员工一个思考自己的绩效差距的机会，并引发员工就有关阻碍高绩效形成的原因（如知识、技术和能力等因素）进行反省，找出员工培训与开发的需求点，同时增强了员工参与员工培训与开发项目的自发性和积极性。

（2）上司反馈。由直接上司进行反馈是考察员工知识、技术和能力的传统方法。直接主管是观察员工最多的人，熟悉下属员工的工作以及他们的工作行为和结果，因此在绝大多数情况下，直接上司是提供反馈的最佳人选。

（3）同事反馈。同事评估不同于直接上司的评估，上级管理者更多关注的是员工的工作绩效及其直接相关的行为，员工通常会把"好"的一面展示给上司，而同事们朝夕相处以现实的眼光能够看到某一员工较真实的一面。使用同事反馈来对上级反馈进行补充，可以帮助形成关于个人绩效差距及其知识、技术、能力和行为缺陷的完整信息。

（4）下属反馈。在评估经理人员时，员工是非常有资格发言的，因为他们经常与其上司接触，并站在一个独特的角度观察许多与工作有关的行为。因此，下属非常适合去评价其上司在某些方面的工作表现，比如口头表达能力、授权、团队协调能力等。

除了上述两种主要方法，员工培训与开发管理者在人员分析时所用的技术及资料还有调查问卷、访谈记录、关键事件等，如表8-9所示。

表 8-9 人员分析技术和信息来源

技术和信息	对员工培训与开发的启示
1. 绩效评估数据	揭示绩效方面存在的问题和亟需改进之处，指出员工的强项和弱项，易于定量分析并确定员工培训与开发干预的出发点
2. 现场工作观察	较为主观的方法，但是能够提供员工工作行为表现和行为结果两个方面的信息
3. 访谈	员工本人最清楚他/她自己需要学习的内容，需求分析中员工的参与将会激发员工学习的主观能动性
4. 调查问卷	将访谈转化成书面形式。问卷的形式和内容可以根据组织的具体情况进行专门编制。其缺点可能会由于预先设定的问题而带来答案的倾向性
5. 考试	可以针对个案设计考试题，也可以采用标准化试题。要确保所测试的内容与工作直接关联
6. 态度调查	基于个人的调查，主要用来了解员工的士气、动机水平和工作满意度
7. 工作技能清单及培训进度表	员工个人工作和所需技能信息的更新表，指明员工完成工作任务所需技能及其培训进展情况
8. 测评量表	确保评定的相关性、可信性和客观性
9. 关键事件	观察到的使工作成功或失败的行为表现
10. 工作日志	员工对自己工作的详细记录
11. 情景模拟	相关知识、技能和态度会在特定的场景中表现出来
12. 诊断量表	对诊断量表中的要素逐项测评和分析
13. 评价中心	整合多项技术形成一个综合性评价方案
14. 辅导	类似于一对一的访谈
15. 目标管理或述职系统	由组织发起和个人参与的常规性绩效反馈机制，参照员工的绩效目标，获取员工绩效提升和绩效偏差的信息并对其进行分析，这一机制确保了员工个人能力的发挥和组织整体目标的实现

资料来源：Randy L. Desimone, Jon M.Werner, David M.Harris. Human Resource Development[M]. 3rd ed. New York: Havcourt College Publishers, 2001: 147.

习惯与自然

一根小小的柱子，一截细细的链子，拴得住一头千斤重的大象，这不荒谬吗？可这荒谬的场景在印度和泰国随处可见。那些驯象人，在大象还是小象的时候，就用一条铁链将它绑在水泥柱或钢柱上，无论小象怎么挣扎都无法挣脱。小象渐渐地习惯了不挣扎，直到长成了大象，可以轻而易举地挣脱链子时，也不挣扎。

驯虎人本来也像驯象人一样成功，他让小虎从小吃素，直到小虎长大。老虎不知肉味，自然不会伤人。驯虎人的致命错误在于他摔了跤之后让老虎舔净他流在地上的血，老虎一舔不可收，最终将驯虎人吃了。

小象是被链子绑住，而大象则是被习惯绑住。虎曾经被习惯绑住，而驯虎人则死于习惯（他已经习惯于他的老虎不吃人）。

管理心得：习惯几乎可以绑住一切，只是不能绑住偶然。比如那只偶然尝了鲜血的老虎。

第三节　员工培训与开发需求分析报告

培训与需求分析报告既是对数据收集、分析和得出结论的总结,为员工培训与开发的规划、项目设计、项目实施和效果评估提供依据,也是向管理层提出员工培训与开发建议、在组织内沟通员工培训与开发活动和获得资源的必要文件资料。

一、员工培训与开发需求分析报告的结构和核心内容

员工培训与开发需求分析报告没有固定的形式,但必须包含一定的项目和核心内容(见表8-10)。

表8-10　需求分析报告的结构和核心内容

项　目	核 心 内 容	描　　述
一般信息	背景信息	通过对企业短期绩效提升派生的培训需求和长期发展潜在的开发需求分析,为员工培训与开发需求项目确定方向、目标和标准,有效地发挥员工培训与开发干预活动的战略性支持作用
	分析目的	● 培训成果与绩效差距的连接 ● 培训目标的制定 ● 培训项目设计及实施的依据 ● 培训项目效果评估的基础
分析方法	技术模型	四个阶段:"预备—瞄准—射击—报靶"
	数据收集	八种信息收集方法
	实施流程	● 组织分析:战略和绩效差距确认 ● 工作分析:完成工作所需知识、技术、能力和行为标准的界定 ● 人员分析:实际知识、技术、能力和行为与职位标准差距界定
分析结果	总体结论	决定是采用员工培训与开发干预,还是其他管理手段解决绩效差距问题
	结论1:培训项目	提升个人当前的技能和绩效: ● 专业技术类培训 ● 通用技能类培训 ● 强制性培训
	结论2:开发项目	开发个人未来专业能力: ● 工作轮换 ● 领导力开发 ● 小组行动学习
	结论3:组织发展干预	促进组织变革: ● 企业文化建设 ● 员工敬业度调查 ● 六西格玛
项目建议	项目设计	课程设计要素:大纲、资源、考核、时间表 项目实施方式:常用方法及选择标准 项目效果评估:项目进行中评估和项目完成后评估计划
	项目成本预算	项目成本分类及汇总
附录	补充资料	原始资料及相关图表如调查问卷、访谈记录、绩效档案、行业标准、技术模型等

二、员工培训与开发需求分析报告示例

阅读资料：

销售人员培训需求分析报告

某外资保险公司在2007年末对一线销售人员采用问卷调查法进行培训需求分析，发放给所有销售人员调查问卷1 072份，收回有效问卷982份。经过对这些答卷的统计和分析，形成了下述培训需求分析报告，作为2008年开展销售培训计划、实施和评估的依据。

一、一般信息

1. 销售人员的工作经验

公司现有1 072名销售人员中，从来没有从事过保险销售的人员有457人，占销售总人数的42.6%。这一数据说明了自2005年中国保险行业对外资开放后，大批外资保险企业的进入，造成了对保险销售人员的大量需求，而劳动力市场的现有存量不能满足这一需求，相当一部分没有保险销售背景的人员被招募进企业，致使普遍的销售行为不够专业，导致老顾客投诉率上升甚至退保，而新客户开发成功率也远低于行业平均值。

对这些没有从事过保险销售的销售人员，公司应提供保险基础知识、有别于工业品和快速消费品的保险销售的技巧，制订培训后行动计划，促进培训成果加速转化成销售行为，从而提高销售业绩。

2. 销售人员的学历

982份有效调查答卷显示了目前公司销售人员的学历情况，如表8-11所示。

表8-11 销售人员的学历情况

学历 人数及所占比率	博士	硕士	本科	大专	职高	高中	初中	其他
人数	0	9	68	179	365	253	97	11
所占比率/%	0	0.9	6.9	18.2	37.2	25.8	9.9	1.1

由此可以看出，一线销售人员的主要学历集中在职高和高中两个层次，占总销售人数的63%。面对这样低的学历水平，有必要进行系统的培训，提高他们的知识水平和销售技能。

3. 销售人员的职位分布

982名一线销售人员如果按职位分类，其统计如表8-12所示。

表8-12 一线销售人员的职位情况

职级 人数及所占比率	总监级	经理级	客户主任级	客户代表级
人数	23	132	256	571
所占比率/%	2.3	13.4	26.1	58.1

根据表中的职级分布，可以划分为两大类——管理人员（总监+经理）和直接面对客户的销售人员（客户主任+客户代表），对两类人员的培训应有所区别。

二、分析方法

采用问卷调查方法。调查问卷的编制完全采用集团公司的标准模板,内容根据国内的实际情形组织和编排。(调查问卷见附件)

三、分析结果

在有关销售技巧培训的需求的问题中,有七个比较突出的问题,如表 8-13 所示(按所占比率的大小排列)。

表 8-13　培训需求情况

培训需求 人数及所占比率	如何促成客户签单	如何发现潜在客户	如何消除客户异议	如何接近客户	如何维护客户关系	如何介绍产品/服务	如何与客户沟通
人数	670	649	572	390	375	275	219
所占比率/%	68.2	66.1	58.2	39.7	38.2	28.0	22.3

四、结论和建议

1. 需求分析结论

根据本次需求分析,可以得出下列结论。

(1)一线销售人员学历普遍较低,需要补习相关基础知识。

(2)有 42.6%的销售人员来自非保险行业,应对其进行保险行业基础知识的培训。

(3)36%的销售人员还在试用期内,应加强新员工的入职引导。

(4)有 43%的销售人员对完成销售指标没有信心,需要加强对管理者进行管理技能如目标设定、沟通和激励等技巧的培训。

(5)有 46%的销售人员认为公司的营运活动没有围绕客户和销售为中心,需要在公司战略和文化上进行变革。

2. 培训项目建议

(1)培训项目/课程建议。根据上述调查、分析和结论,对一线销售人员的培训建议如下。

① 按照技能和态度进行两个类别的销售培训;

② 按照职级分两批分别进行管理技能(管理人员)和基础销售行为(一线销售人员)的培训,具体情况如表 8-14 所示。

表 8-14　管理技能和基础销售行为的培训

培训项目/课程名称	培训主要内容	参 加 对 象
销售的"临门一脚"	捕捉客户购买信号,及时获取保单	客户主任和客户代表
发现客户从身边开始	寻找和锁定目标客户的方法	客户主任和客户代表
如何消除客户异议	接受客户异议,发现异议背后的原因	客户主任和客户代表
接近客户的九大途径	用不同的方法接近不同的客户	客户主任和客户代表
产品/服务基础知识	以客户为中心的产品和服务价值介绍	客户主任和客户代表
卓越客户服务	用服务赢得客户的尊重和忠诚	所有销售人员
销售目标管理	目标设定的基本原则和测量方法	总监和经理
团队领导技能	领导、激励、人际关系等	总监和经理

（2）培训项目/课程费用预算（略）。

五、附件

培训需求分析调查问卷（略）

本章小结

本章首先简要介绍了员工培训与开发的出发点和流程；其次介绍了员工培训与开发需求的四种类型，包括绩效差距需求、KSA 差距需求、合规强制需求、员工偏好需求；然后讲述应该着眼于以组织、任务和人员为重心进行需求分析；最后介绍了员工培训与开发需求分析报告的结构和核心内容。其中以组织为重心的员工培训与开发需求分析中所用的主要方法为企业运营战略全景图分析法、四要素框架法和 7-S 模型法；以任务为重心的员工培训与开发需求分析涉及五个重要步骤；以个人为重心的员工培训与开发需求分析中所用的主要方法为绩效差距分析法和 360 度反馈法。

思考与练习

1. 简述员工培训与开发需求分析缺失的原因。
2. 员工培训与开发需求有哪几种类型？分别进行简述。
3. 简述企业运营战略全景图分析法。
4. 以任务为重心的员工培训与开发需求分析的步骤有哪些？
5. 简述 360 度反馈法的内容。
6. 简述员工培训与开发需求分析报告的结构和核心内容。

案例分析

案例一：某公司的培训需求分析

某公司提倡建设学习型组织，公司的学习氛围一直也很浓。在涉及某个员工的学习方面，都有比较量化的学习任务，如高层管理者每个月平均参加学习不能低于 16 个小时，中层管理者不能低于 8 个小时，基层管理者不能低于 6 个小时等。公司的内部培训师非常齐全，几大模块的课程体系基本建立起来了。但一段时间之后，该公司的培训负责人发现操作中出现了几个问题并提出了疑问：

第一，许多部门领导认为，只要岗位和技能要求的就应该给员工进行相关培训，而不需要作培训需求调查。随着公司的发展，增加的培训力量明显增大，但还是无法满足需要，怎么办？

第二，该公司课程体系基本完善起来，但对于某些课程公司与员工个体需求不一致。有的课程公司要求多设置，但员工不愿意听。有的课程公司没有设立，但员工想开发这门课程。这样的情况如何选择？

第三，培训需求调查分析显示，基本上每个课程都有一定的需求，有需求就应该开展培训，但是，如果每个课程都要进行，培训的任务太大。如何运用量化的指标进行选择和参考？

资料来源：http://www.boraid.com/article/html/46/46397.asp

讨论题：

1. 什么是以"九格模型"为基础的培训需求分析体系？

（提示："九格模型"分析系统是建立在组织、工作和个人这三个不同的层面分析基础上的，但在分析过程中，将工作层面的分析分数归纳到组织层面）

2. 请你结合"九格模型"对此公司进行培训需求分析。

（提示：以差额需求分析为基础的"九格模型"）

案例二：R公司的员工培训

R公司是一家集炼铁、炼钢为一体的大型钢铁企业，拥有烧结、高炉、钢板、型钢五大生产厂以及辅助生产厂。可以冶炼400个钢号、轧制800多个品种规格的钢材，已形成200万吨铁、310万吨钢的年生产规模。

近期，R公司进行了体制改革，建立了新的公司领导班子，给公司带来了全新的现代化生产经营理念，为公司二次创业提供了强大的动力。为满足国内不断增长的不锈钢需求，R公司规划投资建设一个不锈钢精品生产基地，计划总投资90亿元的新厂房正在建设中。预计两年后新产品生产线可建成投产。由于新生产线采用了当今先进的生产设备和技术，相比公司已有的几条生产线，新生产线的技术含量和自动化程度都有很大的提高。为了保证新线上马后能够良好运转，目前相关人员的培训准备工作正在有条不紊地进行着。

但是，由于R公司是老厂，员工学历都比较低，60%的生产人员只有初中学历，有高中学历的占30%，有大专和大学学历的只占10%。一些员工正在完成其高中学业，一些已获得和正在考取公司的相关技术职称。公司的管理人员刚刚进行了相关计算机知识和操作的培训。目前为参加新线脱产培训的员工开设的课程有相关高中知识、新线操作的相关英语知识、新线的生产流水线技术、设备操作等。

目前R公司遇到的问题是一些老线上的职工惧怕被抽调去培训，原因是怕新线上岗不通过，原先的工作又被别人取代而遭遇下岗。人力资源部门对抽调的员工经过培训后是否能够满足未来新线的要求没有把握。

资料来源：http://wenku.baidu.com/view.html

讨论题：

1. 目前R公司的培训与开发需求是什么？

（提示：可根据R公司目前所处环境和员工情况进行分析）

2. 根据案例背景情况做一份R公司的培训与需求分析报告。

（提示：根据培训与开发需求分析报告的结构和核心内容进行撰写）

第九章 员工培训与开发对象分类及对策

【本章关键词】
　　对象分类；分类方法；对策

【学习目标】
- 了解：员工培训与开发的绩效范式和学习范式。
- 熟悉：领导力开发和通用技能培训对策。
- 掌握：企业中员工培训与开发对象的分类模型。

 开篇案例

如何留住骨干员工

　　Candy 快餐连锁公司是一家正在快速发展中的公司，规模由原来只有一家店的 10 个员工发展到 30 家分店的近 1 000 个员工。公司创立之初进公司的老员工以及新招进来的大学毕业生逐渐成为公司的骨干力量，一些老员工也由原来的服务员发展为管理多名员工的管理者。

　　由于公司快速的发展，公司的员工特别是骨干员工虽然都有一定的技术和业务技能，但是经过公司的发展和扩张都面临瓶颈，很多员工无力应对日渐增加的业务量，面对公司的快速发展都有点力不从心，甚至有的员工觉得自己的能力很难有很大的提升，进而产生了辞职的念头。

　　公司也逐渐意识到了这个问题，为了留住骨干员工，降低员工的流失率，经过管理层反复的讨论，最终决定建立一套完善的培训体系，帮助员工提升自己的技能。但是公司的员工有老员工有新员工也有老员工，有学历高的也有学历低的，而且做的工作性质也有很大区别，因此如何针对不同的员工制订不同的培训计划成为公司目前面临的主要问题。

资料来源：根据相关资料改编

第一节　员工培训与开发对象分类概述

一、从人口学的视角认识人力资源

　　根据人口学理论，可以将人口资源细分为劳动力资源、人力资源、人才资源和天才资源，这种划分和包含关系可以用图9-1来表示。

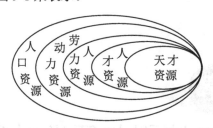

图9-1 人口资源的划分和包含关系

在这种划分体系中，对每一组成部分的定义如表9-1所示。

表9-1 人口分类的组成及定义

组成部分	定　义
人口资源	一个国家或地区所拥有的人口总量，主要表现为人口的数量
劳动力资源	一个国家或地区具有的劳动力人口的总称，是人口资源中拥有劳动能力的那一部分人
人力资源	劳动力资源中具有对价值创造发挥贡献作用并且能够被组织所利用的体力和脑力的总和
人才资源	具有较多科学知识、较强劳动技能，在价值创造过程中起关键或重要作用的那一部分人
天才资源	在某一领域具有特殊才华的人，他们在自己的这一领域具有十分独特的创造发明能力，能在这一领域起领先作用，并具有攀登顶峰的能力

二、社会和企业对人口资源开发的角色定位

上述人口学划分及定义对人口资源开发角色的定位具有指导作用。现代社会提倡人的终身学习，在人的一生中，学习过程离不开他/她所生存和发展的环境——社会和组织。在人生的不同年龄、智力和能力阶段，社会和组织对其学习活动的参与和学习结果的受益承担着相应的角色。表9-2说明了人口资源开发中社会和企业的主体角色。

表9-2 人口资源开发的角色和直接受益者

人口资源组成部分	开发的主体	
	社会 （家庭、幼儿园、小学、中学、普通高校、老年大学）	组织 （企业、政府、非营利机构）
人口资源	√	
劳动力资源	√	√
人力资源		√
人才资源		√
天才资源		√

因此，企业在一国人口资源的开发活动中主要承担着对人力资源、人才资源和天才资源的开发，同时与社会共同承担对劳动力资源的开发。企业员工培训与开发对象的界定正是建立在这一假设基础上，所有员工培训与开发活动都必须围绕着这些对象的学习需求，并做到"因材施教"。

> **提醒自我**
>
> 有个老太太坐在马路边望着不远处的一堵高墙,总觉得它马上就会倒塌,见有人向墙走过去,她就善意地提醒道:"那堵墙要倒了,远着点走吧。"被提醒的人不解地看看她,然后大模大样地顺着墙根走过去了——那堵墙没有倒。老太太很生气:"怎么不听我的话呢?!"又有人走来,老太太又予以劝告。三天过去了,许多人在墙边走过去,并没有遇上危险。第四天,老太太感到有些奇怪,又有些失望,便不由自主地走到墙根下仔细观看,然而就在此时,墙倒了,老太太被掩埋在灰尘砖石中,气绝身亡。
>
> 管理心得:提醒别人时往往很容易、很清醒,但能做到时刻清醒地提醒自己却很难。所以说,许多危险来源于自身,老太太的悲哀便因此而生。

第二节 员工培训与开发对象的分类方法

一、传统分类方法

对员工培训与开发对象进行分类的意义在于通过分类对不同类型的人员采取不同的员工培训与开发策略,使企业的员工培训与开发工作更有针对性,满足员工的个性化学习需求。通过查看企业员工培训与开发体系,很容易发现培训与发展对象的分类方法。比较常见的是按照员工在企业的职级进行划分(见图9-2),这也是大部分企业所采用的传统分类方法。

图9-2 传统的员工培训与开发对象的分类方法

1. 企业高层管理者

高层管理的职责是对整个企业的经营理念、发展战略全面负责,因此高层管理者的知识、能力、素质以及行为方式对于企业目前的经营状况和未来的发展规划影响极大。企业就好比是一艘在市场浪潮中勇于乘风破浪的战船,如果掌舵的高层由于自身能力所限判断不出正确的航向,那么无论船员多么努力,到头来也只能是船毁人亡。从这个角度上来看,高层管理者能否及时掌握新知识、新信息以及据此及时作出有利于企业生存发展的决策是至关重要的,所以企业高层是第一种需要被员工培训与开发的对象，特别是对其进行更高层次的开发，使其掌握最新理念，获得最大的能力。

2．中低层管理者

中低层管理者在企业中处于一个特殊的位置。他们既是企业利益的代表，负责协助高层传达企业的各项方针政策、实施管理、维持企业的日常运作，同时又是其下属员工利益的代表，所以很容易发生角色冲突和矛盾。如果一个管理者不具备基本的普通员工的工作技能与知识，或者不善于协调人际关系以实现上下级的交流畅通，那么他的管理工作就很难展开；或者对企业的形势动向没有全面的了解，他就很难执行上司的指示。从目前我国企业的实际情况来看，大多数管理者都是从基层业务岗位选拔的，他们对事务性工作很有技能，但是尚缺乏管理知识和经验，很难有效处理突发事件。这些都需要通过培训与开发来弥补，以帮助他们尽快适应新的工作环境、了解新的工作职责、习惯新的工作方法。同时，由于中低层管理人员在企业中起着承上启下的作用，他们既熟悉基层的生产与服务，也懂得一些必要的管理方法，在一定程度上可以说是最了解企业运作的员工，所以对他们进行必要的针对提高管理能力的开发活动往往可以收到较快、较好的效果。

3．初级高级专业人员

企业里一般都有法律顾问、会计师、工程师这些高级专业人才，他们有各自的工作范围，但是如果他们彼此之间缺少沟通与协调，或者与其他岗位的员工缺乏必要的交流，势必会因为理念或理解力的不同而妨碍企业运作。此外，任何知识都是处于不断更新的，专业知识更不例外，如果不能紧跟时代步伐，及时了解各自领域中的最新动态和最新知识，就会使工作陷入阻滞。

4．一般员工

他们是企业中人数最多、最直接的效益创造者，负责直接执行生产指令、完成具体的工作任务。明确岗位要求、掌握必要的工作技能、养成与企业发展相适应的工作态度和行为习惯，无论是对企业还是员工个人来讲都是十分重要的，而这些只有通过员工培训与开发才能更好地实现。同时，一般员工也是中低层管理者的主要来源，对其进行一些基本的开发活动，可以帮助他们拓展工作范围，启迪出一些好的想法，培养出一定的管理能力。

5．新员工

新员工是组织的新鲜血液，他们的到来会为组织带来新观念、新思维、新气象。但是他们对组织几乎是一无所知的，所以对他们进行员工培训与开发是必不可少的，但内容又不同于其他员工培训与开发对象，主要以熟悉、适应组织为目的，包括组织概况、工作岗位的说明等内容，更重要的是要通过开展一系列的入职培训活动向新员工宣传组织文化，培养其向心力和凝聚力，树立共同的价值观。同时，可以通过培训发展有潜力的员工，日后可根据实际情况制订培训开发计划。

这一传统分类模型的最根本缺陷表现在其赖以生存的传统狭长型组织结构已经不复存在，取而代之的现代组织结构更趋于扁平化，企业的职级日趋减少，职级的概念不断被弱化，更多强调的是成员的战略功能。因此，以这种层级为基础的培训已经越来越跟不上时代的步伐，而以战略为导向的员工培训已经成为各大企业培训的新趋势。这种趋势对员工培训与开发活动的影响体现在以下两个方面：

- 在企业方面，员工培训与开发的目标是帮助员工更有效地实施运营战略，而不是职务的提升；
- 在员工方面，特别是对于知识型员工，由于组织扁平化所带来的企业内晋升机会减少，员工在职业生涯中对企业的依赖越来越少，而更多地忠诚于自己的专业。

综合两个方面的影响，企业在对员工培训与开发的对象进行分类时必须从考虑单一维度（传统的职级）转变成两个维度（企业战略和员工专业）。

二、战略功能—专业水平分类模型

如果综合人口学、组织战略和员工专业水平三个方面的因素，企业员工培训与开发的对象可以形成一个全新而适用的模型，简称战略功能—专业水平分类模型，如图9-3所示。

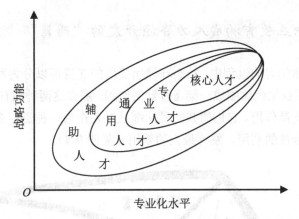

图9-3　员工培训与开发对象分类：战略功能—专业水平分类模型

通过该模型对企业人力资源进行分类，可以将企业中的员工分为四种类型，按战略功能—专业水平由高到低的顺序排列依次为：核心人才、专业人才、通用人才和辅助人才。每一类人才的定义及包含的主要人员如表9-3所示。

表9-3　员工培训与开发对象的分类、定义及主要相关人员

分　　类	定　　义	企业中的相关人员
核心人才	企业中具有战略制定功能和相关领域最高专业水平的人员，属于人口资源中的"天才"资源	<ul><li>现任执行层领导者</li><li>未来执行层领导者（高潜力的领导候选人）</li><li>公司科学家和高级技术专家</li></ul>
专业人才	企业中具有理解企业战略，制订业务计划并组织实施的专业人员，具有某一特定领域突出的专业水平，属于人口学中的"人才"资源	<ul><li>专业团队领导者</li><li>专门职能部门负责人</li><li>项目经理</li><li>技术专家（市场营销、研发、生产、财务、人力资源、物流等）</li></ul>

续表

分 类	定 义	企业中的相关人员
通用人才	企业业务计划的执行者，具有相关领域的平均专业水平，属于人口学中的"人力"资源	• 直线（业务）执行人员：销售代表、客户服务代表、物流运输协调人员、财务协调人员等 • 后台（参谋）支持人员：人力资源专员、秘书和助理、前台接待员、公共关系专员、设备维修人员等
辅助人才	企业内或企业外从事辅助工作的人员，具有基本的劳动技能，属于人口学中的"劳动力"资源	• 操作工人 • 保洁人员 • 保安人员 • 其他劳务派遣人员

第三节　不同对象的员工培训与开发对策

一、基础教育和职业教育构成人力资源开发的"两翼"

在保证和促进个体学习的过程中，社会环境所提供的支持可以分为两大类：基础教育和职业教育。如果把人的职业生涯比喻成一架飞行器的航程，那么这两种教育就像飞行器的两翼对人的终身学习发挥着支持作用。它们的共同目标都是对人作为一种资源进行有目的、系统的开发，使该资源得到最合理的利用，发挥最大的效用（见图9-4）。

图9-4　"基础教育"和"职业教育"构成终身学习的两翼

但是，作为教育的不同领域，基础教育和职业教育在理论、方法和技术等方面也存在显著的差异（见表9-4），从事员工培训与开发的专业人员只有清醒地认识到两种教育的不同点，才能深刻地理解员工培训与开发作为职业教育最重要的手段的特有的规律，如教育对象、目的、内容和形式等，在员工培训与开发实务中把握正确的方向，使用合理的策略，发挥职业教育在人力资源开发中应有的作用。

表9-4 职业教育与基础教育的区别

区别点	职业教育	基础教育
宗旨	与工作相关的特定知识、技术和态度的改善	在各个领域丰富、提升或更新个人的知识
目的	较强的功利性,强调经济的投入和产出	非经济性,强调社会效益
目标	提高工作绩效,改善职业态度,融入团队,避免事故,完成转岗	综合与复合的社会标准
中心	以学员为中心	以教师为中心
情景	特定或非正式的学习情景	正式的结构化情景
内容	知识、技能、态度并重,尤以技能传授为主	以传授系统化知识为主
时间	无固定学制,阶段性学习,时间较短	有固定学制,周期较长,时间连续
形式	无定式,多元形式	程式化的课堂教学
方法	方法多样、注重体验,强调参与和互动	讲授为主,辅之以实验等,学生参与少
重点	怎么做	是什么,为什么

资料来源:唐建光,刘怀忠.企业培训师教程[M].北京:北京大学出版社,2009:5.(作者有改动)

二、通用培训和专门培训

按照企业对员工培训与开发学习成果是否具有独占性原则,企业所提供的在职培训有两种基本类型:通用培训和专业培训(见表9-5)。

表9-5 通用培训和专业培训的经济性比较

培训类型	对企业的经济性	举例
通用培训	员工培训与开发所获得的技能对多个企业同样有用,具有外部经济性	● 一般管理类:听、说、写的技巧,项目管理等 ● 职业技能资格类:工程师,会计师等
专门培训	员工培训与开发所获得的技能只能对提供培训的组织有用,不具有外部经济性	● 企业文化类:新员工培训,产品知识 ● 企业经营哲学和战略开发类:领导力开发 ● 特种职业类:宇航员培训,导弹发射员培训等

理论上讲,给员工提供专门的培训对企业的经济性最有利,而提供适用性很强的通用培训却存在"为他人作嫁衣"的可能,通用培训的任务应该交给各类技术学院(校)完成。但现实情况是,职业技术教育制度的不完善或课程设计的不合理造成了员工在进入企业前并不能得到良好的通用技能类培训,是否提供通用培训成为企业的两难选择,这是所有企业都面对的普遍难题。但是,从企业自身经济利益和员工职业生涯发展来看,企业应在正确认识这一客观事实的基础上,暂时搁置"为他人作嫁衣"的想法,尽可能为员工提供完成工作所急需的通用技能类培训,一方面通过开发员工技能提升企业绩效,另一方面也可以体现企业的社会公民责任,增加企业在人力资源市场的吸引力乃至赢得员工的忠诚。

三、不同对象的员工培训与开发对策

在对员工培训与开发对象清晰分类的基础上,针对不同类型的人员的战略功能和专业水平要求，相应的培训对策就应运而生了（见图9-5）。例如，对于企业的核心人才，他们是未来的领导人，需要全方位地为他们制订个性化的开发方案，采用的对策以360度反馈和执行官辅导项目为主。

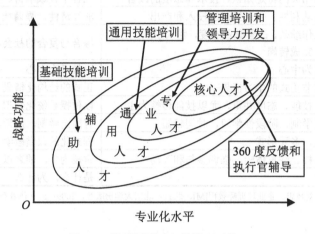

图9-5　针对不同对象的培训对策

以员工培训与开发对象的分类和针对性对策为基础，企业就可以构建员工培训与开发体系或框架用来指导员工培训与开发的具体实践。图9-6所示的金字塔可成为企业构建员工培训与开发体系框架的范例。

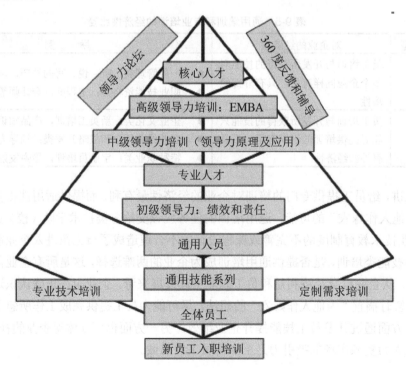

图9-6　基于战略功能—专业水平的员工培训与开发体系

1. 领导力开发

（1）领导力开发的结构化模式。领导学大师约翰·阿代尔指出："任何寻求开发领导者的组织，应该思考而且要从战略上思考'有效领导力开发的基本框架'。企业要永续经营，关键是要在团队、运营、战略三个层次上都有卓越的领导。团队的、业务的、战略的领导者要结成组织的领导团队，一起协调地合作。"这一原理对构建和实施领导力开发计划具有现实的指导意义，可以在三个层次上为企业培养胜任的领导团队，并提供相应平台实现领导团队的社会化。表 9-6 显示了结构化领导力开发的模型。

表 9-6　结构化领导力开发模型

员工培训与开发对象	员工培训与开发项目	内容描述
专业人才	初级领导力（管理培训）	● 责任心：角色的转变，成为公司的代理人 ● 绩效观：个人→团队→组织绩效观的转变 ● 管理技能：计划、沟通、激励、决策等
专业人才	中级领导力	● 领导力原理：领导—管理—执行 ● 企业运营机制：模式和诊断 ● 战略理解和运营计划
核心人才	高级领导力	● 执行官开发项目（EMBA）：内部或外部 ● 360 度反馈和辅导项目：外部专业教练 ● 行动学习小组

（2）领导力开发的方法。领导力大师沃伦·本尼斯对全球 350 多家企业的领导力开发问题进行了研究，在《领导力开发指南》一文的开篇列出了领导力开发计划所共有的一些关键内容。这些内容是每个组织成功实施领导力开发的重要"原料"，如表 9-7 所示。

表 9-7　在制造业和制药业有重要影响的八家企业的领导力开发计划的关键内容
（按影响力大小排序）

1. 行动学习
2. 跨职能的岗位轮换
3. 360 度反馈
4. 接触高层管理者
5. 外部辅导
6. 全球范围岗位轮换
7. 参与企业的战略会议
8. 正式的导师制
9. 非正式的导师制
10. 企业内部的案例研究
11. 高级工商管理硕士（EMBA）
12. 快速晋升
13. 讨论会

（3）领导力开发应用。
① 初级领导力开发（管理培训）。绩效和责任是领导力的基石。绩效是公司生存和发展的理由，因此，每位领导作为公司的代理人，对绩效的理解必须从个人绩效延伸至团队绩效和组

织绩效，对责任的理解必须是超越一般职责的终极责任，也就是说，不仅对过程负责，更要对结果承担义务。绩效和责任构成了设计初级领导培训项目的出发点。

② 中级领导力开发。领导力原理：在理论界和商业教育中，关于"管理"和"领导"孰重孰轻的争论至今尚无定论，但对于企业来讲，并不关心"管理"或"领导"是什么，而更关注"做什么"，并且用结果来衡量"做"得如何（有效性）。因此，企业在构建和陈述领导力原理时，应当"以行动为中心，以目标为导向"。例如，某公司的领导力原理由三部分行动组成：用愿景领导人（Leading People by Vision）；用程序管理事（Managing Thing by Process）；用测量追踪结果（Following Results by Measurement）。取每个短语的英文首字母，简称 L-M-F 模型。

企业运营机制：模式和诊断。领导力的作用对象是企业运营的具体环节上的事和人，离开企业具体的运营环境谈论领导力无异于纸上谈兵。中级领导力项目旨在培养领导者在业务运营中胜任两种角色：第一种是"建筑师"，在开发和领导一个全新的业务时，能够构建该业务的框架并使其运作起来；第二种是"全科医生"，对现有业务全面诊断，找出"病兆"，对症下药，使业务能够良性可持续发展。图 9-7 展示了领导力原理应用于业务运营的模式。

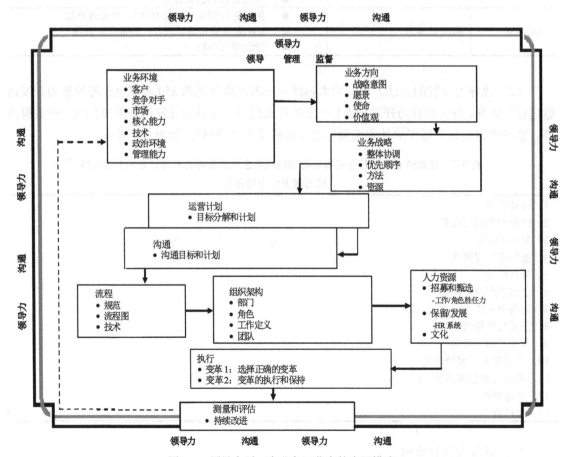

图 9-7 领导力原理在业务运营中的应用模式

③ 高级领导力开发。高级领导力开发是为了培养公司未来的接班人，员工培训与开发高度上升到商业哲学和企业战略层次。这一层次的员工培训与开发以商业化执行官开发项目（EMBA）占据主导地位。但是，世界上著名的大企业越来越认识到培养未来的领导人的责任不能交给其他人，而应该由企业自己承担，于是纷纷建立起企业自己的领导力学院，通过与外部机构合作开发适合企业文化和发展战略的内部 EMBA 计划。

企业借鉴"现代管理之父"彼德·德鲁克的管理思想形成其商业哲学和战略实践，并通过成立内部 EMBA 学院来全面、系统地开发领导力。在采用外部 EMBA 先进理念的同时，内部 EMBA 项目具有以下三个鲜明的特点。

- 采取"领导—教—领导"的授课模式。企业现任 CEO 及其领导团队成员是授课教师的主力军，这种授课模式既促进了现任领导们通过反思来学习，又保证了公司商业哲学和领导文化的传承。
- 项目采用小组行动学习为主要形式。这一点有别于外部 EMBA 项目采用案例研究方法，表 9-8 显示了行动学习与案例研究的区别。
- 新战略的形成。不采用外部案例，而是研究和解决现实管理问题，新的战略或战术竟由此直接诞生。即使不能直接产生新的战略或战术，项目小组从不同的角度对问题的分析也给管理层拓宽思路，为最终决策提供有益的信息。

表 9-8　行动学习与案例研究的区别

行动学习	案例研究
解决组织的现实问题	研究教课书上的案例
加速学习和解决任务的团队	加速学习的团队
由学习者主导进程，并对最终结果负责	由教师主导进程，对结果是探讨性的研究
动态开放的环境，包括内外部利益相关者	封闭的环境，只在现有资料基础上
学习和成果并举	只关注学习
个人和组织同时直接收益	个人直接收益，组织收益不确定

④ 领导（力）的社会化。针对不同对象的领导力开发还存在最后一个重要环节——如何加强领导（力）的社会化，使操作、运营、战略领导者以及高级技术职能专家之间进行面对面的沟通交流，激发团队精神和归属感，构建领导力学习、分享和借鉴的社会化平台，是组织学习行之有效的手段之一。典型的领导力论坛的议程由六部分组成（见表 9-9）。

表 9-9　领导力论坛的主要议程

议　程	内　容
来自 CEO 的信息	即时沟通企业的业务和战略，使所有领导者面对现实，从更高的层次理解、管理和执行相应层次的业务
公司财务绩效沟通	增强绩效的紧迫感和责任感，使增长战略的执行可以量化和管理
公司人力资源沟通	树立和不断强化"人是公司第一资源"的理念，每位领导者要面对激烈竞争的人力资源市场，主动承担起人力资源规划、管理和开发的责任
优秀团队领导力分享	构建"社会认同"：激励优秀团队，同时树立标杆以供其他团队借鉴。展现"继任者计划"：优秀团队的领导者的领导力在特定场合得到展现，也成为公司领导者继任者计划的重要一部分

续表

议程	内容
与公司高级管理团队对话	一线管理人员针对公司管理中的任何问题，可以面对面地向高层管理团队提出，得到高层管理团队的答复；同时高层管理团队也可借此倾听来自各地区和各部门的建议
领导者之间的社会化活动	有利于在非正式的轻松氛围下建立良好的社会关系，提高领导者对团队和公司的归属感

2. 员工通用技能培训

普通员工是企业战略执行层面的大军，是企业的宝贵资源，他们的能力的高低决定了企业战略执行能力；普通员工也是企业人才库的重要来源，是企业长远发展的动力保障。一个好的普通员工发展体系也将很好地提升企业的雇主品牌和员工敬业度，从而提升企业的核心竞争力。

通常企业的普通员工与管理人员的比例为7:3，而在员工培训和开发投入比例上，企业通常的做法是将70%的人力和财力投入到管理人员培训与开发上，特别是对高潜力的领导人开发的投入。例如，提到管理人员的开发，一定会谈到丰富而"昂贵"的管理和领导力培训。那么占人员总数70%的普通员工该如何在剩余的30%的资源情况下发展呢？

（1）导入"70—20—10"混合式培养理念。"70—20—10"混合式培养理念最早是于20世纪80年代末由Morgan McCall，Robert Eichinger和Michael Lombardo在研究组织能力的时候提出来的，他们认为组织能力和领导力的培养模式是多样化的，不只是常规的培训就可以培养出来的，具体如表9-10所示。

表9-10 "70—20—10"混合式培养理念

能力来源	所占比例/%
日常工作	70
导师、企业教练、上级经理和同事的反馈与影响	20
常规的课堂学习、研讨会、读书等	10

该理念一经提出后在众多国际著名企业得到广泛关注，经过20多年的实践，证明了这一理念的有效性，该理念已经被称为企业员工发展的一般法则。

该理念尤其适用于普通员工的培训和开发，其最主要的原因是可以帮助企业很好地介绍普通员工发展的策略，即员工若需要得到成长和发展应该把70%的时间和精力放在做好本职工作或者找到适合自己的工作来发展自我，把20%的时间和精力放在向同事或领域专家学习来发展自我，求助于培训的比例应该是10%。而相应的企业在推行该法则的时候，员工开发的职责是由员工个人、员工的直接上司和人力资源部一起来承担的，即70%的部分由员工自己和直接上司来承担，20%的部分由员工和导师等辅导人来承担，其余10%由员工和人力资源部或学习方案提供者来承担。具体而言，员工主要的职责是成为自我职业开发的主人，明确自己的职业发展方向和所需要的技能；直接上司是促进和推动者，帮助员工把握在企业里的职业发展方向，正确引导，辅导员工发展；人力资源部门创造有利于员工开发的学习环境并确保资源得到有效利用。"70—20—10"培训和开发模式可以图9-8来表示。

图9-8　员工培养职责三角

因此，导入"70—20—10"混合式培养法则对企业和员工而言，可以避免形成"员工发展就是培训"的误区，正确的解释是"员工发展涵盖了包括培训在内的很多方式，员工发展是员工、直接上司、人力资源部门共同的事业"。这样，企业的普通员工不仅可以拥有多样化的培养方式，在发展员工的同时又培养了经理辅导下属的能力，做到组织学习，而且人力资源花在普通员工培训上的开销也可以更加有针对性地投入。

（2）实施员工自我职业发展规划。员工自我职业发展规划（Individual Development Plan，IDP），是企业开展普通员工发展工作非常实用的一个工具和模型。企业实施 IDP 的好处是能够让员工掌管自己在企业里的职业生涯和发展。具体的做法是设计出一套 IDP，结合公司的胜任力模型和能力提升模型，帮助员工寻找自我绩效、行为和技能的缺陷（Gap），然后结合企业现有的"70—20—10"培养资源选择合适的自我发展方式。IDP 的制定是由员工和直接主管一起来完成的，要求以一对一的面谈来完成，人力资源学习和发展部门负责监督和提供咨询服务。IDP 通常是年初制定，与员工的绩效管理统一执行，实施周期为一年，确保 IDP 得到切实管理和有效执行。

推动 IDP 发展的前提是企业已经有很好的职业发展规划方针和学习发展体系，因此，IDP 的实施也很好地验证了企业"70—20—10"混合发展模式的有效性。例如，在金融危机发生时，大多数企业大幅度削减了人力资源成本，员工培训与开发支出首当其冲。在这个时期的 IDP 中，企业应强调和鼓励员工多尝试"70—20—10"培养方式，推出了除培训之外的 11 种培养"菜单"供员工在制定和实施 IDP 时参考（见表 9-11）。

表9-11　员工培训与开发"菜单"

"70%"——通过工作任务学习
● 改善本职工作绩效
● 参与项目小组，承担某一专门任务
● 作为自己专业领域内的培训师

续表

- 参与相应的决策流程
- 岗位轮换
- 在论坛上发表演讲

"20%"——通过社会化学习

- 教练辅导
- 改善在团队中的影响力
- 获得同事反馈

"10%"——通过教育和培训学习

- 阅读
- 课堂培训

（3）建立有效的通用员工培训与开发体系。由新员工培训和通用技能培训两大部分构成通用员工培训体系的框架（见图9-9）。

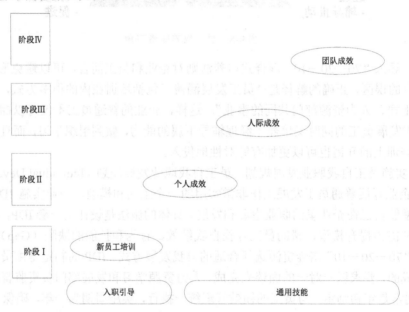

图9-9 通用员工技能员工培训与开发框架

① 新员工培训。新员工培训是每个企业必不可少的培训项目，是新员工进入企业的"第一课"。传统的做法是在新员工加入企业后立即用1~2个星期的时间进行准军事化的强化训练。但是，反思这种传统的做法，实际上只是将新员工"扶上马"，接下来就让新员工"信马由缰"了。根据新员工在企业社会化过程的规律，仅仅"扶上马"是不够的，还必须"送上一程"。体现在时间周期上的要求包括员工试用期和试用期后的4个月，项目分为两个阶段和五个模块（见图9-10）。

② 通用技能培训。通用技能的培训体系建立在将员工个人学习意愿和组织发展的需求（企业战略和胜任力模型）相结合的基础上，这样的体系兼顾企业绩效和员工发展两个方面的需求。因此，与新员工培训不同的是，通用技能培训更多是"选修课"。

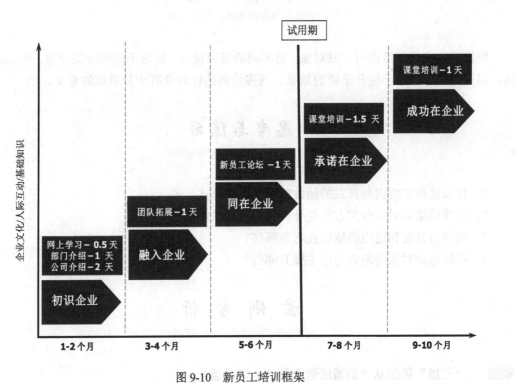

图 9-10 新员工培训框架

员工通用技能培训体系的构建基础是员工胜任力模型，在企业胜任力模型要求下，设计时一般细分为三个主要能力的体系：个人成效系列（Individual Effectiveness），人际成效系列（Interpersonal Effectiveness），团队成效系列（Team Effectiveness）。

每个能力体系分别针对不同的胜任力要求而设计相应的培训项目（见表 9-12）。

表 9-12 通用能力系列和培训项目

通用能力系列	培 训 项 目
个人成效系列	● 时间管理 ● 压力管理 ● 设定目标技巧 ● 市场营销基础
人际成效系列	● 倾听技巧 ● 影响力基础 ● 培训培训师
团队成效系列	● 项目管理 ● 会议管理 ● 建立高效团队

在实施相应培训项目的时候，应用了网上学习和课堂培训两种模式，同时根据企业战略的重点标明哪些培训是必须要参加的，哪些培训是自由选择的。

本章小结

根据不同的员工培训与开发对象，有不同的培训策略。针对不同的分类对象，应该采取不同的培训方式，这对于提升培训的效果、增强培训的针对性有十分重要的意义。

思考与练习

1. 什么是员工培训与开发的绩效范式和学习范式？
2. 传统的培训对象分类方法是什么？有哪些缺陷？
3. 领导力开发和通用的培训技巧有哪些？
4. 不同培训对象的培训方法主要有哪些？

案例分析

案例一："三星"集团从"质量经营"到"人才经营"

十年是短暂的。然而，三星正是利用了短短的十年时间一举跻身世界级跨国企业的行列。而在实现这一目标的过程中，三星人才的开发与培养建设功不可没。

三星根据在21世纪国际竞争中"只有一流企业才能生存"的理念，把长期目标锁定在"世界一流企业"上。十年前，三星实行"新经营"，其核心可归结为"质量经营"；如今，三星响亮地提出了"人才经营"、"天才经营"的新战略。如果说前十年三星是以产品质量取胜的话，那么今后十年乃至更长时间内三星选择的是"人才制胜"的道路。

20世纪90年代，在公司创始人的倡导下，三星建立了"地域专家培训制度"，每年派出一定数量的员工到国外考察、研修，以扩展视野，增强国际经营能力。现在，三星已有2 500多名地域专家活跃在世界各地，成为开拓市场的主力军，他们个人素质的提高最终转换成企业的竞争力。三星"人才经营"新战略遵循的正是"人才制胜"的基本法则。

追求天才 重视人才

三星的"人才经营"战略把掌握"天才"或"天才"级人才放在首位。公司创始人认为，"天才"每万人、十万人当中可能选出一个，韩国最多能有四百至五百名。但是，一名"天才"能养活十万、二十万人。"天才"开发出一个软件，一年轻而易举地就能赚几千亿美元，可以创造几十万个就业机会。"天才"级人才能够肩负企业的未来，能够使国家具有一流的国际竞争力。

公司创始人强调天才要拥有想象力和创造性。他说，"天才"不光是会读书，读书拿百分，而是想象力达百分，既会潇洒地玩，又能高效地学习；或许会有点"狂劲"，但必须有杰出的创造才能。用一个生动的比喻来说明"天才"与"人才"的区别:"天才"看见马车就会萌发制造汽车的想法,而"人才"则能把这一想法同交易和经营联系起来。

千军易得,一将难求。"天才"毕竟是凤毛麟角。但是,三星并非把企业命运全部押在"天才"身上。"天才"是追求的目标,是要求的尺度;在"天才"出现之前,希望还是寄托在"准天才"和那些具有创造精神的优秀人才身上。三星靠不懈的努力,目前已拥有不少具有世界一流技术水平的"准天才"级人才和一大批企业首脑、技术专家和专业经营者,正是这些人支撑了三星的大厦。

三星对"人才"的要求同样重视创造性。一个企业经营者应该具备诚实、创新、负责、正直、专业五项素质,而其中最重要的是"创意",即具有创新和开拓意识。作为人才,可能存在的四大毛病令人讨厌,即撒谎、诡辩、死不认错和扯人后腿,因为它扼杀自己和团队的创造性,是创造性的大敌。

三星认为,担负企业未来的"人才"应该具有应对变化的洞察力,抢占先机的战略意识,革新和追求挑战的精神,高附加值信息的收集和传播观念,以及国际化的广阔视野。三星计划培养的人才包括五种类型:"天才"、理工科技术人才、妇女人才、有"特性"的人才及国际型人才。

求才若渴　育才有方

三星会长认为,吸引优秀人才是企业应对未来挑战的最重要战略,作为企业经营者必须高度重视,亲自动手。他不间断地大量翻阅国外有关半导体、电子等科技杂志、书籍,同各国专家广泛交流,从中物色人才和获取人才信息,一有所获就马上指示用人部门进行考察。对职能部门推荐的重点人才,他坚持亲自面谈考察。一旦认定是所需要的人才,就不惜三顾茅庐,再三劝说,非挖到手不可。

三星能够促进内部人才世界化。三星派往海外研修的"地区专家"、派往国外攻读 MBA 课程的员工不断增加。去年建立的"李健熙讲学财团"也决定加强育才力度,对选拔的一百名赴海外留学的"核心人才"培养对象,在原定提供学费和生活支援的基础上,从今年起再提供研究开发费支援,帮助其扩展研究领域。

三星能够吸引人才、留住人才,关键在于能够为人才提供一个良好的事业发展环境,使英雄有用武之地。三星不讲学缘、地缘,只看业绩、贡献。切实落实重奖人才的制度,在企业内部形成了"赶超先进,力争一流"的氛围。

资料来源:徐芳. 员工培训与开发理论及技术[M]. 上海:复旦大学出版社,2005:4.

讨论题:

1. 根据三星集团培训的基本情况,三星培训对象主要是哪几类?
(提示:培训对象的分类)

2. 对三星集团不同的培训对象,应该采取怎样的培训策略?
(提示:不同对象的培训策略)

3. 领导者亲自授课培训在现代公司是一个非常有效的方式,三星集团也逐渐开始采取这样的方式,你认为这种方式的优点在哪里?
(提示:与培训外包或者外聘培训师进行比较)

案例二：东百集团的培训分类

福建东百集团股份有限公司位于福建省省会福州市最繁华的东街口，是一家创建于1957年的大型商贸企业。1992年东百集团开始进行规范化股份制改革，并于1993年10月公开发行股票。东百集团自在上海证券交易所上市以来，已由单一的经营百货业发展成集国内贸易、广告、租赁、进出口、高新技术为一体的大型企业集团。东百集团坚持以"市场为导向"作为企业经营理念之一，努力营建"一流商品、一流服务、一流环境、一流管理"的服务体系。

对于历史悠久的东百集团来说，其经历了由计划经济向市场经济转变的全过程。面对激烈的市场竞争，不论是商品、服务、环境还是管理，归根结底是员工综合素质水平的竞争。随着公司的不断发展和壮大，老员工要跟上新的形式，更新知识；而不断充实进来的新员工急需提高业务技能和了解企业文化，迅速融入企业，使企业团结向上、充满活力和希望，所有这些成为东百集团人力资源管理的首要课题。

公司领导从实践中领悟到：通过员工培训，一方面可以帮助员工充分发挥和利用其潜能，更大程度上实现自身价值，增强对企业的责任感；另一方面可以提高工作效率，增强企业的活力和竞争力。

员工的培训和教育是企业抓根本、管长远、打基础、上水平的大事。因此，在实际工作中，由总经理亲自挂帅，工会主席具体分管职工教育培训中心，形成以培训中心为主体、各职能部门分工协作、齐抓共管的立体交叉的人才培训网络系统。为了将培训工作落到实处，把教育与培训工作作为单项指标列入经理任期目标责任制，进入公司重要议事日程。

公司围绕"全面提高企业职工素质，服从服务企业经营发展"这一职教目标，认真制定职工教育培训长远规划和短期目标，建立健全了一整套保证职教目标实现的规章制度，制定了职工教育条例、长期和短期培训制度、考核制度、奖惩制度。其中规定一般员工每年要保证10天的培训时间，中层以上领导干部培训时间不少于20天。为使培训不流于形式，实行"两挂钩制度"，即：职工培训与岗位技能工资挂钩；考核成绩与晋级、升资、职务挂钩。一系列规章制度均提交工会职代会审议通过，从而使教、学、用、考、奖走上有章可循的道路。

东百集团的培训方案如下。

1. 岗位培训

公司根据"干什么，学什么；缺什么，补什么"的原则，定期培训柜组长、中级技术工人，培训面100%，使员工的岗位技能水平不断提高，把好新员工"先培训，再上岗"的关，并根据业务需要，及时进行企业文化、相关法律法规、安保知识、服务规范的学习。

2. 等级培训

集团对营业员实行等级上岗制度，营业员共分为见习、初级、中级、高级四个等级。营业员实行动态管理，坚持每两年一考，从政治素质、业务能力、服务态度、完成任务四个方面综合考评，评定结果张榜公布，并直接与年终荣誉评定和经济利益挂钩。

3. 超前培训

针对对外开放需要，公司还开办了为期三个月的商业柜台英语口语培训班，编印了具有"东百"特色的柜台英语会话三百句，通过培训，大部分学员已能直接接待外国顾客。

4. 中层干部培训

为使中层干部更新知识、开阔眼界、提高管理能力，集团先后开办了领导艺术、营销战略、公共关系、商业法规、信息技术等培训班。

随着集团经营的迅速发展，需要一大批高、精、尖的营销专业人才。公司决定和福州商贸高级职业中学实行联合办学。双方在资金、生源、师资等硬软件设施上优势互补，使"东百"的职业教育工作上了一个台阶。近几年来，集团和商校联办了计算机、商业会计、市场营销、财会电算、商贸业务、广告信息、电器维修等学科，毕业的优秀学生被集团优先录用。通过联办的方式，不仅花钱少、产出快，而且实用性强，收到了事半功倍的效果。

资料来源：http://wenku.baidu.com/view/8ce7d4d6c1c708a1284a4487.html

讨论题：
1. 东百集团的培训分类方式是否合理？存在哪些问题？
（提示：培训的分类的合理性）
2. 你认为应该如何完善东百集团的培训体系？
（提示：培训对象覆盖不全面）

第十章 员工培训课程开发

【本章关键词】
　　培训课程；开发

【学习目标】
　　❏ 了解：培训课程开发的相关概念。
　　❏ 熟悉：培训课程开发的基本流程。
　　❏ 掌握：设计培训课程的技巧，培训课程实施的方法。

培训课程不该割裂企业问题

　　高级经理培训市场正在成为商学院的盈利点，其收入往往占到国外一流商学院学费收入的65%~70%。在新的管理形势下，原有的经理人培训课程需要怎样的改进？

　　某专家曾咨询一些企业："你们遇到的最大挑战是什么？增加收入？"许多企业的回答是："不仅是增加收入，更要增加利润。"但利润增长的过程不仅需要营业额的增加，还要在生产过程中提高生产效率，降低生产成本。在企业中，如果财务出现问题，人们会说："是财务部门的问题。"市场部门、生产部门等其他部门也是如此。整个企业要获得利润的增长，是哪个部门的问题呢？是每个部门的问题。许多培训课程以独立的模块授课，将企业面临的问题割裂，如财务课程、领导力课程、生产管理课程等。但在实际商务过程中，问题是综合的，只有多元化的课程才能帮助企业解决错综复杂的难题。

　　而新型管理培训方式面临最大的挑战是什么？

　　传统的高级经理人培训包括公开课和企业内部培训课程。公开课是基于个人发展的培训项目，企业内部培训课程是针对公司的需求量身定做的，但需要整合各个领域的教授共同授课，为复杂的企业难题提供解决方案。所以这种项目分为六个模块——成长驱动力、聚焦顾客、品牌大使、客户解决方案、执行愿景、批判性思考，它们既独立又相连。新项目在第一个阶段最大的挑战是开发业务，到了第二个阶段便是需要有足够的教授资源。

　　资料来源：http://blog.hr.com.cn/html/33/n-21933.html

第一节　员工培训课程开发概述

在国外，课程（Curriculum）一词来源于拉丁语，指"跑道"，意为如同骑手赛马需沿着一定的跑道才能到达目的地一样，学习者也必须沿着"课程"这条学习的跑道前进才能达到预定的教育目标。随着教育事业及理论的不断发展，国外许多学者对于课程的定义有多种说法，如将课程看成是"学问和学科"、"书面的教学活动计划"、"学习经验"及"预期的学习结果或目标"等。

在我国，"课程"一词始见于唐宋年间，用于指课业及其进程，含有学习的范围和进度的意思。关于课程的定义，国内比较多的是把它看做是学校教学科目的总和及一些课外活动。我国学者蒋乃平在总结国内课程研究结果的基础上，以钟启泉先生的课程定义为基础将课程定义为：是对育人目标、教学内容、教学活动方式的规划和设计，是教学计划、教学大纲和教材全部内容及其实施过程的总和。

根据上述定义，我们可以演绎出企业培训课程的定义：企业培训课程是对企业培训目标、培训内容、培训活动方式的规划和设计，是培训教学计划、培训大纲和教材全部内容及其实施过程的总和。企业培训课程的目的是通过培训提高员工的知识、技能以达到企业战略发展需要。它在目标上具有服务性和经营性，在设计上具有实践性和针对性，在执行上需要经验性，在评价上有功利性和时效性的特点。企业培训课程根据其不同阶段的目的而有不同的类型，具体包括：旨在让新员工熟悉企业规范、操作流程、岗位职责的入职培训课程；旨在提高企业员工岗位工作知识、技能的素质拓展课程；旨在宣传公司企业文化、公司规范、政策制度的企业基础课程。

一、企业培训课程的要素

企业培训课程的构成要素同一般课程的要素一样，过程均涉及目标、内容、模式、策略、评价、教材、学习者、执行者、时间及空间几大要素，但在界定及选择上又有所不同，这主要是由企业培训课程的独特性决定的。

1. 课程目标

课程目标是企业培训课程本身要实现的具体要求，是学习者通过一定阶段的学习在知识、技能、态度等方面所要达到的程度。课程目标提供了学习的方向和学习过程中各阶段要达到的标准，它们通常是通过联系课程内容，以行为术语表达出来，而这些术语通常属于认知范围。例如，我们所熟悉的课程教学大纲中最常用的"识记"、"了解"、"熟悉"、"掌握"等认知指标。但是，根据布卢姆教育目标分类学理论，情感领域中的目标，如价值、信念和态度等，虽然可以在课程的设计中设法表述出来，但在实际中通常被忽略。课程目标是课程设置的灵魂，课程目标设置的合理性直接关系着企业培训课程开发与实施的成败，很大程度上影响着企业培训的实际效果，它通常由企业的发展目标及员工的具体需求共同决定。

2. 培训课程内容

培训课程内容是以实现课程目标为出发点去选择并组合相关资源，课程内容的选择应与公司的政策和计划目标保持一致。在课程内容的组织上应注意内容的顺序和范围，顺序指内容在垂直方向上的组织，而范围则是对课程内容在水平方向上的安排。内容范围要精心地限定，使内容尽可能地对学习者有意义并具有综合性，而且还要在既定的时间内安排。培训课程的内容应该是学习者可以立即运用的，否则实用性就很差。

3. 培训教材

培训教材应以精心选择或组织的有机方式将学习的内容呈现给培训者，符合学习者的实际，能够呈现足够多的信息。培训教材因承载信息的载体不同可以分为纸质教材和多媒体教材。在培训课程开发的实际过程中，可以根据内容和学习者的特点选择不同类型的教材或综合运用多种类型的教材。判断教材优劣的主要标准在于：内容丰富性、科学性、针对性、实用性及可操作性。

4. 课程模式

课程模式主要指课程的执行方式，是学习活动的安排及教学方法的选择，旨在促使学习者的认知结构、行为特征及态度发生变化，促进其综合素质的全面提高。

5. 课程教学策略

目前，学术界对教学策略的理解还没有形成统一的认识。但大多数学者认同这一观点，认为教学策略是指在教学过程中，为了完成特定的目标，依据教学的主客观条件，特别是学习者的实际，对所选用的教学顺序、教学活动程序、教学组织形式、教学方法和教学媒体等的总体考虑。教学策略包括教师"教"和学习者"学"的策略。一个被普遍运用的教学策略是"判断—指令—评价"。在这一策略中，教师分析学习者的学习进展情况，判断他们遇到了什么困难，对学习顺序的下一个步骤发出指令，当学习者完成指令后，教师作出评价，确定他们是否掌握了课程设计的学习内容。由于企业培训目标、对象的特殊性，因此在教学策略及方式的运用上应更加灵活、多样。

6. 课程评价

课程评价主要是对课程目标、实施过程及实施效果的评价。评价应采用定量与定性相结合的方式进行，应尽可能地实现量化，可以衡量到可观察的行为。此外，还应将过程评价与结果评价相结合，灵活地选择与运用多种评价手段与方法。

7. 学习者

学习者，即受训人员。学习者的学习需求是企业培训课程开发的主要依据，因此需要对学习者的学习背景、工作岗位特点及所需要的知识、态度和能力进行调查与分析，才有可能开发出让学习者感兴趣的课程。

8. 执行者

执行者，即理解培训课程设置及开发目的的培训师。在现代企业培训中，培训师的作用及地位愈来愈突出和重要，因此培训师的选择十分重要。不同培训师有不同的教学特点、风格及能力的专长，有的培训师是企业中高层管理者，有丰富的实战经验；有的培训师是大学的教授，有丰富的理论知识和框架结构；有的培训师的培训技巧和引导技巧好，善于运用教学方法将复杂的理论讲得很简单，很容易被学习者吸收和掌握。因此，要根据课程目标、内容和学习对象特征综合考虑对培训师的选择。

9．时间

培训课程应当在计划好的时间内完成目标要求。因此，课程开发者要巧妙地配置有限的课程时间，培训师要使学习者在整个课程执行期间积极地参与学习活动，充分利用时间。

10．空间

空间，在这里主要是培训的场地。培训场地的选择、场地的大小、舒适度、布置等，对营造良好的学习环境具有十分重要的意义。

二、企业培训课程开发的概念和特点

1．企业培训课程开发的概念

课程开发是指使课程的功能适应文化、社会、科学及人际关系要求的持续不断地决定课程、改进课程的活动与过程。它除了包括目标、内容、活动、方法、资源及媒介、环境、评价、时间、人员、权力、程序和参与等各种课程因素外，还包括了各种因素之间的交互作用，特别是包含了课程决策的互动和协商。培训课程开发泛指设计、编制、实施、评价等一系列过程，广义的培训课程开发包括对培训内容本身、培训方式、培训媒介、培训资源等一系列与培训有关的元素的开发。企业培训课程开发一定要以相关的教育理论和课程设计思想为指导，以实现企业组织、学习者对课程学习的目的为目标，对课程的各要素及所需资源进行整体的规划和设计进而形成具体的课程，并按照设计的学习活动的一系列程序实施课程，最后对课程结果进行评价。

2．企业培训课程开发的特点

企业培训课程开发除具有一般课程开发的特点外，还具有一些符合企业培训自身的特点，如课程目标针对性强、课程内容专属性强、案例教学多、学习者高度参与，这是由企业培训的目的及学习者的特征所决定的。企业培训的目的是实现企业的战略发展目标，而培训课程的开发及实施是实现这一目标的有效途径。此外，培训课程的开发还应遵循成人学习者学习的特点，应特别注重前期的学习者分析。

企业培训课程开发具有很强的目标针对性。企业培训课程不同于学校的基础教育课程，培训课程多为目标明确的短期性专题课程，它不是以学科知识体系学习为重点，而是以企业阶段性具体发展目标及学习者学习需求为核心，因此培训课程的设计不是以章节为线索，而是以企业发展过程中具体的问题来组织。企业培训课程应根据不同的发展目标、员工状况开发不同类型的培训课程。例如，企业须依据其发展动态环境开发一般性课程（如企业文化、制度等）及发展课程（如公司最新营销方案、产品等）；企业还须根据员工的不同的工作岗位（如营销、管理、研发等课程）及岗位工作水平（基础类、提高类）开发不同的课程，这些课程都有严格的应用范围及学习对象，因此课程内容在选择上都有不同的重点及取向，具有极强的课程专属性。

企业培训是让员工通过课程的学习达到增长知识、提高工作技能的目的，掌握新知识、提高新技能固然重要，但学习其他员工的实际工作经验更为重要，这有利于解决工作中的实际问题。因此，进行企业培训课程开发时要认真设计与组织大量的实际案例，让学习者在分析、讨论真实案例的过程中完成学习。另外，学习者参与企业培训课程开发的全过程：分析阶段，学习者参与需求分析的确立；设计阶段，学习者参与教学策略的制定；开发阶段，学习者参与课程资源的选择及制定；实施阶段，学习者参与课程的学习；评价阶段，学习者参与课程的评价及后期应用。总之，学习者不仅是课程的使用者，也是课程的开发者，他们根据自己的工作经验，对课程开发提出建议，影响着课程开发的方向和内容。

三、企业培训课程开发的一般原则

要开发出符合企业现实需求的优质培训课程，应遵循许多的操作原则，其中，应特别注意以下几个方面。

1．战略性原则

企业培训的目的之一就是通过培训让员工适应企业未来的发展方向，因此，企业培训课程的设计及开发应具备一定的前瞻性和战略性，能创造性地将企业的未来发展目标很好融入到企业培训课程中，让员工在课程学习中潜移默化地体会及把握企业的发展动向。

2．立足实际的原则

培训课程开发必须立足企业发展的实际情况及员工的现实情况，详细地做好课程开发前期的需求分析工作，以便开发出能够解决实际问题的具有针对性的培训课程，充分节约和利用企业的宝贵资源达到企业的培训目标。

3．以学习者为中心的原则

员工是企业最重要的资源，同时员工拥有的宝贵工作经验、生活阅历、见解感悟也是培训课程开发最实用的资源。在课程开发过程中应积极引导学习者结合工作实际发表自己对课程设置、设计及实施的看法及建议，激发学习者的主人翁精神，让学习者明白自己不仅是培训课程的学习者，也是培训课程的开发者。

4．以绩效为导向的原则

培训的目标是促进员工知识、技能和态度的转变，因此，在开发培训课程的同时应注重评价的设计，让学习者通过评价发现自己的不足进而加以改正。评价方法应力求全面、全程，确保目标达成，提高培训投资效益。

5．注重活动设计的原则

为了保证培训效果，培训课程开发应不仅注重让学习者在课程中学，而且也要让学习者在课程中做。课程中穿插的活动应将趣味性、教育性结合起来，让学习者通过活动去理解、运用所学的知识、技能，促进学习成果的转化。

6．个性化原则

个性化原则就是应针对不同的目标、不同的学习者开发不同的培训课程，符合个体不同的学习需求。

四、企业培训课程开发的现状

美国管理新闻简报发表的一项调查指出：68%的管理者认为由于培训不够而导致的技能低

水平正在破坏企业的竞争力；53%的管理者认为通过培训明显降低了企业的成本支出。由此可见，培训的作用及地位越来越受到企业认可及重视。由于我国企业培训事业起步较晚，无论在理论研究还是实践应用领域与西方发达国家均存在较大的差距，致使我国企业培训事业发展过程中存在诸多问题，如：企业缺乏对培训的正确认识，培训形式单一，培训课程随意，没有完善的企业培训体系，缺乏培训评估机制等，这些都困扰着企业培训事业的正常发展。

企业培训课程作为将企业的培训目标与具体课程目标、资源等联系起来的桥梁，在培训研究与应用中起着非常重要的作用。由于培训对象是各方面都已成熟的成人，其学习的动机、环境以及影响学习的因素等都很复杂，造成了培训课程开发多样化的特点。此外，由于企业培训课程要以实现企业组织发展为目标，因此课程具有周期短、实时更新、战略性特点。这一切都使得企业培训课程的研究具有太多的不确定因素，给企业培训课程的开发带来了诸多困难。目前，企业培训课程开发存在的问题主要有以下几个方面。

1. 缺乏理论思想的指导

目前，在企业培训课程开发这一领域的相关理论研究及实践操作模式较少，符合我国国情的更是稀少，致使培训课程缺乏理论及实践指导，造成诸多企业照搬其他企业培训课程或学校教育课程的现象。课程观念的滞后，对课程目标、功能的定位不明晰，导致企业培训课程的结构、内容、组织方式和方法、手段等难以摆脱单一、陈旧、传统、效用低下的怪圈。缺乏对课程开发理论、模式、实践的探索研究，忙于盲目照搬，不仅脱离了企业发展的实际，而且也易导致培训效果不明显，培训工作流于形式。

2. 培训课程内容缺乏针对性、实用性

培训目标、培训内容、培训对象、培训环境以及培训资源的不同，决定了培训课程应具有多样性及针对性。但是，大多数企业培训对员工仍实施集中的、统一的"一刀切"式培训，并未根据不同的工作内容和工作层面的受训人员采取具有针对性的培训内容。这种"一刀切"式培训不仅抹杀了学习者个性化的学习需求，还激发了学习者对培训的厌倦情绪，从投入产出比来讲，这种投入对于员工与企业是不划算的。此外，培训课程的内容陈旧、单调，一方面无法满足学习者的学习需求，另一方面也无法将企业最新的发展动态融入课程中，且在课程实施策略上，仍沿用"讲授为主，缺乏互动、双向交流"的传统教学策略，无法激发员工的学习兴趣，造成了资源的极大浪费。

3. 培训课程开发忽略了学习者的"主体"地位

从一些实际情况来看，某些企业的培训课程的设置、开发及实施通常是由某些领导或培训专家说了算，虽然他们对企业的生产和发展看得比较清楚，定下的一些培训课程也较为实际，但他们往往忽视了员工这一培训主体的培训要求。企业培训往往是一个短效行为，要使成人学习者在较短时间内获取较多的知识和技能，就要掌握成人学习者的特点，了解他们的目标、兴趣、需求，让其主动参与培训。在培训课程开发的过程中，不把尊重学习者的个人意愿同企业的发展相结合，就不会有较好的培训效能。

4. 缺乏对课程开发工作的评估机制

培训部门往往注重的是对培训课程效果的评价，忽略了对课程开发过程的评价，从而导致无法发现培训课程开发过程中存在的问题，无法促进培训开发工作的改进及提高。在现实工作中，由于缺乏系统的思考，员工常常疲于搞突击式的培训。此外，人多量大、时间紧也给评价带来许多困难，无法保证培训效果和质量的提高。

鹦鹉

一个人去买鹦鹉，看到一只鹦鹉前标有：此鹦鹉会两门语言，售价二百元。

另一只鹦鹉前则标道：此鹦鹉会四门语言，售价四百元。该买哪只呢？两只都毛色光鲜，非常灵活可爱。这人转啊转，拿不定主意。后来突然发现一只老掉了牙的鹦鹉，毛色暗淡散乱，标价八百元。这人赶紧将老板叫来：这只鹦鹉是不是会说八门语言？店主说：不。这人奇怪了：那为什么又老又丑，又没有能力，会值这个数呢？店主回答：因为另外两只鹦鹉叫这只鹦鹉老板。

管理心得：真正的领导人，不一定自己能力有多强，只要懂信任，懂放权，懂珍惜，就能团结比自己更强的力量，从而提升自己的身价。相反，许多能力非常强的人却因为过于追求完美，事必躬亲，觉得什么人都不如自己，最后只能做最好的攻关人员、销售代表，成不了优秀的领导人。

第二节　员工培训课程开发的理论基础及模式

企业培训课程的开发要以一定的理论思想及实践经验为指导，以实现企业组织及员工对课程学习的要求为出发点和终极目标。企业培训课程所指向的对象是已经工作的成人，因此在培训课程的设置、实施等过程中，都应遵从以一定的理论思想为指导，使培训课程达到最佳效果。

一、企业培训课程开发的理论基础

1. 人力资本理论

首次提出人力资本概念的经济学家是费雪，他在 1906 年撰写的《资本的性质和收入》一书中，首次将人力资本纳入了经济分析的理论框架中，但并未引起经济学界的认可和重视。直到 20 世纪 60 年代，美国著名经济学家舒尔茨通过大量的开创性研究系统地阐述了这一理论，对世界多数国家的经济发展普遍产生了深远的影响。

人力资本包含了组织运作所需的知识和技能，因此在知识与技能的选择和运用上应符合组织的战略目标。组织应该将人看做资本，并如同投资于机器一样投资于人，对员工的培训、保留、激励的成本应该看做是组织的人力资本、物质资本投资共同构成组织的资本投资。人力资本理论突破了传统理论中的资本只是物质资本的束缚，将资本划分为人力资本和物质资本。其主要观点有：劳动力质量重于劳动力数量；人力资本投资的作用大于物力资本投资的作用；教育投资是人力资本的核心；教育投资收益率是可以测算的，并且高于物力投资收益率。这些观点体现了对人力资本在经济增长中所起作用的高度重视，肯定了教育成本投入会带来巨大的经济收益，关系到人力资源的开发和国家教育经济政策的制定，进而影响着我国教育市场的产生和发展。

企业培训作为企业人力资源开发的重要手段，不仅有利于组织战略发展目标的实现，提高企业的核心竞争能力，而且有利于满足员工个人的发展需要。因此，企业管理层和员工都应高度重视并积极参与，将组织、个人纳入企业培训课程开发的全过程，提高培训的针对性及效果，并对培训效果进行组织的成本投入产出评价。

2．系统科学理论

系统是指处于相互依存和相互作用中，并与环境发生关系的各个部分或要素构成的一个具有一定功能的完整的有机整体。系统科学理论是研究一切系统的模式、原理和规律的科学。它是在系统论、控制论、信息论（简称旧三论）的基础上发展起来的，并逐渐出现了耗散结构论、协同论、突变论（简称新三论）。系统科学理论既是现代自然科学、社会科学、思维科学发展和综合的结果，又是现代科学研究的一般方法论。系统科学理论对现代科学的跨越式发展起到了极大的推动作用，对其他学科具有方法论的指导作用，对教育科学这一涉及诸多学习变量和教学变量的复杂系统更是具有积极的启发意义。

（1）整体原理。任何系统只有通过相互联系形成整体结构才能发挥整体功能，系统中的各要素是相互作用、相互依存的，没有整体联系、整体结构，要使系统发挥整体功能是不可能的。在企业培训课程开发中，应将其视为一个系统，从宏观上把握，从整体上分析，综合考虑企业培训课程开发过程中的各个环节和要素，使其整体功能得以有效发挥。

（2）有序原理。任何系统只有开放、有涨落、远离平衡态，才可能走向有序，形成新的稳定的有序结构，以使系统与环境相适应。在企业培训课程开发过程中，要处理好课程开发内部要素及课程开发与外部环境之间的关系，使它们之间形成平衡的有序的状态。企业培训课程开发要与外界有信息、物质等的交换，必然要求它是一个开放的系统，要不断地吸收与之相关的新理论、新技术，使之更好地服务于企业培训体系这个大系统。

（3）反馈原理。任何系统只有通过反馈信息才可能实现有效的控制。一个控制系统，既有输入信息，又有输出信息，系统的控制部分根据输出信息（反馈信息）比较、纠正和调整它发出的输入信息（控制信息），从而实现控制。在企业培训课程开发过程中，要随时根据反馈信息来了解各阶段过程中的不足，以便及时进行修正，使之更好地服务于系统的最佳运行。

3．成人学习理论

企业内部培训的对象即企业员工，是25～50岁的成年人。因此，关于成人学习的理论是企业培训课程设计与开发的基础理论之一。成人学习理论认为成人的学习是与儿童不同的，应以成人学习的独特性来培训成人。根据诺尔斯的成人教育思想，成人学习的主要特点可以总结为如下四点。

（1）学习自主性较强。成人学习者和儿童、青少年在学习的自主性上存在显著差别。在儿童和青少年的学习活动中，教师决定学习目的、学习内容、学习计划和教学方法，学习者对教师具有较强的依赖，而在成人的学习活动中，成人学习者本着"即学即用"的思想，对教学的要求就会各不相同，因此要求教学体现出极强的差异性，针对个体设计个性化的教学，其学习目的很明确。这就要求在企业培训课程开发过程中，要充分尊重和发挥成人学习者在培训需求调查、培训目标确立、培训课程实施及效果评估中的主观积极性，制订合理的培训计划及策略。

(2) 个体生活经验对学习活动具有较大的影响。个体生活经验的差异使得儿童、青少年的学习活动与成人的学习活动存在较大的差异。对儿童和青少年而言，个体经验主要来自成人的间接经验且很不丰富和全面，学习活动中能够对学习产生影响的直接经验非常少。对于成人学习者，学习活动中更多地借助于自己的经验来理解和掌握知识，而不是以教师的传授为主。由于成人经历丰富，在工作、学习方面都有了很厚的知识积淀，这就需要在企业培训课程开发过程中，一方面，按照建构主义的观点，针对不同背景的学习者，设计不同的教学活动，便于学习者对知识的同化、建构；另一方面，发挥和利用成人本身在企业培训过程中的资源优势，促进资源的共享及最大利用。

(3) 学习任务与其社会角色和责任密切相关。成人的学习任务已经由儿童、青少年时期的以身心发展为主转变为以完成特定的社会责任、达到一定的社会期望为主。对成人而言，学习任务是促使其更有效地完成他所承担的社会责任，提高社会威望的方式，学习往往成为职业生涯或生活状态的一个转折点。因此，这种学习具有更强的针对性，且学习动机较强。因此，了解成人学习者的各种培训需要对于建立培训体系政策、确立培训目标及内容、制定培训激励措施都具有重要意义。

(4) 问题中心或任务中心为主的学习。儿童和青少年的学习目的指向未来的生活，而成人学习的目的则在于直接运用所学知识解决当前的社会生活问题，因此，成人学习者更喜欢问题中心或任务中心为主的学习。培训内容应以实际工作的问题或案例为主，通过对问题或案例的分析、讨论，帮助成人学习者解决实际工作中的问题。

4. 教学系统设计理论

教学系统设计（Instructional System Design，ISD）也称教学设计（Instructional Design，ID），是运用系统方法分析教学问题和确定教学目标，建立解决教学问题的策略方案、试行解决方案、评价试行结果和对方案进行修改的过程。关于教学设计的作用，不同学者有不同的看法及见解，这主要是由于研究对象及研究方法不同导致的。有人认为，教学设计主要通过对学习过程和学习资源的系统安排，着重创设教与学的系统，达到优化教学、促进学习者学习的目的。培训作为教育大系统中的一个子系统，必须从系统的角度考虑与分析培训的各个环节及要素。将系统理论的思想引入到企业管理培训中，假如将企业看做是一个开放式系统，则培训只是企业组织中的子系统之一，它必须和组织内的其他系统以及周围环境、企业发展战略保持和谐，才能充分地产生效率。

教学设计作为一个系统计划的过程，是应用系统方法研究、探索教学系统中各个要素（如教师、学习者、教学内容、教学条件以及教学目标、教学方法、教学媒体、教学组织形式、教学活动等）之间的本质联系，并通过一套具体的操作程序来协调、配置，使各要素有机结合而完成教学系统的功能。而且，系统计划过程中的每一个程序都有相应的理论和方法作为科学依据，每一步"输出"的决策均是下一步的"输入"，每一步又均从下一步的反馈中得到检验，从而使教学设计具有很强的理论性、科学性、再现性和操作性。教学设计是解决一系列复杂教学问题、寻找最佳解决方案的过程，必须由掌握教学设计基本技能的教师或专门人员来进行操作。

教学系统设计具有下列几个方面的显著特征。

(1) 教学系统设计的研究对象是不同层次的学与教的系统。它包括了促进学习者学习的内容、条件、资源、方法、活动等要素。

(2) 教学系统设计的研究方法是应用系统方法研究、探索教与学的系统中各个要素之间及要素与整体之间的本质联系，并在设计中综合考虑和协调它们的关系，使各要素有机结合起来以完成教学系统的功能。

(3) 教学系统设计的目的是将传播理论、学习理论和教学理论等基础理论系统地应用于解决教学实际问题，形成经过验证、能实现预期功能的教与学系统。

(4) 企业培训作为教育系统的一部分，其目的是促进员工的学习，提高组织效率，也属于教学系统设计领域范围。因此，运用教学系统设计理论与方法综合分析企业培训课程开发过程中的各环节、要素之间的关系，建构企业培训课程开发模型对于改善培训质量、提高培训效果具有十分重要的指导意义。

二、课程开发模式的演化

课程开发是课程研究的核心部分。长期以来，人们在对其进行深入研究的过程中，形成了多种课程开发的模式，其中理论上较为系统、实践中影响较大的是目标模式、过程模式和情境模式。在课程研究历史上，最有名的也是最具有开创性的课程开发模式是泰勒的目标模式，很多课程研究者都是在批判泰勒的目标模式的基础上提出自己的开发模式的。

1. 泰勒的目标模式

在20世纪30年代全球经济大萧条背景下，美国为缓解学生就业压力开始了教育史上著名的"八年研究"课程改革运动，泰勒提出了备受推广的以目标为核心的课程开发原理与程序，即目标模式。泰勒在目标模式中提出了任何课程开发理论都必须面对的四个问题：学校应该达到哪些教育目标（课程目标）；提供哪些教育经验才能实现这些目标（课程内容的选择）；怎样才能有效地组织这些教育经验（课程内容的组织）；怎样才能确定这些目标正在得到实现（课程的评价）。将这四个问题看做是课程编制过程的四个阶段，构成了目标模式的模式图（见图10-1）。

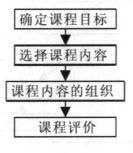

图 10-1　目标模式

泰勒认为，"如果要系统地、理智地研究某一教育计划，首先必须确定所要达到的各种教育目标。"因此，"确定目标"是最为关键的一个步骤。泰勒的观点是，目标业已预示选择教材与构成内容的标准。目标模式综合了当时有影响的教育学流派和思想的各种主张，并且在设计上课程结构紧凑、逻辑脉络简洁清晰，不仅容易理解，而且容易实施，虽然后来受到不同教育、教学思想主义的批判，但目标模式的四大基本问题是课程开发永恒的课题，因此对目标模式的批判无法动摇目标模式作为课程开发的基础地位。

2. 过程模式

20世纪60年代，当美国因课程改革未能达到预期结果而开始怀疑甚至否定布鲁纳的课程学科结构理论时，布鲁纳的课程理论在英国仍受推崇并发展归结为一点，就是探讨如何将该学说的中心原理加以具体化，使之变为课程研制可供使用的理论模式。斯滕豪斯依据"人文学科课程设计"的实践经验，撰写了《人文学科课程导论》和《课程研究与编制导论》两本书，确立起"过程模式"及其理论框架并指出目标模式的最大弊病就在于缺乏对知识本质进行研究。过程模式反对把教育作为工具，主张教育要关注具有内在价值的活动。斯滕豪斯认为，教育与课程意味着向学习者传授具有价值的东西，即发展学习者的知识和理解力，所以教育与课程有自己固有的内在价值和优劣标准。人们完全可以通过详细说明课程内容和程序原则的方法来合理地开发课程，而不必用目标预先指定所希望达到的结果。

课程内容即指能反映各学科领域内在价值的概念、原则和方法，程序原则即指贯穿于课程活动始终的课程总目的或总要求。课程研制的首要任务不是确立反映学习者最终学习行为的课程目标，而是通过分析知识本质，确定课程内容和过程原则。过程模式在一定程度上弥补了目标模式的局限性，否定了目标模式关于确立和表述课程目标的行为主义和机械主义偏向，肯定了课程研究的重要性和课程内容的内在价值，并强调学习者的主动参与和探究学习，重视学习者思考能力和创造性的培养，使课程开发更趋于成熟和完善。

3. 情境模式

情境模式是由英国一批教育社会学家针对20世纪70年代以来全国性"教育大辩论"中提出的制定全国统一课程标准的要求而提出来的。情境模式作为当代最有影响的三大课程开发模式之一，被视为既能包含目标模式，又能包含过程模式的综合化课程开发模式，是一种灵活的、适应性较强的课程开发模式。它强调借助于社会学中的"文化分析"方法来说明课程与文化的关系，注重通过对学校所处的文化环境进行分析来编制课程。情境模式典型的可操作性程序是由斯基尔贝克提出的，如图10-2所示。

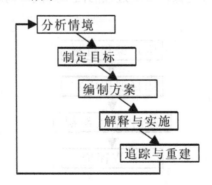

图10-2　斯基尔贝克课程开发的情境模式

该模式并不预先进行某种"手段—目的"分析，而只是促使课程开发人员注意课程过程中的各种要素和问题的各个方面，同时把这一过程作为一个有机的整体来对待。

三、国内外企业培训课程开发模式

模式是在对特定问题输出信息及问题本身的特征分析的基础上，根据某种原理推演或者由实践归纳和总结出来的，由思想和理念、目标和方法、活动和策略、结构和操作程式所构成的，具有相对稳定结构的问题解决系统。课程开发模式，就是指课程的内容和进程在时间和空间上特定的组织形式或结构，受一定历史时期政治、经济、文化、教育观和课程观等因素的影响。企业培训课程开发模式作为企业培训理论及实践研究的一个热点，国内外众多专家、学者都做了大量的研究工作，提出了一些具有广泛实践意义的模式，如霍尔模式、纳德拉的重要事件模式及带有典型中国特色的集群式模块课程开发模式。对于这些模式的分析与理解，有助于企业培训课程开发的实践研究。

1. 霍尔模式

1972年，美国著名成人教育专家霍尔在《教育的设计》中提出了接受培训的成人学习者课程开发模式。该模式将培训课程开发归结为七个步骤，如图10-3所示。

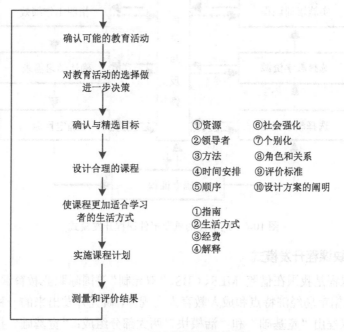

图10-3　霍尔课程开发模式

霍尔模式归纳和总结了成人培训课程开发的工作步骤及工作的主要内容，其主要优点有：首先，应用范围较广，适合各种形式的培训活动；其次，课程编制方面注重多方面因素考虑，不仅考虑了学习方法、时间安排、学习顺序和评价标准等课程要素，还对一些对培训课程开发起到关键性作用的因素做了重要提示；最后，强调课程应满足成年学习者的需要，吸引学习者参与课程的设计，提高了课程的针对性与实用性。但是，霍尔模式也存在着不足的地方，如：缺少对学习者、组织的需求分析；没有明确的课程目标分类；缺乏对课程开发的过程性评价。

2. 重要事件模式

企业培训的主要目的是提高组织效益，不仅要满足员工学习的需求，还要满足组织的需求，因此十分注重培训需求的确立。纳德拉提出的重要事件模式就是一种十分注重对培训需求的课程开发模式，共由八个重要事件组成，其各事件的顺序及关系如图10-4所示。重要事件模式将培训课程开发归结为八个重要事件的完成,具有下列几个优势特点:首先,十分重视学习需求的分析,整个模式中第一到第三个事件都在强调学习的需求,包括社会的需求、组织的需求和学习者个人的需求等;其次,整个课程模式八个重要事件,八个阶段都强调随时进行评价与反馈,及时地进行调整,使课程的设计与开发更趋科学化、合理化,以达到更佳的教育效果。但是其存在的不足有:缺乏对课程的过程管理机制;缺少系统化的课程开发教学设计指导思想。

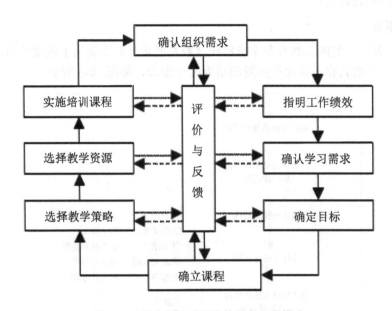

图 10-4 纳德拉的重要事件课程开发模式

3. 集群式模块课程开发模式

集群式模块课程是我国在借鉴 MES、CBS、"双元制"等国际职业教育课程模式的基础上,结合中国国情,根据市场经济特点和成人教育内在规律,研究开发出来的一种培训课程开发模式。集群式模块课程由"宽基础"和"活模块"两大部分组成:"宽基础"指相关职业所要求具备的通用知识与技能,"活模块"则指专门针对某一特定职位或工种所必备的知识和技能。它以提高受训者素质为目标,以岗位技能培训为重点,既强调相关职业通用知识和技能的传授与培养,又强调特定职业专门知识和技能的传授与培养。集群式模块课程的开发呈封闭环形结构,主要包括课程分析、课程设计、课程实施和课程评价四大步骤(见图 10-5)。

集群式模块课程开发模式作为中外结合的产物,它既采纳 MES 课程模式,以科学分析具体工种的任务为前提,又采纳以学习者活动为中心的 CBE 课程模式,体现以能力为基础的教学概念。它在课程开发模式上具有以下两个特点:第一,注重课程内容的开发;第二,需求分析更为深入。与纳德拉模式不同的是,集群式模块课程开发模式是对工作本身和接受培训的对象进行深入的分析,剖析培训的必要性,从而更好地设计出 4 个较为适合成人学习者学习的课程。但是,通过对该模式的分析可以发现其存在的不足,如未将评价贯穿于课程开发的全过程。通过对国内外企业培训课程开发模式的分析,我们能够系统地了解不同课程开发模式的理论依据、操作过程及重视环节。由于不同模式都有其适用环境及时代背景,因此,在总结国内外成熟课程开发理论及方法的基础上，重构符合企业发展实际需要的课程开发模式、方法不仅是提高培训质量的重要途径，也是促进我国企业培训理论及实践研究的重要内容。

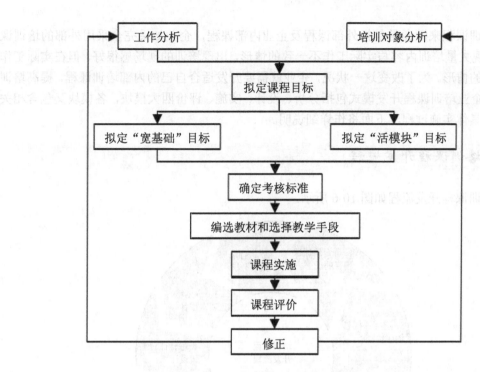

图 10-5　集群式模块课程开发模式

简单道理

　　从前，有两个饥饿的人得到了一位长者的恩赐：一根鱼竿和一篓鲜活硕大的鱼。其中，一个人要了一篓鱼，另一个人要了一根鱼竿，于是他们分道扬镳了。得到鱼的人原地就用干柴搭起篝火煮起了鱼，他狼吞虎咽，还没有品出鲜鱼的肉香，转瞬间，连鱼带汤就被他吃了个精光，不久，他便饿死在空空的鱼篓旁。另一个人则提着鱼竿继续忍饥挨饿，一步步艰难地向海边走去，可当他已经看到不远处那片蔚蓝色的海洋时，他浑身的最后一点力气也使完了，他也只能眼巴巴地带着无尽的遗憾撒手人间。

　　有两个饥饿的人，他们同样得到了长者恩赐的一根鱼竿和一篓鱼，只是他们并没有各奔东西，而是商定共同去找寻大海。他俩每次只煮一条鱼，经过遥远的跋涉来到了海边，从此，两人开始了捕鱼为生的日子。几年后，他们盖起了房子，有了各自的家庭、子女，有了自己建造的渔船，过上了幸福安康的生活。

　　管理心得：一个人只顾眼前的利益，得到的终将是短暂的欢愉；一个人目标高远，但也要面对现实的生活。只有把理想和现实有机结合起来，才有可能成为一个成功之人。有时候，一个简单的道理，却足以给人意味深长的生命启示。

第三节　员工培训课程开发过程

企业培训课程来源通常包括外部课程及企业内部课程，企业如果完全采用外部的培训课程，就会出现大量培训内容与实际工作不一致的情形，出现培训的现场感很好，但在实际工作中无法应用的情形。为了改变这一状况，企业就需要开发适合自己的内部培训课程，提高培训的针对性。企业培训课程开发模式包括分析、设计、实施、评价四大模块，各模块又包含相关的子模块及具体实施过程，下面将作详细说明。

一、企业培训课程开发流程

企业培训课程开发流程如图 10-6 所示。

图 10-6　培训课程开发流程

1．确定培训课程目的

进行课程开发的目的是说明员工为什么要进行培训。因为只有明确培训课程的目的，才能确定课程的目标、范围、对象和内容。

2．进行培训需求分析

培训需求分析是课程设计者开发培训课程的第一步。进行培训需求分析的目的是以满足组织和组织成员的需要为出发点，从组织环境、个人和职务各个层面上进行调查和分析，从而判断组织和个人是否存在培训需求以及存在哪些培训需求。培训需求是培训的前提，只有满足需求的培训才是有效的培训。培训需求由众多因素所决定，不同的企业在不同的发展时期有不同的培训需求，不同层次、不同岗位的培训学员的培训需求也存在着较大的差别。培训教师首先要了解企业发展现状、发展趋势，确立企业现实发展对员工的岗位技能的要求；其次要分析企业岗位设置、技能要求；三是要分析学员知识层次、技能水平、工作态度；四是要了解学员工作实际中存在的问题，希望通过培训解决哪些问题。通过这些研究来确立培训需求。

3．确定培训课程目标

培训课程的目标是说明员工培训应达到的标准。它根据培训的目的，结合上述需求分析的情况，形成培训课程目标。培训课程目标的描述必须要有以下三个特点：具体化，数量化，可衡量。国内企业培训项目大多有几门相关的不同的培训课程，各门课程内容有交叉、重复，又有不同的侧重点。培训教师在授课前要充分地与培训项目主管沟通，与其他授课教师沟通，确定其与其他课程的关系，确定课程培训目标。一门课程是属于基础理论还是属于技能提升、开阔思路，是主课还是辅助课程，不同位置的培训课程其所要求的内容、形式不一样，授课教师不能根据自己的喜好、意愿决定授课内容与方式，而是要依据课程的不同位置及课程目标确定。每一门课程设计要求既有特色，又不脱离培训项目核心，互相衔接，相辅相成。

4．进行课程整体设计

课程整体设计是针对某一专题或某一类人的培训需求所开发的课程架构。进行课程整体设计的任务包括确定费用、划分课程单元、安排课程进度以及选定培训场所等。其中，内容的策划是培训课程设计的关键。首先，一个好的课程设计要有丰富的课程内容，使学员在有限的时间内学到更多的知识，掌握更多的信息，而重技巧、轻内容，过于强调气氛，单纯取悦于学员的培训是不负责任的培训，很难满足企业、员工对培训的需求。其次，课程内容应强调具有实用性，紧密联系学员的工作实际，通过培训能够解决学员实际工作中经常遇到的问题，使学习过程和工作过程相互促进，形成一个良性循环。第三，课程内容能够针对学员的知识层次，是学员渴望学到的、掌握的，也是学员能够学到的、掌握的。第四，课程内容符合成人的认知规律、学习特点，按照由易到难，由小组活动到个人活动的顺序安排知识、技能、态度的学习。第五，案例的选择要真实而生动。成人有丰富的经历，其中有不少经历使他们对某些道理深信不疑。

5．进行课程单元设计

课程单元设计是在进行课程整体设计的基础上，具体确定每一单元的授课内容、授课方法和授课材料的过程。课程单元设计的优劣直接影响培训效果的好坏和受训者对课程的评估。在培训开发过程中，相对独立的课程单元不应在时间上被分割开。课程单元设计应紧跟现代科学技术的发展，现行的大多是利用多媒体技术进行教学，具有生动、形象、直观、明确等特点，较之传统的教学方式有很明显的优势。

6．阶段性评价与修订

在完成课程的单元设计后，需要对需求分析、课程目标、整体设计和单元设计进行阶段性评价和修订，以便为课程培训的实施奠定基础。

7．实施培训课程

即使设计了好的培训课程，也并不意味着培训就能成功。如果在培训实施阶段缺乏适当的准备工作，也是难以达成培训目标的。实施的准备工作主要包括培训方法的选择、培训场所的选定、培训技巧的利用以及适当地进行课程控制等方面。在实施培训的过程中，掌握必要的培训技巧有利于达到事半功倍的效果。

8．进行课程总体评价

培训课程评估是在课程实施完毕后对课程全过程进行的总结和判断，重点在于确定培训效果是否达到了预期的目标，以及受训者对培训效果的满意程度。

二、企业培训课程实施

在开发培训课程之前，组织应该初步确定以下六个相关事项（见表10-1），以确保培训课程开发的顺利开展。六大事项包括课程名称、课程目的、课程开发周期、课程开发人员、课程开发经费以及研究结果。

表10-1 课程确定的六大事项

课程确定事项	事项说明
课程名称	根据掌握的信息，考虑课程所要开发的内容，描述课程名称（如果描述课程名称困难，也可以假定课程名称）
课程目的	课程目的是描述对课程预期的一般结果，与课程目标不同，课程目的是不可衡量的，一般从学习对象、组织要求、学习内容以及学习结果四个方面进行描述
课程开发周期	指的是课程开发完成所用的时间，即记录课程开发的起始日和结束日，初步计算所用时间
课程开发人员	课程开发人员指的是与本课程开发相关的成员，确定课程开发人员的作用和姓名
课程开发经费	预计开发课程所需要的经费
研究结果	分析上述各项内容，简要总结其结果，最后结论以"可能、不可能、保留"整理课程开发情况

确定课程相关事项实例

（1）课程目的描述实例。下面以某公司课程开发的课程目的描述为例进行说明。

① 学习对象：本课程的参加受训者，即听课的对象是谁。
② 企业要求：申请培训课程部门的目标要求。
③ 学习内容：培训课程中应该涉及的主要学习内容。
④ 学习结果：学习后所期望得到的结果。

（2）课程开发人员实例。下面以某公司课程开发人员的具体实例进行说明（见表10-2）。

表10-2 ××公司课程开发人员一览表

作 用	简 称	主 要 任 务
课程开发负责人	CDM	最终负责资源与人员的管理及课程开发的输出管理
课程开发者	CD	管理课程开发的流程
讲授设计者	ID	设计新课程的讲授目标、内容、方法等内容
现场内容专家	CE	提供与课程相关的业务知识和经验
媒体专家	ME	开发适用于新课程的传播媒体
评价专家	EE	评价新课题及其内容
外部顾问	EC	提供专业内容和经验

注：（1）通常课程开发者会成为在课程设计方面拥有专业知识的课程设计者；
（2）媒体专家和评价专家通常是公司外聘专家，当聘请公司外的专家有困难时，由课程设计者担负媒体专家和评价专家的责任；
（3）可根据课程的特点选拔课程开发人员。

三、员工培训与开发课程评价

课程目标是培训课程对受训者在知识与技能、过程与方法、情感态度与价值观等方面的培养上期望达到的程度或标准,也就是说培训结束后受训者应达到的预期水平。在课程设计中,课程目标的作用十分重要,因为它不仅是选择课程内容的依据,还是课程实施与评价的基本出发点。

1. 课程目标的特点

(1)课程目标构成。一个完整的课程目标包括行为主体、行为动词、行为条件和执行标准四个要素,简称 ABCD 形式。

① A(Actor):行为主体,即受训者。
② B(Behavior):行为动词,即执行的行为。
③ C(Condition):执行的前提条件。
④ D(Degree):执行标准,即用可测定的程度描述执行标准。

(2)制定课程目标的原则。课程目标是培训结束时或结束后一段时间内组织可以观察到的并以一定方式可以衡量到的具体的、合理的行为表现。它关注的是受训者学到了什么,而不是培训师教授了什么。因此,在制定课程目标时应遵循 SMART 原则(见表 10-3)。

表 10-3 制定课程目标的 SMART 原则

原　　则	说　　明
S(Specific)	明确的、特定的:即用具体的语言清楚地说明要达到的行为标准
M(Measurable)	可衡量性:即应该有明确的数据作为衡量达到目标的依据
A(Achievable)	可以达到的:要根据学员的素质、经历等情况,以实际工作要求为指导,设计切合实际、可达到的目标
R(Realistic)	实际性:即在目前条件下是否可行、可操作
T(Time)	时限性:即目标是有时间限制的,没有时间限制的目标没有办法考核,或考核的结果不公正

2. 描述课程目标的技巧

(1)课程目标的类型。根据目标生成的时间划分课程目标可分为行为目标、展开性目标和表现性目标。

① 行为目标。行为目标是一种具体的、可观察的学习目标,即受训者通过学习以后将能做什么的一种明确、具体的表述。它以行为描述课程目标,把课程目标分为具体的学习行为,把受训者行为分解为更细的行为。

② 开展性目标。开展性目标是根据课程的实际进展提出的相应目标,而不是事先设定的目标。它主要考虑的是学习活动的过程,而不像行为目标那样重视结果;它关注的是受训者的兴趣、能力的差异,强调目标的适应性、生成性。

③ 表现性目标。表现性目标强调的是讲师和受训者在课堂中的自主性、创造性,是唤起性的,不是规定性的。它主要强调的是受训者的创新精神、批判思维,适合以受训者活动为主的课程。

根据课程内容可以将课程目标划分为认知目标、情感目标和技能目标。各目标还可分为若干层次，如表 10-4 所示。

表 10-4　课程目标一览表

目标类型	层次	定义
认知目标	知识	能识别和再现学过的知识和有关材料
	理解	能掌握所学的知识，抓住事物的实质
	应用	利用所学的知识，应用到新的情景
	分析	分解所学的知识，找出构成的要素
	综合	能把各个元素或部分组成新的整体
	评价	根据一定标准对事物进行判断
情感目标	接受	愿意注意特殊的现象或刺激
	反应	自愿地对刺激进行回应
	价值判断	对特殊的对象、现象或行为形成一种自己的价值观
	信奉	一直按照内发、稳定的价值体系行事
技能目标	模仿	在他人的指导下，能够运用简单的技能
	操作	经过反复练习，能独立地完成一项工作
	熟练	能准确、自主地完成一项技能或任务
	创作	具备了创造新动作、技能的能力

（2）描述课程目标的三要素。在描述课程目标时，必须对受训者在每一项从属的知识、技能和态度的学习后应达到的行为状态作出具体明确的预期表述，再将这些表述进行类别化和层次化处理。课程目标的描述包括受训者的预期行动、执行的条件以及执行的标准三个方面的内容。课程目标的样式如表 10-5 所示。

表 10-5　描述课程目标的样式

划　分	目　标　内　容	描　述　目　标
预期行动		
执行的条件		
执行的标准		

① 受训者的预期行动。在对受训者的预期行动进行描述时，应注意行为动向的运用。不同类型的课程目标应该采用不同的行为动词。表 10-6 列出了一些认知性目标的行为动词；表 10-7 列出了一些动作性目标的行为动词；表 10-8 描述了一些定义性目标的行为动词；表 10-9 描述了在设计目标的过程中应采用和应避免的一些行为动词。

表 10-6　一些认知性目标的行为动词

对学员期待的水平	选择最恰当的动词，描述所期待的学员的行为		
知识/理解： 记忆并认识事实	·分类 ·说明	·定义 ·掌握	·举例 ·连接
应用： 把所学的知识应用到新情境中	·选择 ·作用	·计算 ·执行	·组装 ·预见

续表

对学员期待的水平	选择最恰当的动词，描述所期待的学员的行为		
分析： 以资料为基础进行分析和分解	• 分析 • 区分	• 分类 • 区别	• 比较 • 试验
综合： 把已分析的要素综合成新的结构或组织	• 排列 • 讨论 • 设定 • 组织	• 结合 • 公式化 • 摘要 • 收集	• 构成 • 一般化 • 写出 • 关联

表 10-7　一些动作性目标的行为动词

对学员期待的水平	选择最恰当的动词，描述所期待的学员的行为		
动作的描述	• 调整 • 移动 • 执行 • 计划 • 连接 • 提示	• 排列 • 替代 • 均衡 • 说话 • 制动 • 产出	• 组装 • 表现 • 形成 • 移动 • 摆姿势 • 用身姿表现

表 10-8　一些定义性目标的行为动词

对学员期待的水平	选择最恰当的动词，描述所期待的学员的行为		
接纳及反应： 对事件或活动倾注关心并给予响应	• 应答 • 喜欢 • 倾听	• 注意 • 接纳 • 反应	• 醒悟 • 记录 • 完成
价值化： 提出实施见解	• 接纳 • 显示 • 决定	• 假定 • 参与 • 增加	• 采取 • 影响
组织化： 接纳别人的价值后下结论，站在对方的立场上或拥护他人的观点	• 联合 • 寻找 • 选定	• 决心 • 相关联	• 形成 • 判断
特征化： 当特定的价值、信念与行为相一致时，把那种价值观念作为个人特征	• 实施 • 改正	• 交换 • 行动	• 开发 • 实现

表 10-9　一些在设计目标过程中应采用和应避免的行为动词

应采用的行为动词		应避免的行为动词	
• 选择 • 指出 • 定义 • 描述 • 省略	• 对比 • 评级 • 显示 • 告知 • 翻译	• 喜欢 • 信赖 • 概念化 • 在……方面增加知识 • 对……增加理解	• 决定 • 明白

② 执行的条件。在描述课程目标时，应该对受训者详细地说明进行该项工作所需要的条件，如表 10-10 所示。

表 10-10 对执行条件的部分介绍

条件的形态	说　明
图表/图形	图表、图纸、照片、地图和资料等
实物	计算器、机械类、测量仪器和工具等
数据	数据、公式和术语等
实际人物	扮演顾客的学员、扮演负责人的讲师等

③ 执行的标准。在描述课程目标时，应该对达成绩效的标准进行详细的说明，如表 10-11 所示。

表 10-11 对部分标准的说明

标准形态	说　明
速度	秒、分、时、日等
数量	比如"全部"、"至少 10 个，10 个中的 9 个"等
百分比	100%，99%，85%等
样式	检查清单、产品测定工具等
选择解决方案	最适合、最低费用、最大利益等
比较	与专家相比、与投票相比、与小组成员相比等
判断	10 次中 9 次与专家意见一致
意见	更积极、意志坚定、有反应地、综合地、没有反对等

四、课程阶段性修订

1. 课程阶段性修订的范围

课程修订可以分为主要修订和次要修订。

（1）主要修订。主要修订指课程需要重新设计，课程整体内容和单元内容需要大范围重组、更新、替换以及课程目标变更，课程整体格式和编排需要变更等。

（2）次要修订。次要修订指课程形式、排版的小幅调整、页码顺序的调整、内容上的微调等。就使用频率而言，在课程阶段性评价过程中，次要修订的使用频率要远高于主要修订。综合而言，培训阶段性评估的修订范围如下：培训需求的删减、补充、调整；课程目标的修正、删减、完善；课程整体设计和单元设计内容、形式、方法、材料、时间等的调整、完善和删减。

2. 修订结果的评价标准

衡量修订结果的标准主要有以下四个方面。

（1）课程内容足以达成课程目标。

（2）妥善运用各类授课方法。

（3）课表时间和进度安排符合实际。

（4）课程表现形式要符合学员学习风格。

第四节　员工培训课程开发实例

湖南航天信息有限公司成立于 2000 年，是航天信息股份有限公司与湖南航天管理局共同出资组建的高新技术企业。公司注册资金 1 000 万元人民币，现有资产 6 600 多万元，固定资产 2 000 多万元，员工 300 人。公司集计算机及其相关产品的研发、销售、服务于一体，目前的主营业务是"金税工程"——增值税防伪税控开票子系统专用设备的销售、安装调试、技术培训及技术服务，公司累计培训增值税防伪税控开票子系统操作员 45 000 人次，安装推广增值税防伪税控开票子系统 35 000 套，并培训各级税务机关操作员近千名，为湖南省金税工程的推广实施和运行维护发挥了重要作用，是湖南税务信息领域的龙头企业。公司已在全省 14 个市（州）建立了 32 个各级技术服务部、站，形成了遍及湖南全省的省、市（州）、县（市）三级技术服务体系，可以保证为广大客户提供及时、高效、优质的产品和服务。

公司自 2006 年提出"致力于中小企业信息化建设"的战略目标以来，公司深化改革、开拓进取，积极调整与转变经营、管理思路，创新业务经营管理模式，逐步形成了以防伪税控为核心的涵盖系统集成、远程教育、软件开发等多类别、多领域的信息服务经营模式。经过两年的不懈努力，公司在 2008 年实现销售过亿、利润过千万的骄人业绩，获得了总部公司及广大客户的一致好评。公司培训主要分为内部员工培训和外部客户培训两大类：员工内部培训包括新员工入职培训、员工素质提高培训及日常业务培训；外部客户培训包括客户服务培训和产业化培训。经过多年来的发展，公司培训工作形成了自己的特点：培训类别多样，培训涵盖员工内部培训、客户服务培训及产业化培训；培训设施齐全，在全省共拥有 14 个多媒体培训教室，配备覆盖全省的视频会议系统、金税工程系列产品模拟操作软件系统及网络考试系统；培训人员队伍完备，公司拥有 1 名培训主管负责全公司的培训管理、策划、实施工作，14 名培训教师负责市州的培训管理及实施工作。

一、公司技术人员培训课程需求分析及目标确立

1. 企业组织需求分析

企业组织的战略发展目标是致力于中小企业信息化建设。随着公司业务的不断拓展及客户服务需求的提高，公司对技术员工技术水平、服务水平及综合素质要求越来越高。经过对公司经营环境的 SWOT 分析，公司期望技术员工课程培训达到的目标有：认同公司企业文化、遵守公司各项规章制度；熟练掌握公司传统税控产品及新业务产品的销售、安装、维护所需的知识、技能及工作态度；熟悉与运用公司服务规范展开各项服务工作；维系客户关系。

2. 员工分析

公司技术员工队伍现有 150 人，主要从事技术服务岗位，年龄结构为 18～30 岁，学历层次为大专、本科，专业为计算机相关学科。通过面谈及员工培训需求问卷调查，从调查分析相关数据统计（见图 10-7）及主观回答来看，员工对培训课程设置、内容及师资反映较为明显，技术员工期望更多贴近工作实际的培训，并且希望通过培训达到的目标有：熟练掌握公司产品

的维护知识及技能；掌握公司的产品特点及销售技巧；掌握与客户进行沟通的技巧；进一步增加计算机硬件、网络、软件开发方面的知识及管理方面的知识。

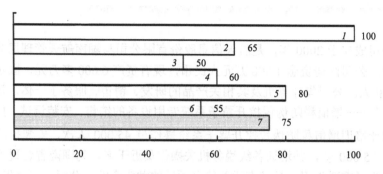

图 10-7　公司 20 名技术人员培训情况调查统计

3．课程培训目标的确立

通过对公司组织、员工的培训目标分析，并将组织目标、个体目标与实际情况作比较分析，初步确立技术人员培训课程的总体目标为：认同公司企业文化，遵守公司规章制度；掌握公司销售的各类产品的售后维护服务知识、技能；熟悉与运用公司服务规范开展各类服务工作；掌握与客户沟通的技巧，维系客户关系，达成产品销售，课程体系设计如表 10-12 所示。

表 10-12　技术员工课程体系设置

课程类别	课程名称	课时安排	主要授课方法
基础课程	公司介绍	1	播放录像、讲授
	企业文化	1	讲授、参观
	公司人事管理制度	1	讲授、问答
	公司服务体系规范	2	讲授
专业岗位客场	防伪税控开票子系统	4	讲授、演示 实践操作
	远程抄报税子系统	2	讲授、演示 实践操作
	常见技术问题汇总	1	讲授
素质提高课程	计算机硬件 软件维护	2	讲授、模拟操作
	计算机网络 及系统集成	2	讲授、现场操作
	如何与客户沟通	1	讲授、讨论
	产品营销	1	讲授、讨论
	团队建设与管理	1	讲授、讨论

二、公司技术人员培训课程设计及开发

技术人员培训课程组织形式以内部培训为主,采取集中面授及远程教学相结合的方式进行。培训主讲老师由熟悉业务的部门负责人或项目经理担任。培训课程资源由培训管理人员、培训主讲老师及员工共同设计、开发,具体包括授课计划、文本教案、电子教材及考核方法。课程内容主要由公司实际工作案例构成。员工培训课程实施策略包括员工通过网络自主学习、班级授课学习及小组讨论学习三种方式,各策略可由培训师结合实际情况单独或综合运用。技术员工培训课程由公司基础课程及岗位专业课程两部分组成,基础课程是指公司每个员工进入公司后都必须接触及了解的课程,如公司企业文化类、制度类、规范类课程;岗位专业课程则指员工为适应工作岗位而必须深入了解的岗位知识、技能。这样的课程设置有利于员工根据自己的实际工作需要选择自己所要学习的课程,具有较强的灵活性、针对性和可操作性。

三、公司技术人员培训课程实施及评价

课程培训管理人员及培训师应根据技术员工的岗位工作特点创建有效的授课情境,具体可通过培训场地布置、工作中的问题及现场模拟情景等方式来激发员工的学习兴趣,引发与员工原有知识的联系。技术员工培训以现场教学及网络远程教学相结合,结合案例教学、小组讨论、角色模拟方式进行。在课程实施中,培训师需要引导技术员工积极地将自己的经验、心得体会运用于教学讨论中,帮助员工分析问题、解决问题,由浅入深、逐步深入。此外,培训师还应及时调整课程节奏,依据员工不同的知识、技能水平合理划分学习小组(一般5个人为一组)。技术员工培训课程效果评估共涉及四个层面:课程实施后,以面谈或问卷调查的形式分析员工对课程内容、培训师、培训设施环境等方面的整体印象;以笔试或实践操作检验员工对所学知识、技能及工作态度的掌握程度;培训完成一段时间后,访谈员工的上级领导、同事、客户,了解员工是否将课程中所学的知识、技能及工作态度良好地运用于实际工作中;通过对员工的工作业绩(包括服务满意度、销售额)、公司总体工作效率的比较分析,获得公司的培训投资效益。

四、应用实际效果分析

对技术员工的课程体系的设置,基本确立了技术员工做好本职工作所需掌握的基础知识及专业技能知识,有利于根据工作发展需要增添相关课程。通过技术员工的软件产品培训,员工的销售技巧和销售业绩得到了不同程度的提高,尽管销售额受公司销售激励政策、销售淡旺季、宣传政策等因素的影响。技术员工软件产品销售培训结果汇总如表10-13所示。

表10-13 技术员工软件产品销售培训结果汇总

评估层次	相关评估数据	评估结果
反映层	调查人数为20,很满意、满意的为85%,不满意的为15%	满意的主要原因为:销售课程案例符合实际,具有一定的针对性;课程组织生动。不满意的主要原因为:时间不应该安排在晚上
学习层	考试人数为20,90分以上3人,80分以上16人,80分以下1人	大部分人能较好地掌握相关知识技能

续表

评估层次	相关评估数据	评估结果
行为层	跟踪人数5人,3人能很好地运用知识并达成销售,2人知识掌握较好,但销售不理想	达成销售的人员的销售对象都是与员工密切的老客户;未达成销售的人员对象是老客户,但仍未达成销售,沟通技巧需要提高
结果层	本月软件销售额较上月增长5%,同比增长25%	通过对员工的电话访谈,软件产品销售业绩的提升很大程度上得益于技巧培训,公司的销售激励政策也起到了很大作用

本章小结

本章对企业培训课程的基本概念、特点、一般原则及常见开发模式进行了全面的综合阐述。结合公司培训实际,在研究国内外课程开发理论依据及开发模式的基础上重构出了企业培训课程开发模型,并提出了该开发模型的一般步骤及主要内容。该课程开发模型成功地将企业培训现有资源、培训课程设计理论思想整合,具有整体性、针对性和实用性的特点,符合企业培训的实际要求,为企业今后培训工作的进一步完善提供了理论借鉴与实践参考。

思考与练习

1. 什么是员工培训与开发的课程设计?其意义何在?
2. 为什么说设计科学、合理的员工培训与开发课程是可以培训和开发员工技能?
3. 员工培训与开发课程设计的基本流程主要有哪些?
4. 不同的组织角色需要设计哪些不同的员工培训与开发课程形式?

案例分析

案例一:快活林快餐公司培训课程计划

快活林快餐公司开办了不足三年,公司发展得很快,开业时仅有两家店面,到现在已成为由11家分店组成的连锁网络。不过,公司分管人员培训的副总经理张慕廷却发现,直接寄到公司和由消费者协会转来的顾客投诉越来越多,上个季度竟达80多封。这不能不引起他的不安和关注。

这些投诉并没啥大问题,大多鸡毛蒜皮,如抱怨菜及主食的品种、味道、卫生不好,价格太贵等。但更多的是投诉服务员的服务质量的,不仅指态度欠热情,上菜太慢,卫生打扫不彻底,语言不文明,而且业务知识差,顾客有关食品的问题,如菜的原料价格、烹制程序等一问三不知，还有的抱怨店规不合理，而服务员听了不予接受，反而粗暴反驳，如发现饭菜不太熟而拒绝退换，强调已经动过了等。

张副总分析，服务员业务素质差，知识不足，态度不好，也不怪他们，因为生意扩展快，大量招入新员工，草草做一天半天岗前集训，有的甚至未经培训就上岗干活了，当然影响服务质量。

服务员们是两班制。张副总指示人事科杨科长拟订一个计划，对全体服务员进行两周业余培训，每天三小时，开设的课既有公共关系实践、烹饪知识与技巧、本店特色菜肴、营养学常识、餐馆服务员操作技巧训练等务实的硬性课程，也有公司文化、敬业精神等务虚的软性课程。张副总还准备亲自去讲公司文化课，并指示杨科长制定服务态度奖励细则并予宣布，培训效果显著，以后连续两个季度，抱怨信分别减至32封和25封。

资料来源：http://www.docin.com/p-364170616.html

讨论题：
1. 你认为这项培训计划编得如何？你有何内容增删的建议？
（提示：培训计划编写的注意事项）
2. 你觉得如果这次培训奏效，起主要作用的是哪些内容？
（提示：培训的影响因素分析）
3. 请列出一份课程提纲。你会采用什么样的教学方法？为什么？
（提示：结合案例与本章内容进行分析讨论）

案例二：打造高效员工培训课程

材料一：A公司规定公司每年的培训经费为公司毛利的2%，并将其是否使用到位作为考核人力资源部的一项指标。2006年年初，公司估计全年的毛利为2 000万元，因此其培训费用预算为40万元。公司人力资源部根据员工的状况以及职业生涯规划要求制订了相应的培训计划。但到10月底，公司经营状况非常好，毛利已达2 300万元，预计全年毛利在2 700万元左右。公司总经理指示人力资源部将培训费用调整为54万元。但由于人力资源部做培训计划时只按照40万元进行考虑，加上已经是11月份了，因此人力资源部不知如何使用多出来的14万元培训经费。为了应付考核指标，人力资源部经理就把这一任务交给了负责培训工作的小李。由于时间紧，小李就到网上搜索培训广告，凡是与本公司业务有关联的一律报名，然后要求各部门必须派人参加培训。由于年底工作任务比较重，各部门在派人参加培训时都是将非关键岗位上的人员派出去，而这些人员虽然觉得课上得不错，但由于和自己的工作关联不大，因此参加培训的人员都不是太重视。到12月25日，小李终于把增加的14万元培训经费用完了。

材料二：B君是某市服装制造企业总公司的人力资源总监。该企业是一家大型民营企业，除了总公司以外，下属5个分厂。2007年3月，总公司计划开设一家与外资合营的新企业。外方负责提供生产设备和技术人员，中方负责配备管理人员和操作工人。新企业大约需500名工人，各类管理人员80名。总公司对于这次合资办厂寄予厚望，人力资源总监承诺一定全力以赴做好新企业的人员招聘和培训工作。这次新企业所需操作工人全部从外部招聘，所有管理人员从总公司及其他5个分厂选聘。总公司总经理要求A君在3个月内制订一份详细的员工培训计划。A君深知这一工作的分量。虽然他从事了多年的员工培训工作，但是，如此大规模的员工培训工作,他以前还没有负责过。而且,这次培训有很高的要求:一是操作工人要熟练应用先进的生产设备;二是管理人员要掌握现代化的管理理念和管理方法,其中管理技能、创新决策能力方面是培训的重点。

材料三:M公司于2000年开始进行全面质量管理培训,以培训一批具有丰富经验的专业技术人才,改进企业产品质量,打造企业产品在制造、服务等各方面的核心优势。M公司在培训过程中随时收集大家非常关心的有关信息,如学员的感受是怎样的,培训是否达到了所设定的目标,其效果如何,通过培训学员是否掌握了所学的知识,其所学知识是否已经转化成了能力,以及培训的投资回报率,并根据所收集信息开展培训评估。经过几年的发展和完善,经培训评估表明,培训已显示出巨大的功效。全面质量管理专业人才通过带领团队解决公司内部的质量,生产率甚为可观,为M公司带来了丰硕的成果和回报率。

材料四:F公司是一家生产经济耐用的乘用轿车轮胎企业,现有车间工人50人,月产量3 200条,产品单价为300元/条。该企业由于新成立不久,全部车间工人都是新招的,没有经过系统的培训,生产经营活动中存在着诸多问题。第一,每月生产的轮胎有2%由于质量太差而被退货;第二,车间生产作业环境管理不好,比如通风性差,工人经常汗流浃背;第三,事故发生率高于行业平均水平。工人不满情绪严重,常发生不服从车间主管指挥现象,缺勤率高。为此,该公司人力资源部在2007年2月组织开展了系列培训:(1)开展与质量问题、员工不良工作习惯有关的绩效管理和人际关系技能培训;(2)提高管理人员管理能力的培训项目。该项目在2007年4月底完成,直接培训成本为80 000元,间接成本为45 000元。经过1个月的实践,到5月底,该企业的产品质量得到了明显改善,月产量的不合格率降为1%,月产量增加200条。

资料来源:http://www.docin.com/p-319205761.html

讨论题:

1. A公司的培训工作有何可取之处?存在哪些问题?
 (提示:结合本案例和本章内容进行分析)
2. 员工培训课程的质量对一个企业新的生产的进行有何重要意义?
 (提示:结合案例进行具体分析)
3. 你认为一个优质的员工培训课程应该包括哪些内容?
 (提示:培训课程内容的设置)

第十一章
员工培训与开发的实施和管理

【本章关键词】
　　员工培训与开发；员工培训与开发的实施；员工培训与开发的管理
【学习目标】
　　☐ 了解：员工培训与开发的三个阶段。
　　☐ 熟悉：培训前的准备工作。
　　☐ 掌握：设计员工培训与开发实施管理的方法。

 开篇案例

RB公司的人员培训组织和管理

　　RB制造公司是一家位于华中某省的皮鞋制造公司，拥有将近400名工人。大约在一年前，公司失去了两个较大的主顾，因为他们对产品过多的缺陷表示不满。RB公司领导研究了这个问题之后，一致认为：公司的基本工程技术方面还是很可靠的，问题出在生产线上的工人、质量检查员以及管理部门的疏忽大意、缺乏质量管理意识。于是，公司决定通过开设一套质量管理课程来解决这个问题。

　　质量管理课程的授课时间被安排在工作时间之后，每个周五晚上7:00～9:00，历时10周。公司并不付给来听课的员工额外的薪水，员工可以自愿听课，但是公司的主管表示，如果一名员工积极地参加培训，那么这个事实将被记录到他的个人档案里，以后在涉及加薪或提职的问题时，公司将会予以考虑。

　　课程由质量监控部门的李工程师主讲。主要包括各种讲座，有时还会放映有关质量管理的录像片，并进行一些专题讨论。内容包括质量管理的必要性、影响质量的客观条件、质量检验标准、检验的程序和方法、质量统计方法、抽样检查以及程序控制等内容。公司里所有对此感兴趣的员工，包括监管人员，都可以去听课。

　　课程刚开始时，听课人数平均60人左右。在课程快要结束时，听课人数已经下降到30人左右。而且，因为课程是安排在周五晚上，所以听课的人都显得心不在焉，有一部分离家远的人员听课听到一半就回家了。

　　在总结这一课程培训的时候，人力资源部经理评论说："李工程师的课讲得不错，内容充实，知识系统，而且他很幽默，使得培训引人入胜，听课人数的减少并不是他的过错。"

资料来源：http://www.docin.com/p-319205761.html

第一节 员工培训与开发的实施

员工培训与开发的组织实施是指根据企业发展和员工个人发展的需要,将培训规划具体化并予以执行的过程。由于已有良好的培训规划,具体的培训则贵在落实。在培训实施过程中真正要注意的就是一些技术细节,主要目的是让受训者始终对培训保持很高的积极性和配合精神,尽可能地使教与学双方互动,使培训取得良好的效果。员工培训与开发实施模型如图 11-1 所示。

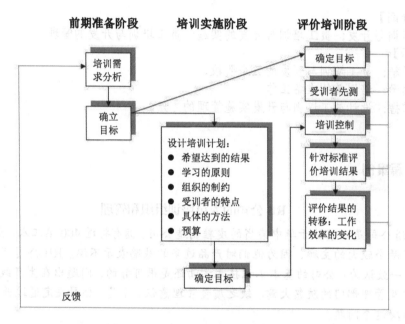

图 11-1 员工培训与开发实施模型

一、前期准备阶段

1. 确立培训项目工作小组

培训的实施首先要确立培训项目的工作小组,以确立负责人或责任人,整个培训项目由其指挥。这样整个培训工作的开展才能整齐划一地有序进行。而培训的组织成员没有严格的界定,既可以是人力资源部主管培训的工作人员,也可以是其他部门人员,甚至可以是企业的高层领导。但在整个培训实施中,都要接受项目负责人的指挥。工作小组成立后,还需进行明确分工,并界定责任,使培训的每一个工作环节落实到人。

2. 培训宣传

一个很好的培训项目被设计出来后,若企业其他部门对其不甚了解,就很难进行很好的配合,从而影响培训的效果。因为它们没有与培训部门进行很好的沟通,无法派送合适的受训对象去参加培训，而培训对象的正确选择对培训十分关键。而同样，受训员工不能真正理解这个培训项目的意义所在，其学习的动力也会不足，不能对培训产生兴趣，甚至产生抵触情绪。因此，在实施培训之前要与各部门主管及员工进行双向交流，取得建议，获得支持。

3．培训前准备

培训的实施须投入人、财、物、时间、信息等诸多方面的资源，这都得在培训前做好充分的准备。在培训分析与规划阶段，已对培训的实施进行了可行性分析，因此，资源的准备一般都是可行的，只是是否准备周全的问题，主要有以下几个方面。

（1）根据培训的项目目标，确立实施方案，包括项目的形式、学制、内容、程序、课程及教师。

（2）制定项目进度表，确定授课日程。授课日程或顺序的安排应按照各学习单元之间的相互关系与难易程度来确定讲授顺序和课时。

（3）再次确认培训教师，并与教师进行沟通，确认培训重点与讲授方式、风格，协助教师准备教科书和参考资料，编写教学大纲。

（4）布置培训场地。不同的培训项目对场地有不同的要求，应根据培训的内容、要求来选择和布置培训场地。

（5）准备培训设施，如投影仪、电视机、屏幕、放映机、摄像机、幻灯机、黑板、白板、纸、笔等。一些特殊的培训还需特殊的设备。

（6）准备培训经费。

（7）发放培训时间通知，并追踪确认，使每个学员都确知时间、地点、基本内容与培训目的及要求。

二、实施阶段

做好培训计划后，便需要讨论培训的具体实施问题了。对于培训课程的执行，主要依照计划进行即可。但在培训过程中，需进行及时的反馈，即在过程中反馈。培训工作者随时了解培训动态，掌握学员的反应，并根据受训者的要求适时进行调整，以保证培训效果。另外，在实施培训的过程中，另一个关系到培训效益的关键环节就是培训的控制。目前，大多数企业对培训过程的某些环节有所控制，但不完善。总的来说，培训过程应从以下几个方面进行控制。

1．对受训者的受训资格的控制

这要根据培训计划和培训需求来进行，而且需要结合员工所在职岗的性质与要求。受训资格的确定不是由领导来确定，而是通过培训需求定位的目标对象来确定。尤其在培训经费有限且关注培训效益的情况下，更应该准确控制受训对象范围，把钱花在刀刃上。

2．对培训经费的控制

培训经费划拨出来后，应根据本年度的培训计划进行分配，并且对培训经费开支实行专人控制与管理，以做到专款专用。控制培训经费最有效的手段就是计算人均培训费用，其公式为

$$C/T=(CC+TR+S+RC+T\&L+TS+PS+OH)/PT \qquad (11-1)$$

其中：C/T 为每一位受训者的费用；CC 为咨询费；TR 为培训场所租金；S 为培训用品费用；RC 为点心和饮料支出；T&L 为受训者和培训者的旅行与住宿费；TS 为培训者工资和福

利；PS 为受训者工资和福利；OH 为受训部门的经费开支；PT 为受训者人数。

3．师资的控制

师资的控制主要针对师资的任职资格、教学水平或能力、教育效果方面进行控制。由于部分培训教师需要外聘，其受聘价格不低，特别是一些培训专家，因此师资费用还需严格控制，否则，培训的预算难免超支。

4．培训效果的控制

对于培训效果的实现，在培训实施过程中也需加以控制，设置一些保证培训效果的控制环节。例如，为了提高学员对培训的重视程度，在培训结束后要设置"训末考核"，以考察学员的学习情况，而且在培训开始时就告知受训者，这样就在学习态度上对培训效果进行了控制。另外，对于教师的教学效果控制，也可采用在培训过程中发放师资教学质量的调查问卷的方式，以督促教师认真授课，保证授课质量。

三、评价阶段

培训的效果评价是对培训效果的总结和检验，是一次培训结束的标志。通过总结评价，可以找出培训的不足，总结经验与教训，同时可以发现新的培训需求，作为下一轮培训的重要依据。在前面第四章，我们已对系统效度评估的内容与分析作了详细的介绍，认识到效果评估对整个培训系统极其重要，并通过指标体系的建立分析了系统效果评价应予以考虑的因素，使评价有的放矢。同样对于每个培训项目的运行子系统，评估环节也十分必要。项目的负责人能够通过评估考核的结果来全面认识完成的培训工作，有目标地进行纠正和改进，同时也可以总结工作中的一些亮点，以便继续保持和发扬。鉴于前面已对培训评估作了大量阐述，这里仅从操作性的角度加以补充，希望能使培训工作人员更加有效地开展培训工作。

虽然培训项目评估发生在培训工作的最后阶段，但设计培训计划的时候就需考虑。企业一般从以下几个方面进行培训效果评估：分析培训效果是否达到预期目标，评估培训的价值，分析培训活动中需要改进的地方，分析受训对象的选择缺陷，回顾和改进培训项目。培训的效果评估可在培训将要结束的时候进行，也可以在培训结束后通过信息反馈和分析来进行。

1．清楚培训评估的目的

在组织培训评估之前，评估者首先要确定评估的目的。评估的目的清楚以后，才能在恰当的时机用恰当的方法进行有效的信息收集。培训评估的目的与企业培训的目的是一致的，评估也正是为了了解企业培训目标的实现程度如何。一般企业对培训项目的评估有以下三个目的。

（1）了解培训的效果与效率。无论是培训的组织部门，还是受训的工作单位或投资培训的决策层，都应清楚地了解一个问题培训是否起到了作用。培训的价值要用效果与效率两个指标来评价。培训效果是指通过培训，企业获得多大的社会和物质效益，受训者在行为和工作绩效上取得了多大的改善，这可以通过柯克帕特里的四层次评估模型来分层评估。而培训的效率则是考评培训工作者的工作效率，现在越来越多的企业开始重视培训效率的基准化测量。

（2）改进培训的质量。培训负责部门应全面掌握并控制培训的质量，对不合格的培训要及时找到失误的地方进行纠正。本着不断改进培训质量的原则，把培训工作越办越好。

（3）了解受训者对所授知识、技能、态度的接受和更新能力，以及培训成果在工作中的应用程度。另外，受训者对整个培训项目的直接感受，是评估工作的重要内容，也是获取反馈信息的直接来源。

2. 培训评估的层次选择

一般企业都采用 D.L.柯克帕特里的四层次评估模型对培训效果加以分析，包括反应、学习、行为、结果。每个层次的评估难度都在不断增加。限于企业的精力和财力，大多数企业的培训在做完一级评估或二级评估后就鸣金收兵了。但是权威人士认为要使评估工作开展好，能为培训的改进提供有效信息，则需进行三至四层评估。深层评估的优点可暴露培训内容在工作中难以运用的障碍。如果仅仅采用一、二层评估，所获得的数据是非常有限的，虽它们可用于判断培训条件是否有助于学习及受训者对学习内容的掌握程度，但反应和学习成果无法说明学习成果是否发生了转化，即所学到的技能、知识、态度、思维方法是否转移或运用到工作中，以及转化多少都不得而知。但若每项培训都采用深层评估，也不现实。采用哪种层次的评估最为有效呢？这取决于培训目标。如果目标是了解与经营业务相关的结果，那就应进行深层的绩效成果评估。只有将培训目标与评估活动结合起来，才能达到最佳的评估效果。

3. 评估活动的开展

培训的评估工作分为五个步骤：选择评估者、确定评估目标与标准、受训者测试、收集培训反馈信息、评价培训效果及转化。

（1）选择评估者。评估者的正确选择对整个评估工作而言十分关键。很多企业的效果测评的信度与效度不高，大部分原因就在评估者身上。作为一名裁判，其自身应该对所评判的事物非常熟悉，否则就会成为外行评价内行，可信度大打折扣。而且评估者还须具备公正、严谨的品质，对评估报以客观、公平的工作态度。在实际测评中，可根据评估内容来确定评估者。

（2）确定评估目标与标准。评估的目标在培训评估实施之前就须确认下来，它是整个评估工作的方向指引。同样，标准与目标息息相关，只有确立了目标才能确立评估标准；标准确立之后，目标才能得以具体化。评估标准的选择要以目标作为基础，并使其与培训计划相匹配，当然也必须具有可操作性。

（3）受训者测试。受训者测试包括先测与后测。先测指让受训者在培训之前先进行一次相关的测试，以了解受训者原有的水平，这将有利于引导培训的侧重点，也为正确的培训效果评价打下基础。而后测指在培训结束后用同先测一样的方式进行测试，以与先测结果比较来判断培训的直接效果。

（4）收集培训反馈信息。培训反馈信息是指受训者、受训部门及领导层对培训的意见反馈。这些意见是对培训工作的直观评价，但在短时间内还不能测试出培训的转化效果。在收集信息时，要善于观察，抓住培训目标的大方向，并与受训者及时交流，了解真实反应。

（5）评价培训效果及转化。评价培训效果首先要针对一定的评价标准，根据评价收集的信息与数据进行量化，运用指标体系和多种分析方法进行评价。一般我们从知识、技能、态度和业绩变化四个方面来度量培训效果。对于知识和技能的变化可通过培训的先测与后测来进行比较，而态度变化则需考虑工作环境的影响，受训者很可能因工作环境的积极或消极影响改变培训结束后的态度。对于培训后的业绩变化则需受训者回到岗位后一段时间再进行测试，因业绩的变化不像知识与技能那样立竿见影。对于培训的效果转化的测试则是一项综合性测试，它须结合前面的测试评价，同时还须考虑多项因素的影响，如培训结果对受训者在升迁、奖惩方面的刺激程度，所引用的指标也多具可测量性，因此必须借助指标体系来完成。

第二节　员工培训与开发的管理

任何企业的经营目标之一都是希望能够得到最大限度的发展，而企业发展中很重要的一个因素便是人力资源，因此企业希望员工们都具有良好的素质和较高的能力。近年来，我国企业在人力资源培训与开发管理方面取得了整体性的进展，但实际中仍存在一些问题。如何更进一步推进企业人力资源培训开发管理的发展，成为当前研究的主要课题。人力资源管理就是要利用科学的方法优化人才结构，争取在人力资源上取得最大的使用效果，并产生最大的效益，这也就离不开人才的培训了。当前已经是知识经济时代，知识资源成为很重要的资源，人力资源也理所当然地成了目前经济发展的主要构成因素。经营企业如逆水行舟，不进则退，在当前的竞争条件下，掌握了人才，便是掌握了知识，掌握了市场的命脉。

一、企业员工培训与开发管理的必要性

1. 企业人力资源培训与开发管理是保证企业投资增值的重要途径

进行人力资源培训开发管理，是企业增值的有效途径，因为培训可以提升员工的个人素质和技能，提高员工的积极性、创造性，从而使得企业拥有更强的市场竞争力，为企业的长期战略发展培养后备力量，使企业长期受益。毕竟市场竞争归根结底是人才的竞争，企业进行人力资源培训与开发管理，是对企业综合能力的有效提升。美国的《财富》杂志也曾说过："未来最成功的公司，将是那些基于学习型组织的公司。"培训是保持企业员工先进性、知识创新性的主要手段，也是保证公司未来发展的关键因素。人才的价值在于其知识的深度和对工作的态度。而培训则是一种投资，企业为员工知识的深度或宽度进行拓展，员工便以学到的知识为资本为企业创造财富。因此，企业必须将人力资源培训及开发管理与企业战略目标紧密结合起来，对症下药，以保证人力资源培训的高效性。

2. 企业人力资源培训与开发管理是企业留住人才的重要手段

目前，企业经营中普遍存在的矛盾是，企业需要专业又有经验的员工，同时也很有意向进行大力度的人力资源培训，但一些员工会因为个人、家庭等各种原因而离开企业，造成了人才的流失，甚至导致人力资源培训的投入产出比严重失衡。如何吸引、留住人才，最大限度地激发他们的活力，同时保持人才对企业的忠诚度，使其为企业创造财富，成为人力资源开发的一个重要目标。而实践证明，哪里的人才培养环境好，哪里充满生机和活力，哪里就会成为人才聚集的地方，反之，人才就会流失。

引进和留住人才，要靠优厚的待遇，更要看职业是否有发展前景。当今的人才大多都比较重视企业的后续发展和未来的前景，尤其是从事高技能工种的人才更希望能够应战具有挑战性的工作，希望自己在本职工作岗位上做出业绩的同时，能使自己的未来有一个更加广阔的发展空间，有一个更加好的职业生涯发展规划。而企业的人力资源培训与开发除了能在现有的水平上提高员工在当前职位上的工作能力之外，还是员工进行在校教育后学习的主要形式。这种学

习形式除了能满足企业自身生产的需求之外，也能满足员工的生活需求，包括精神需求和心理需求。经调查表明，在经常进行员工培训的企业，其员工的工作满意感和生活幸福感要远远大于不经常进行培训的企业的员工。留"人"的关键是留"心"，把"心"留住了，留"人"的工作自然就水到渠成了，而在目前人的物质欲望越来越强烈的大环境下，培训带来的精神和心理上的满足无疑是目前留"心"的最好手段。

二、企业员工培训与开发管理的宏观方面

1. 提高对培训的认识

企业要正确地认识人力资源培训与开发管理的意义，要把它摆到一个足够的高度，把它当成企业发展过程中的一个重要组成部分。当今社会的知识资源更新得越来越快，而正是因为如此，企业就更加要端正对人力资源培训与开发管理的认识，企业领导更应该把人力资源培训与开发管理作为企业的头等大事来抓，这样才能更好地实现双赢。

2. 创新企业培训方式

企业经营管理必不可少的因素是人力、财力、物力。而人力是最具创造力，也是最具不确定性的因素，要想对人力实行有效管理不是一个容易达成的目标。通过进行人力资源培训与开发管理可以传达企业对人的重视程度，也可以不断地更新员工的价值观念，更是使员工不断进步的重要手段，这样员工的管理水平就能达到预期的要求。当然，观念并不是一下子就可以改变的，这项工作是漫长的，是需要我们在日常工作中不断地用各种各样的方式、方法来宣传的，从而逐渐改变员工已经形成的观念，长期坚持就一定能为企业带来不一样的效果。

3. 塑造良好的培训文化

不论是企业还是员工，都是需要不断进步的，而员工的进步关系到企业的发展。因此，进行人力资源培训与开发管理就变得特别重要，而良好的培训文化能够使员工自觉地发起，并在培训工作中不断进步。员工进步了，企业的市场竞争力也就提高了。特别是现在，不仅要与国内的企业竞争，还有国外的外资企业，这就使得每一个人都面临完成工作所需的知识和技能的更新与调整的问题，以适应市场的竞争。因此，加强员工的培训便成为企业维持其高度工作力所必须投入的一项活动，形成良好的培训文化，让一切都有规则、有顺序。不仅管理者要正确认识，员工也需要端正被培训的态度。正确的培训理念和良好的培训文化是培训工作顺利展开的前提。有了正确的培训理念和良好的培训文化，员工才能正确地对待培训，从而使培训工作在企业中得到大家的认同，使员工真正意识到培训对组织和个人的重要性。

三、企业员工培训与开发管理的具体措施

1. 培训需求分析

培训需求分析主要是评估企业中主要存在什么问题、哪些员工需要培训、需要培训什么，最后确定培训目标，有效地实施培训，确保培训内容、方式与企业员工所需要的东西相一致，并进行深入探索研究的过程。在系统分析时，需求分析是系统分析的第一步，培训也是如此，培训需求分析对于企业培训工作是非常重要的。培训需求的分析通常要按以下几个步骤进行。

（1）确定培训需求是否与企业的战略目标相一致。为了保证需求一定得到满足，培训需求必须符合企业战略目标。只有着眼于符合企业战略目标的核心需求，才能够算得上是成功的培训需求分析体系。培训需求分析体系主要是根据企业发展目标对人力资源的需求进行调整，提前培养和储备企业需要的人才。

（2）确定培训需求是否具有执行性。首先，企业培训管理人员要了解企业的培训方针和政策；其次，确定培训时间、地点、培训对象、培训人数；再次，对于现有的和未来的培训资源，企业培训管理人员都要及时进行了解；最后，从企业实际出发，根据预算费用对培训进行安排，从而使得此次培训是否具有执行性能够得以确定。

（3）决定是否实施培训。培训管理人员要根据培训需求分析，编制培训需求计划书，并将此计划书递交企业决策者以确定是否实施此项培训。一般情况下，会出现三种结果：需求计划书通过；需求计划书需要修改；需求计划书被否定。因此，培训管理人员要根据不同结果来准备不同的方案。

2．制订培训计划

培训计划按时间长短划分可分为长、中、短期计划；按培训层次划分可分为整体、部门、个人培训计划等。制订培训计划的内容应包括培训目标、人员、时间、地点、方法、教师、教材、费用等。制订培训计划首先要设置培训目标，为培训计划提供明确的方向。

（1）设置培训目标。为了适应企业战略的发展才进行培训，因此培训目标要有一定的前瞻性。

① 企业战略发展目标。对于企业发展的长期目标，在进行培训之前一定要明确，因为实现企业的总体目标是培训的最终目的。

② 技能培训。在高层员工中要进行思维能力的培训；在中层员工中要进行协调和组织能力的培训；在基层员工中要进行具体操作技能的培训。

③ 知识传授。在进行知识传授时，在传授基本概念和知识的同时，还要传授企业价值观，从而使员工具有高度的责任心与使命感。

（2）制订培训计划。培训计划的制订就是为了使培训工作能够顺利、高效地完成。具体环境因素是制订有效的培训计划时必须考虑的因素，如企业现有规模、企业文化、员工技能等。其实，企业领导的管理价值观和对培训重要性的认识是培训计划最为关键的因素。

3．实施培训方案

实施培训方案通常采用两种方式：企业内部培训和聘请外部专职人员进行培训。因此，笔者认为在实施培训方案时要注意：首先，由企业的人力资源部负责组织，要求各部门积极配合，并且中高层员工要起到示范、指导作用；其次，改变传统的课堂教学方法，现在多媒体的教学方式已经不能引起员工的学习兴趣，应该增加诸如角色扮演、现场讨论、实际参与等教学手段以带动员工的学习热情；第三，对于培训，每个员工的反应都是不同的，因此要区别对待积极参加培训的员工、不情愿参加培训的员工和拒绝参加培训的员工，如引入竞争上岗的激励、晋升、津贴制度等。

（1）选配师资队伍。在培训中，决定培训成功与否的一个重要因素就是师资队伍的水平，在选择培训师时应该从以下几个方面进行。

① 德。德是选择培训师的基础，德包括品德和职业道德。

② 能。能就是培训师的能力。培训师应该具有夯实的专业基础，并且善于创新。另外，培训师还要具有丰富的教学经验，这样如果课堂上发生各种突发状况，培训师也能够很好地应对。

③ 才。才就是才能。在培训时，培训师一切的才能都是通过表达来实现的，因此培训师要具备思想表达能力和较强的协调能力。

④ 技。技便是技术。在信息时代，培训师必须具备较强的运用现代教育技术和信息处理的能力。

（2）选择培训方式。企业的培训方式大致可以分为在职培训和脱岗培训两种。

① 在职培训。在职培训就是员工一边工作一边通过培训来提升自己。一般情况下，这种培训都是针对没有什么工作经验的新员工来讲的，或者是有工作经验但是现在所从事的工作与之前的工作完全不同。

② 脱岗培训。主要可以采用以下三种方法。

❑ 讲授法：讲授法是一种传统而有效的培训方法，广泛应用在专业技术人员和管理人员培训与开发的过程中。讲授法主要是在一定时间内集中教学，能在短期内使专业技术人员掌握高新技术，发挥专业优势，也能使管理人员改进领导方式，增进绩效。

❑ 企业研讨会：在较短的时间内，使参与者实现交流大量的工作信息。

❑ 案例研究：其特点是将被动式学习改变为主动式学习，从而使得员工的兴趣被激发出来。

以上这些培训方式都有其优缺点，因此企业要根据自己的实际情况来选择适合自身的培训方式，从而使得这些培训方法的优点都能够很好地发挥出来。

4. 培训效果评估

培训效果评估可分为反应层评估、学习层评估、行为层评估以及结果层评估。下面对其分别进行分析。

（1）反应层评估。反应层评估就是评估培训人员对培训效果的反应，一般都是通过问卷调查来进行的。问卷调查的内容包括对培训师是否满意、对培训师的教学方法是否满意、对教学效果是否满意、对教学环境是否满意等情况，通过统计问卷上的信息来进行综合评估。

（2）学习层评估。学习层评估主要就是对培训人员的具体能力进行检测，通过绩效考核方法来进行，从而来确定培训内容是否恰当、知识和技能是否得到了提高、是否达到了预期目标。

（3）行为层评估。行为层评估一般都是由管理者、客户或者同事观察员工在培训前后是否有变化、是否对企业起到好的作用来进行评估，很显然，行为层评估是在培训结束后进行的。

（4）结果层评估。结果层评估主要就是测试培训员工是否使得企业效益更好了。通过对此进行分析，企业就能够很好地了解到培训是否有效。

总之，进行人力资源培训与开发管理是人力资源管理学科研究的重要内容之一，也是企业必须立刻认识的重要问题，因为企业真正重视职工培训对企业、职工将会是一个双赢的选择。可以说，人力资源培训与开发管理工作的好坏，直接影响到企业的运营发展，成为企业能否获得有利竞争力的关键因素。员工培训是企业进步的催化剂，是企业持续有效地发展的动力。

> **给予**
>
> 　　有个老木匠准备退休，他告诉老板，说要离开建筑行业，回家与妻子儿女享受天伦之乐。老板舍不得他的好工人走，问他能否帮忙再建一座房子，老木匠说可以。但是大家后来都看得出来，他的心已不在工作上，他用的是软料，出的是粗活。房子建好的时候，老板把大门的钥匙递给他。
>
> 　　"这是你的房子，"他说，"我送给你的礼物。"他震惊得目瞪口呆，羞愧得无地自容。如果他早知道是在给自己建房子，他怎么会这样呢？现在他得住在一幢粗制滥造的房子里！我们又何尝不是这样。我们漫不经心地"建造"自己的生活，不是积极行动，而是消极应付，凡事不肯精益求精，在关键时刻不能尽最大努力。等我们惊觉自己的处境时，早已深困在自己建造的"房子"里了。把你当成那个木匠吧，想想你的房子，每天你敲进去一颗钉，加上去一块板，或者竖起一面墙，用你的智慧好好建造吧！你的生活是你一生唯一的创造，不能抹平重建，即使只有一天可以活，也要活得优美、高贵。墙上的铭牌上写着："生活是自己创造的。"

第三节　员工培训与开发的实施与管理实例

一、A企业的员工培训管理的现状

1．A企业简介

　　A企业建厂于1958年，是中国重点抗生素生产基地和全国五百家大型工业企业之一，企业规模为大型一类。工厂占地65万平方米，资产总值16亿元，拥有职工8 000余人，其中专业技术人员2 300余人，下设多个车间与4个分厂，两座总发电能力1.67万千瓦的自备电站，还拥有国内一流的质量检测中心。工厂主要生产青霉素钾、青霉素钠、氨苄西林钠、阿莫西林等30多种原料药和制剂品种，是国家原料药的重要生产基地。

　　该厂为一大型国营企业，20世纪90年代初，经济效益开始呈现下滑趋势，至1998年末，经济状况跌至谷底。于1999年被深圳一家集团控股收购，经营仍然举步维艰。后又于2001年再次转手被北京一个著名企业A控股，经济开始好转。从表11-1可以看出，A企业的主要经济指标自2001年以来稳步上升，其中2002年比2001年的销售收入、利税总额和年利润均有较大幅度的增加，但连续几年来的收入利润率偏低，仅为6%~8%，且2003年较2002年的这三项经济指标增幅明显有所降低。

表11-1　近三年主要指标完成情况

	2001年	2002年	2003年
销售收入/万元	198 308	255 809	283 873
利税总额/万元	30 273	38 372	42 581
实现利润/万元	10 714	16 295	20 552
收入利润率/%	5.4	6.37	7.24

2. A 企业的人员结构

A 企业拥有员工 8 000 多人，其人力资源总量虽然丰富，但整体素质较低，且结构不合理。表 11-2 为 A 企业各系统人员情况对照表。从表中可以看出：A 企业的研究人员和销售人员的比例很低，是所谓的枣核型结构，而国际上一个现代企业的人员比例中研究人员和销售人员的比例应占很大一部分，即哑铃型结构。整个企业的员工学历层次在大学以上的人员比例较低，尤其高学历的专业科技人员份额过低。从表 11-3、表 11-4 中可以看出，目前中青年员工已成为企业的主力，与近年来加大对大、中专学生的接收有一定关系，整个企业已由一家老企业转变成了一家年轻的企业。表 11-5 为 A 企业的员工职称情况统计，具有高级技术职称的员工比例较低，仅为全厂总人数的 2.09%。科研人员数量较少，导致药品的研发和生产工艺的创新、改造能力薄弱，这实在和 A 企业的发展规模不相符，并严重限制了企业的进一步发展。

表 11-2 2003 年底 A 企业各系统人员情况对照表

	生产车间			管理部门			营销系统				后勤服务	科研部门
	生产一线	技术人员	政工人员	行政人员	技术人员	政工人员	普药	新药	贸应	供外		
人数	4 239	902	31	230	138	37	436	227	125	48	1 589	125
小计	5 172			405			836				1 589	125
比例/%	63.64			4.98			10.29				19.55	1.53

表 11-3 A 企业员工知识层次情况表

	（博、硕）研究生	本科	专科	中专	无学历
人数	11	958	1 840	729	4 589
所占比例/%	0.13	11.79	22.64	8.97	56.47

表 11-4 A 企业员工年龄状况表

	50 岁以下	40～50 岁	30～40 岁	30 岁以下
人数	480	1 945	3 765	1 936
所占比例/%	5.91	23.93	46.33	23.83

表 11-5 A 企业员工职称情况表

	工程建设	会计	经济	政工	其他	小计
高级	69	4	47	2	37	159
中级	389	26	180	34	47	676
初级	573	71	420	39	40	1 143
小计	1 031	101	647	75	124	1 978

3. A 企业培训现状

在 A 企业并购以前，员工培训主要依靠自有的技术学校。技术学校负责全厂职工的职业技术教育，但技校的培训课程主要针对一线的生产职工，多从技能着手培养。培养对象及人数由厂人事部门确定，但培训课程由学校决定。当时员工各有职岗说明，因此培训需求的确没有客观性依据。对于中、低层管理者和技术人员，几乎不进行培训，主要依靠自学或参加国家职称考试培训。而高级管理人员与技术人员，则多采用外派到高校进修的方式进行培训，费用由企业承担。总之，A企业在并购前虽一向重视培训，但未真正认识到培训对企业发展的功效，没有形成完整的员工培训体系。

自2001年，A企业并购以后，全厂进行组织结构调整，人力资源管理系统被重新整合，员工培训作为一个专项职能纳入人力资源部门，并作为企业核心竞争力形成的主要动力之一。员工培训系统经过一系列的调整改革之后，初步形成一套较为完整的培训管理体系。

4. 企业员工培训组织机构的设置概况

A企业经改革以后，由人力资源部设立培训中心负责全厂年度培训计划的编制，协助有关主管部门开展具体的实施工作，并对培训工作进行检查、监督和评估。相关部门配合培训计划的实施，并负责本部门员工的岗位技能培训。整个培训系统的组织机构设置如图11-2所示。

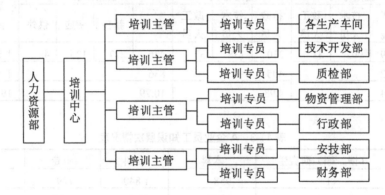

图11-2 A企业培训组织机构设置

与企业改革前比较，企业领导对员工培训更为重视，安排一名厂级领导指导培训工作。每年新员工培训开班仪式上，厂领导几乎均要出席，甚至亲自担任部分课程教师。自1999年以来，培训经费呈上升态势，如图11-3所示。

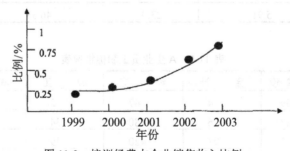

图11-3 培训经费占企业销售收入比例

（1）A企业员工培训的内容构成。A企业的员工培训仍然以内部培训为主，内容由各主管部门提出的要求来安排，主要有以下几个方面。

① 新员工的培训。

上岗前的基础教育包括工厂概况、厂纪厂规、安全、质量、环保意识、重大环境因素、相关法律常识及 GMP、ISO 9000 系列标准基础知识的培训；

岗前技能培训（含转岗人员）包括所在岗位相关作业文件、注意事项、相关设备性能、操作过程、现场实际作业及出现紧急情况时的应急措施、安全注意事项等培训内容，由所在部门进行培训。

② 检验人员的培训：统计技术、检验方法、质量管理、GMP 基础知识的培训；由质检处负责组织进行，在上岗前实施，考试合格后持证上岗。

③ 采购、营销、物资管理人员的培训：采购人员需经过采购物资技术要求、采购基础知识的培训；营销人员需经过产品相关知识、营销技能基础知识的培训；物资管理人员需经过仓储物资的储存特性及相关仓储基础知识的培训。以上培训由人员所在部门组织进行，在上岗前实施。

④ 特殊工作人员的培训：特殊工序、关键工序人员的培训；环境控制、环境检测人员的培训；由所在人员部门或专业主管部门组织进行培训，在人员上岗前实施；驾驶员、电工、锅炉工、电焊工等需取得相应的外训合格证。

⑤ 工程技术人员的培训：专业技术及相关的新理论、新概念等方面的培训，由技术处负责进行。

⑥ 其他在岗人员的培训：岗位技能的提高和强化，按工厂的培训计划要求进行。

2002—2003 年，A 企业共计进行了 13 项培训，达 3 759 人次，占职工总人数的 46.25%（不含一些部门自行组织的培训）。从培训内容构成看，与企业实际工作结合紧密，有很强的关联性。

(2) 培训计划的实施与评估。厂人力资源部每年 12 月份，根据工厂的发展方向和基本培训需求，以及本年度各部门《培训申请单》及反馈的意见，制订下年度培训计划（包括培训对象、时间、内容、教师、教材、培训考核方式等内容），经主管厂长批准后下发各部门，并督促、检查各部门的计划执行情况。在实施培训的过程中，执行"谁组织、谁记录"的原则，将每次培训情况做好记录，填写《培训档案》，内容包括时间、地点、培训师、内容、参加培训人员考勤签到簿及考核成绩并保存相应的试卷；计划外的相关培训由相关部门填写《培训申请单》的方式提出，经主管厂长批准后，由相关部门自行组织实施。整个培训流程如图 11-4 所示。人力资源部还不定期（一年不少于两次）地对工厂各部门员工进行现场抽查考核，发现不能胜任本岗位工作的，及时安排补充培训考核或调换工作岗位，并对单位负责人进行通报批评。培训时所使用的记录文件有：《培训班学员考勤簿》、《职工转岗、顶岗、上岗培训考核记录》、《培训考试成绩单》、《年度培训计划》、《年度培训计划实施考核表》、《职工培训档案》等。

每年年末由人力资源部负责组织各部门负责人、培训教师参加年度培训工作会议，评估培训的效果，征求改进培训工作的意见和建议，以更好地制订下年度的培训计划，实施培训操作。但在评估培训效果时，仅以受训员工的考试成绩与回岗胜任率作为考核指标。因此，近两年对培训的效果评价都在 80 分以上，结论是培训效果很好。但实际是否真是如此理想呢？我们对其制剂车间进行了抽样调查，员工中对培训的满意度仅为 23%，尤其该车间部门主管对中心的脱产集训极为反感，认为是干扰车间的正常生产。至于对培训成果转化这一指标的信息反馈也不理想，有 23%的员工认为培训所学的知识无法运用。制剂车间有三个班组，去年参加培训的只有一个，而这一个班组的工作业绩与其余两个班组的业绩差别不大。因此，A 企业在培训评估上的指标体系还极不完善。

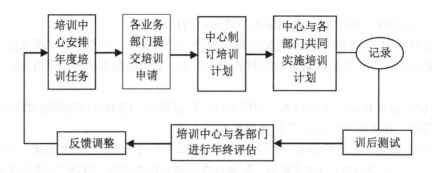

图 11-4　A 企业的培训流程

二、综合分析

A 企业的员工培训系统,较并购以前有极大的改善,在系统的培训组织上更加细致,环节设置也基本完善,初步形成了系统的输入、实施、输出三大体系。而且,重视培训的理念得到自上而下的执行,培训工作被企业领导放到了重要的战略位置。在构建培训体系的近三年里,培训系统的运行对企业的经济效益的改善也具有一定的功劳。全员学习的观念在员工中基本形成。但是,该企业的培训系统在体系组建和运行上还存在一定的问题,使得培训系统的效果还未真正地体现出来。下面,我们仍从培训系统的静态与动态两个方面就系统中存在的问题来进一步加以分析和认识,以期为该企业的员工培训提供一些有效的建议。

1．静态评析

(1) 培训的组织结构设置不够合理,培训的执行难以有效、到位。A 企业在培训系统的组织机构设置上进行了全面整合,培训不再仅是人事部门的事情。培训专员在培训系统组织结构中是从属于且直接受培训中心指导的工作职岗,各部门的培训需求由其向培训中心提出,同时也根据需求制订各部门的培训方案。而培训专员由培训中心直接领导,因而培训工作的执行力得到一定的保证,一般计划出来都能顺利实施。但是,正由于 A 企业的培训专员归属于培训中心,而与各业务部门存在一定程度的工作断档,其执行的培训工作与各具体的业务工作不能紧密结合。我们在企业访谈中发现,超过 70%的培训专员以前都未从事过所负责培训工作的部门工作。其中,销售部门反映负责销售的培训专员以前是做财务的,对销售工作纯属"门外汉",这样他们又如何能真正设计出有效的能符合他们真正需求的培训计划方案呢?同样,在其他部门也大多存在这样的情况,因而在员工中流传着"外行领导内行"的说法。之所以会出现这样的情形,问题就出在培训系统的"职岗设置"不够合理。

培训专员作为负责具体培训工作的主要基层工作人员,首先应是对所负责的工作十分熟悉甚至具有丰富经验的工作人员,这样才能有的放矢地针对培训需求进行培训,也才能有效地进行培训需求评估和定位,进而选择有效、对口的方法。但是,这样的人员选择必定不能脱离所属部门业务管辖,否则,他对业务工作的理解不会真正到位。

(2) 培训的内容体系虽较完整,但其需求权重设计不合理,缺乏针对性。以 A 企业销售人员的培训为例,为了了解营销人员的培训需求情况,销售公司于 2003 年末对部分营销人员进行了调查,共发放调查问卷 150 份,回收 128 份,涉及地区经理 8 人,办事处主任 22 人,业务员 132 人。虽然人数不多，但具有一定的代表性。对于本次调查的部分关键问题，回答结果统计如表 11-6 所示。

表 11-6 A 企业销售人员培训需求调查

培训教材	需求人数	需加强的培训	需求人数	急需培训	需求人数
专题设计教程	93	药品政策法规	81	药品药理知识	85
讲义	17	客户管理	30	推广技巧	27
视听教材	72	营销技巧	117	商业礼仪	23
公开出版书籍	6			信息资源	22
				营销管理	35

从调查结果中可以看出，大多数被培训的人员希望培训的教材是专题设计的，以便能有较强的针对性。培训需求集中在政策法规、形势分析、业务知识、营销技巧、营销管理、客户管理、法律知识和药品知识等方面。而以往的培训内容却主要集中在理论、制度规定方面，如市场经济学、营销原理、财务规定甚至 GMP 与 ISO 2000，这些也的确需要了解，但重要性与急迫性并不大。受训的销售员工需要的是一些具有较强的操作性，能切实提高销售业绩的培训内容。而培训体系在设计培训课程时，对客观条件、环境、人员类型分析不够，没有做到因势施教、因人施教，针对性不强。

（3）培训开发的手段缺乏多样性。在 A 企业的员工培训中，培训开发的手段较为单一，缺少灵活性和多样性。目前，使用最多的培训方式是师带徒和讲座法。师带徒培训方式主要被用在新入厂员工的岗位技能培训上，主要优点是使新员工或转岗员工能很快适应目前的岗位技能需要，尽早地适应当前的工作环境。讲座法被广泛地用于各类员工不同层次、不同类别的培训上。这种培训的沟通主要是从单向的培训者到受训者，虽然讲座法是成本最低、最节省时间又是按一定组织形式可以有效传递大量信息的培训方法，但它缺少受训者的参与、反馈及工作实际环境的密切联系。这些会阻碍学习和培训成果的转化。讲座法不大会吸引受训者的注意，因为它强调的是信息的聆听，而且讲座法使培训者很难迅速、有效地把握学习者的理解程度，缺少互动性。

（4）缺少有效的培训效果评估的指标体系。A 企业虽然在培训管理程序文件中列出了培训效果评估一项，即每年末由人力资源部负责组织各部门负责人、培训教师参加年度培训工作会议，评估培训效果，征求改进培训工作的意见和建议，不定期地对各部门员工进行现场抽查考核，但在实际工作中，由于厂人力资源部主抓培训工作的只有一个人（同时还协助负责新入厂大学生和车间临时工人的招聘等其他工作），各基层部门也并不重视这项工作，效果评估工作仅仅是培训过后举行一场简单的考试，事后不再作跟踪调查。考试是一种有效的考核方式，但它有一定的局限性和适用性，不是所有的考核内容都适合用考试来考核的。另外，学员对考试有针对性，这样使考试后的结果不能反映实际的情况，有时甚至考试只是流于形式，实际效果差。这样一来，并不能起到考评培训效果的作用，在培训上的投入也没有收到预期的回报。

2．动态分析

（1）培训的需求分析不够到位。在培训系统的动态运行模型中，培训的需求分析是一个十分重要的关键环节，它的分析结果关系到培训方案设计是否具有针对性，所选择的培训方法与模式能否有效,以及最终培训目标的实现程度等方面。A企业在培训系统流程设计,确立培训需求的分析环节,指出由培训中心在上年末向各业务部门安排培训任务,再由各部门通过培训专员上报培训要求。这种方式虽然考虑到受训单位的意愿,但是需求走向却是自上而下,通过培训任务的安排来确定需求方向,这使受训者的需求受到很大程度的限制,并且在需求分析中与受训单位的岗位分析有所分离。A企业的整个培训需求分析过程没有以"职岗说明"为依据,培训中心或各业务部门在确定需求时,都是从感性出发。A企业在并购以后,虽然对员工的各个工作岗位的职责及要求进行了界定和说明,但没能在需求分析时作为分析与评估的依据来加以应用,而使培训的需求分析与实际工作要求脱节。

(2)实施培训前,宣传环节缺位。在培训实施以前,培训工作人员应就培训的目的、要求及意义对受训者进行训前宣传,争取营造有利于培训实施的文化氛围。在前面我们对制剂车间的培训效果调查中谈到,该车间主管对培训提出的意见就在于培训前培训部门没能与受训单位沟通好,而且对培训效果发挥的过程性特点没能让受训学员及其主管知晓,即未让受训者懂得培训的功效并不是"药到病除",它还有一定滞后性,需要经过反复的训练才能将所学内容运用好,而且是一个潜移默化的过程。在A企业的员工培训流程中没有事前沟通宣传的工作环节,使很多学员带着各种思想状态和情绪进入培训,这使学习的效果及其运用都会产生负面的影响。

(3)培训实施中未能及时反馈、及时调整。在A企业,整个培训计划从制订到实施结束,几乎是没有更改,甚至有的培训计划"一成不变"、"一如既往"地执行了几次。之所以会出现这样的情况,主要原因在于整个培训计划的执行过程是单向的,不是双向互动的,培训漠视了受训者的反应和需求,不能及时满足学员的动态需求。这也与企业的文化意识观念有一定的关系。在A企业,多数人都将培训视为工作任务,其所针对的目标是完成上级的指示,而并没有意识到培训的效果与自己的工作业绩有着密切的联系。在这样的工作意识下,反馈的重要性就被忽略了,自然就成"你上啥菜,我就吃啥菜",至于营养与否、可口与否都不重要,关键是吃了没有。这也正是长期以来培训成了"说起来重要,干起来次要,忙起来不要"的重要原因之一。一般在一次培训项目执行中,都要经过多次的调整反馈,这也是对前期需求分析中出现的问题进行弥补的绝好机会,通过调整可使培训的"供"与"需"、"产"与"销"紧密结合。

(4)在实施培训评估以前未能建立有效的培训指标体系。A企业的培训评估过于简单,仅将受训员工的学习成绩作为考核依据,十分片面。培训后测试仅是培训评估的一个方面的其中一种方法,仅能反映学员在学习期间的直接学习状况,并不能完全说明培训人员的工作状况,更无法说明培训成果的转化情况。倘若学员学习认真或学习内容简单,都会使培训的测试获得较高的评定。但如果所学的内容与实际工作关联度不大,这不仅不能证明培训效果好,反而是一种资源的浪费。方向错了,一切都等于零。因此,在A企业出现员工意见大而培训工作的评分却较高的不正常现象,有很大的原因就缘于此。同需求分析中没有把"职岗要求"作为依据一样,培训评估没有科学、完善的指标体系同样也没了评判的依据。

本章小结

企业发展的重中之重的要素是人力资源质量，因此企业希望员工们都具有良好的素质和较高的能力。当前，大多数企业在人力资源培训与开发管理方面取得了整体性的进展，但实际中仍存在一些问题。如何更进一步地推进企业人力资源培训与开发管理的发展，成为当前研究的主要课题。员工培训与开发实施与管理，就是要利用科学的方法，优化人才结构，争取在人力资源上取得最大的使用效果，并产生最大的效益。

思考与练习

1. 什么是员工培训与开发？其意义何在？
2. 为什么说员工技能是可以培训和开发的？
3. 为什么说员工培训与开发的实施与管理对员工成长有利？
4. 员工培训与开发的实施与管理的基本流程主要有哪些？
5. 不同的组织角色需要掌握哪些不同的员工培训与开发的实施与管理方式？

案例分析

案例一：某机电企业的员工培训方案

某民营企业是一个由几十名员工的小作坊式机电企业发展起来的，目前已拥有3 000多名员工，年销售额达几千万元，其组织结构属于比较典型的直线职能制形式。随着本行业的技术更新和竞争的加剧，高层领导开始意识到，企业必须向产品多元化方向发展。其中一个重要的决策是转产与原生产工艺较为接近、市场前景较好的电信产品。正好当时某国有电子设备厂濒临倒闭，于是该企业并购了该厂，在对其进行技术和设备改造的基础上，组建了电信产品事业部。然而，企业在转型过程中的各种人力资源管理问题日益显现出来。除了需要进行组织结构的调整之外，还需要加强企业人力资源管理的基础工作，调整不合理的人员结构，裁减一批冗余的员工，从根本上改变企业人力资源落后的局面。

此外，根据购并协议，安排在新组建的电信产品事业部工作的原厂18名中层、基层管理人员，与公司新委派的12名管理人员之间的沟通与合作也出现了一些问题。例如，双方沟通交往较少，彼此的信任程度有待提高；沟通中存在着障碍和干扰，导致了一些不必要的误会、矛盾甚至是冲突的发生。他们希望公司能够通过一些培训来帮助他们解决这些问题。

上级要求人力资源部设计一个培训方案，帮助电信产品事业部的管理人员加强沟通与合作。

资料来源：http://www.cs360.cn/renliziyuan/pxgl/glal/2123578/

讨论题：

1. 您认为这次培训实施中存在哪些问题？
（提示：结合案例进行分析）
2. 您认为这次培训应选择外部培训师还是内部培训师？为什么？
（提示：根据公司情况进行分析，合理即可）

案例二：美国可汗学院对企业培训的启发

美国企业使用在线教育手段已经超过 15 年，那么，2004 年成立的定位于儿童教育的可汗学院能够对企业培训或成人培训带来什么样的启发呢？

可汗学院的想法由萨尔曼可汗提出，他之前是一名对冲基金分析师，2004 年，为了教他数学有困难的小侄女第一次创建了 YouTube 教程。他的视频教程吸引了成千上万名学生及家长的关注。比尔·盖茨等人都看到了该学院的价值，现在，可汗学院平台上拥有数学、科学、生物学、化学、计算机编程以及金融学及历史学等课程。到目前为止，该网站提供 4 700 条教学视频，560 份练习题以及有互动功能的计算机科学课程，在 216 个国家可以使用，有 28 种语言，在全球范围内 20 000 多课堂上，为 600 多万学生提供资源。学生们可以按照自己的进度进行学习，并且完全免费。

可能你会说，"那确实不错，但是企业培训并不免费，而且它的任务是为公司或更好的工作提供培训或教育，而非启蒙员工"。请等一下，怎么会没有联系。对于那些对成人教育及教学设计感兴趣的人，可汗的《一所世界学校：教育新概念》(The One World Schoolhouse: Education Reimagined)（2012）非常值得一读。在本书中，可汗讲述了自己对教育（儿童教育）的教学方法，以及 Malcolm Knowles 成人教育的观点，这本书中的内容可能会比我们目前的体系能够为孩子提供更多的色彩。他的书非常值得阅读，挑战了美国现在的教育机构准则，他提出，我们应该重新思考一下如何更好地教学。

他的新书挑战了 200 年以来的普鲁士教学模式，即推动学生向前学习，不管他是否掌握知识点。他肩负着教育改革的重任。可汗学院的批评者们认为，可汗既不是一名教育家，也不是一名教师，他们表示在可汗学院中，他们没有看见任何程度的互动，教室活动或者是教师参与。

对于关注企业学习或者成人学习的人士，由于技术的不断进步，我们往往会影响儿童期教育及大学教育的变化，但是可汗学院一直关注于儿童教育，并对成人教育和认证产生影响。

你可能已经了解翻转课堂教学模式，可汗表示，他之前没有接触到这一概念，但是由于种种原因，翻转课堂与可汗学院存在很多共鸣。翻转课堂就是学生在教室之外的地方按照自己的进度安排听教师讲座的时间，而传统课堂教师讲课的时间用来解决问题及师生互动，此时，教师扮演的是教练的角色。

我们使用远程教育有很长的时间了，但是我们忘记了一个重要的部分就是，把教室时间利用起来供师生共同解决问题及互动。

我们没有理由责怪培训及培训人员（开发者、企业或者管理者），因为我们也是这 200 多年旧模式的产物，我们模仿当年教我们的人的教学模式。这也就是为什么我们看到的大多数的 E-learning 课程都是自动讲座，很少，甚至没有实践、没有反馈。教师也存在同样的问题，中小企业不愿意对此进行投入，因为他们工作量很大，并且回报小，最重要的是他们担心工作安全。

想想由教师引导的培训模式（ILT），这种模式大多数仍旧是基于 E-learning 模式，使用 Captivate 或者 Articulate 软件提供很小的动画。一些课程可能会提供如数字拼图等类型的测试，或者残酷的猎杀式测试，还有一些可能会已经使用社交媒体作为同行交流或者在线互动的方式。

在最近对可汗的采访中，可汗指出，人们对企业也开始产生兴趣。那么，他所做的事情有什会对我们的培训产生兴趣？他可能只是把我们在成人教育中应做的以及应该知道的事情以正确的比例进行混合，再加上适当的技术手段的帮助，搭上了强大的社交媒体的顺风车，但是，无论他是怎么做到的，我们需要关注的是作为终身学习者，我们应该花些时间看看他提供的那些值得我们去探索的事情，而不是对其设防。

处于培训岗位的人士应该带着好奇心认真分析一下可汗学院。最基础的包括使命、翻转课堂模式、自学、责任、时间、课时长度、会话风格、视觉风格、失败之处、内容、创造性、知识地图、掌握程度展示、学习仪表板、数据分析以及其易于导航性。

为什么员工不能在工作的时间做该做的事情，没有努力的获取知识，没有努力将自己做的事情做到最好，没有努力改变现状，达到更好？同样的原因，我们的教育系统变革也是很困难的，文化因素、人性——害怕改变，害怕失去现有，害怕暴露自己的缺点。但是，技术本身是我们的期盼，也是手段。

可汗学院利用技术的方式是利用技术促进更加有意义的互动。他想要他的可汗工具促进更加有意义的教育体验，即能够提供学生能够自主学习，真正掌握知识，学生之间互相学习，每位学生通过提出问题并探索答案学到更多知识。可汗学院真正将中国那句老话付诸实现："不闻不若闻之，闻之不若见之；见之不若知之，知之不若行之；学至于行而止矣。"

ASTD 授予可汗 2013 年"技术与学习融合革命"最佳学习奖。每位教育和成人培训界的人士都应该浏览一下此网站，做出自己的决策。

资料来源：根据中国人力资源开发网案例改编而成

讨论题：

1. 什么是 E-learning？

   （提示：培训实施的形式）

2. 远程教育存在哪些优缺点？

   （提示：在线培训的优劣势）

第十二章 员工培训与开发效果评估

【本章关键词】

柯氏四层次经典模型;"五级六指标"模型;"结果评价体系法"模型;员工培训与开发效果评估报告

【学习目标】

- ❑ 了解:员工培训与开发效果评估的内涵。
- ❑ 熟悉:员工培训与开发效果评估的流程;员工培训与开发效果评估报告的结构和内容。
- ❑ 掌握:菲利普斯"五级六指标"模型在员工培训与开发效果评估中的具体的应用。

 开篇案例

某连锁店的培训效果分析

一家大型连锁店为了增加销售额,对销售人员进行了销售技巧培训,以提高销售人员与客户进行信息沟通的水平。项目由外部咨询公司设计和实施,内容包括2天的技能培训、1天的后续跟踪培训(由学员实践所学技能)和3周的技能在工作中的应用,然后讲述各自实践的情况,探讨克服实施障碍的方法。48个学员来自3个分店的电子部门,每部门18人。

该项目效果评估的主要思路:从另3个分店的电子部门各选1组作为对照组,对照组在商店规模、地点和客流量方面与培训组相同;采用有对照组的后测方案,监测记录每人、每周的平均销售额;通过培训组和对照组的周销售额的比较,了解培训的实际效果。

在培训的后期,由培训师主持,通过角色扮演等方法了解学员对15种销售技巧和6种影响客户的步骤的熟悉、选择和运用的情况。在培训结束时,由培训师负责,通过调查问卷的形式了解学员对培训项目的评价和建议。其中对项目的质量、用途和收获评价为4.2分,满分是5分。

在培训后3周,培训师主持召开了以学员为对象的后续研讨会,了解技能在工作中应用的频率和效果以及与客户打交道中的主要障碍。在培训后3个月,由培训协调员实施对学员的问卷调查,其内容也是关于销售技巧应用和与客户沟通的障碍。最后是投资回报收益率分析,即ROI分析。

资料来源:http://wenku.baidu.com/view/2717e56b58fafab069dc020b.html。

从以上案例中，我们看到了该连锁店对销售培训评估的主要思路和做法，那么什么是员工培训与开发的效果评估？都有哪些方法？本章将对员工培训与开发效果评估的内容作相关介绍。

员工培训与开发效果评估是员工培训与开发流程的最后一步，因而人们很容易把这一步看做员工培训与开发完成后才需要实施的环节，其实不然。如果员工培训与开发需求分析指明了"为什么做"和"做什么"的方向，员工培训与开发的设计和实施阶段解决了"做到什么程度"和"怎么做"的问题，那么评估阶段就是对当初的假设（员工培训与开发的出发点）进行验证，对项目实施的过程进行跟踪，对项目产生的成果进行测量，回答"做得怎么样"这个问题。因此，效果的评估贯穿于员工培训与开发活动的整个循环中，而不是等到项目结束时才来启动这项工作。

第一节　员工培训与开发效果评估概述

一、员工培训与开发效果评估的基本内涵

员工培训与开发效果指的是培训开发活动给培训对象、学员主管、培训组织部门和培训的投资方带来的正面效应，培训与培训效果之间没有必然的联系。员工培训与开发效果评估指的是针对一个具体的培训项目，培训的投资方或组织方等通过系统地收集和分析资料，对培训效果的价值及其价值程度、对培训质量好坏高低等作出判断，其目的在于指导今后的培训决策和培训活动。进行培训效果评估具有多方面的意义，受益方也是多方面的。

员工培训与开发效果评估是运用科学的理论和技术对员工培训与开发活动的需求分析、项目设计、项目执行和实际成果进行系统的考察和评价，是对整个员工培训与开发活动过程和结果的评估。通过这一评估，可以达到以下目的。

（1）判定某一员工培训与开发是否达到目标。
（2）找出项目中的优点和不足之处，并作出相应的改进。
（3）确定谁应该参加并真正能够从员工培训与开发中受益。
（4）收集信息用来推广员工培训与开发。
（5）权衡员工培训与开发的成本和收益。
（6）为管理层决策提供信息和数据。
（7）增强员工培训与开发部门在企业中的信用和地位，争取广泛的支持。
（8）赢得员工培训与开发部门生存和发展所必需的资源。

在企业员工培训与开发活动中，最困难的问题之一是如何去构建一个有效的衡量与评价体系。这一体系既要能满足高层管理者或项目发起人，了解他/她对员工培训与开发的需求是否得到满足以及满足程度，并对使用的资源的有效性进行评估，又要能满足员工培训与开发管理者或部门，评判员工培训与开发是否达到预期效果，并证明自己部门的成果对企业的价值。由于员工培训与开发对组织战略支持的作用越来越大，组织对全面建立员工培训与开发效果评估体系的要求也就变得越来越强烈。但现实情况是，在员工培训与开发的需求分析、项目设计、

项目实施和效果评估四个环节中,效果评估环节最不理想。究其原因,可以从对员工培训与开发效果评估认识上的误区得到启示(见表12-1)。只有打破认识上的误区,认清现实,员工培训与开发管理者才能建立一个完善的员工培训与开发评估体系,使其既能满足管理层的战略需要,又能证明自身或部门的经济价值。

表12-1 员工培训与开发效果评估认识上的"假象"与"现实"

假　象	现　实
没有合适的方法衡量员工培训与开发的成果	评估模型和技术已经成熟并且很普及
不知道什么时候收集和收集什么信息	随时收集与目标相关的信息,不要等到项目结束后再去收集
对所有项目都要计算投资回报率	投资回报率只是效果评估的一部分,并不是所有项目都要作投资回报率评估
测量和评价只在财务和生产领域有效	正是因为其他部门早就做了,如果员工培训与开发部门再不这样做,员工培训与开发活动的价值将会降得更低
CEO都没有要求评估,我们为什么还要进行评估	高层管理者不需要评估可能是暂时的,它可能明天就要,而且未来高层管理者可能需要
太多因素会对效果评估造成影响,难于把握	可以通过相应的方法来分解出这些因素,这也是效果评估的价值之一
评估可能会引发批评	这是不主动进行评估的主观原因,要评估就要做好接受批评的准备,不接受批评将会招致更多的批评
不需要证明员工培训与开发存在的价值,我们有良好的历史记录	"酒香也怕巷子深",有成就不怕别人批评,同时也是很好的宣传
评估达到学习目标就行了	企业的员工培训与开发不同于普通学校的基础教育,其目的是希望看到行为和经济效益的变化
评估花费的成本很高	评估可以低成本进行;项目预算中必须分配给评估步骤资金;评估本身也可以产生效益

二、员工培训与开发活动有效性的含义

要对员工培训与开发效果进行评估,首先必须解决的问题是如何定义员工培训与开发的效果,即回答"什么是员工培训与开发活动的有效性"的问题,这样又衍生出以下三个问题。

(1)什么是有效性?它与效率的含义相同吗?

(2)如何测量有效性?

(3)判定有效性的目的是什么?也就是说,如果某一项目被判定有效或无效,结果会怎么样?

有效性是一个相对的概念,通常是相对于某一目标或一系列目标对项目完成情况进行测量后,对项目达到目标的程度作出的判定。首先,有效性与被评估项目的目标直接相关。因此,项目中要测量的目标必须具体、明确,否则项目的评估就失去了方向和标准。例如,某一项员工培训与开发很好地达到了提高学员的技能和不超过项目预算的目标,但是却没有能够达到提升客户满意度的目标。到底要评估什么呢?这个问题必须在设定目标时就确定下来。其次,选

择评估方法和技术对测量的可信度与有效度至关重要。不同的方法,其测量的侧重点不一样,如有的方法侧重于测量行为改变,有的方法更注重于财务分析,因此需要根据评估目标选择相应的方法和技术。最后,由谁对测量结果进行评估也是对项目有效性判定的重要影响因素,评估人从不同的利益点出发可能会作出完全不同的判定。例如,一线经理认为,内部培训项目达到了提升销售人员销售技巧的目标,但财务人员却认为内部培训师的总体成本明显超过外部培训的项目开支。

简单地说,要解释员工培训与开发活动的有效性,必须从四个方面入手,也就是回答四个问题:为什么评估?评估什么?谁来评估?如何评估?

根据对这四个问题的综合回答,对员工培训与开发活动的有效性就形成了一个准确而完整的概念。

三、员工培训与开发效果评估的两个层面和三个阶段

1. 员工培训与开发效果评估的两个层面

传统的员工培训与开发效果评估是不全面的,需要得到完善。传统的员工培训与开发效果评估主要是针对项目的评估,属于微观层面的评估,对具体项目的诊断非常有用,清楚地显示了每一个项目的成果和不足,但是很难反映组织整体员工培训与开发活动的情况,因此需要进行宏观层面的评估。指标法就是针对组织整体员工培训与开发活动进行宏观层面的评估方法。对企业来讲,指标法简单且易于采用,多种指标结合在一起能够全面反映一个关于员工培训与开发活动的完整画面,就像开汽车时仅看某一个信号是不够的,需要查看仪表盘上的多个信号指示才能保证驾驶安全。

微观层面的员工培训与开发效果评估方法主要有以柯氏(Kirkpatrick)四层次模型为代表的经典模型,菲利普斯(Philips)的"五级六指标"模型和斯旺森-霍尔顿的(Swanson & Holton)"结果评价体系"(Results Assessment System)模型。

宏观层面的员工培训与开发活动效果评估指标法主要包括 ASTD 法、财务指标法、知识资本法和人力资源指标法。

2. 员工培训与开发效果评估的三个阶段

员工培训与开发效果评估如果按照时间顺序来进行,可以划分为三个阶段:员工培训与开发前评估,员工培训与开发中评估和员工培训与开发后评估。表 12-2 列出了评估的三个阶段及评估内容。

表 12-2 员工培训与开发评估的三个阶段

评估阶段	评估内容
培训前	● 对学员知识、技术、能力和行为进行摸底 ● 选择准确的培训起点,包括确认差距、选择评估方法
培训中	● 对项目实施过程的监控,包括培训师评估、培训内容评估和培训后勤评估 ● 了解学员掌握新知识和技能的情况以及对培训师的反应和要求 ● 对培训内容、培训环境和培训师作相应的调整
培训后	● 员工培训与开发后评估重点是对业绩提升的跟踪 ● 包括项目结束后的即时评估、中期评估和长期评估

续表

评估阶段	评估内容
培训后	➢ 项目结束后的即时评估集中在反应层面。了解学员对整个活动的评价和建议，同时可能涉及学习层面的知识掌握情况，通过考核手段，了解学员对知识方面改善的程度 ➢ 项目结束后的中期评估侧重于学习和行为两个层次的评估。在学员回到工作岗位上一段时间后，通过观察其行为是否改变进行评估。在这一阶段，如果在短时间内能够产生的绩效结果也可以加以评估 ➢ 项目结束后的长期评估是对员工培训与开发活动所产生的经济绩效的评估。评估员工培训与开发活动对企业绩效结果的贡献需要一定的时间周期，有时还是相当长的周期

第二节　员工培训与开发效果评估技术

一、员工培训与开发效果评估的流程

员工培训与开发效果评估流程一般由八个步骤组成（见图12-3）。

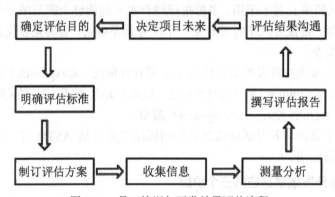

图12-1　员工培训与开发效果评估流程

1. 确定评估目的

在开始项目评估时，首先要明确"为什么要评估"，即评估的目的是什么，这是评估的方向性问题，对评估什么、评估的标准、评估技术、谁来评估、什么时候评估都具有指导性和决定性的意义。例如，管理层要了解"以客户为中心的销售培训项目"是否提高了销售人员的销售技巧，要达到这一目的，那么销售人员访问客户的行为就是评估的内容，评估的标准就是期望的行为，评估技术可以采用观察法，评估人为销售人员的直接上司，评估的时间是销售人员访问客户的过程。再如，如果管理层要了解通过同样的培训项目是否提高销售利润，要达到这一评估目的，相应地，评估的内容变成销售利润率，评估的标准变成利润率增长百分点，评估技术变成了财务报表资料，评估人变成了财务人员，评估的时间变成月度、季度或年度。

2. 明确评估标准

评估标准是将员工培训与开发活动的目标具体化为可测量的指标，是用来测量员工培训与开发过程和成果的参照系。指标的来源有四种：行业的标杆数据，历史的经验记录，计划的期望状态和咨询专家的建议。指标的形成过程一般经过由上而下分解，在经过由下而上反馈，达成一个共同接受的指标。指标一经明确，应立即晓之于众，成为大家行动的指南。

3. 制订评估方案

评估方案的制订包括三个方面：评估技术（模型）的选择，评估人员的筛选，评估对象的确定和评估时间/地点。

（1）评估模型的选择。柯氏四层次理论奠定了培训效果评估的理论基础，在此基础上发展起来的评估模型各有千秋，以菲利普斯的"五级六指标"模型和斯旺森-霍尔顿的"结果评价体系"模型比较具有普遍性和适用性。可以根据评估目的和目标，采用相应的模型对反应层、学习层、行为层和结果层进行部分或全面的评估。

（2）评估人员的选择。传统意义上的评估人员一般由培训师或培训管理人员承担，这种操作简便易行，但存在严重的缺陷，只能对员工培训与开发效果的第一层（反应）和第二层（学习）进行评估，无法推进到第三层（行为），更不用说第四层（结果）的评估了。因此，要实现全方位多层次的评估，必须将所有与员工培训与开发利益攸关者列为评估候选人。员工培训与开发利益攸关者一般包括五类：项目发起人（高层管理者）、培训部门负责人、培训师、学员的直接上司以及学员本身。但是在实际操作中需要注意，并不是每一个项目或每一个指标的评估都需要上述所有候选人同时参加，应该根据具体需要选择相应的人员。

（3）评估对象的确定。效果评估是对员工培训与开发整个过程和结果的考察和评价，因此其评估对象应包括目标、流程和结果、相应的关键事件和人员。例如，目标包括阶段目标的实现程度、流程的有效性、结果与目标的偏差、关键事件发生的条件和频率、人员的反应和表现等。

（4）评估的时间/地点。对需要即时评估的内容如连续性很强的知识性内容需要随时进行，否则会影响后续流程的有效性；而有些评估需要分阶段进行，比如综合学习项目的子项目就需要分阶段评估，而对大多数与经济指标相关的效果评估则必须在项目结束后的半年甚至更长的时间实施。至于评估的地点，可以因地制宜，以方便、灵活为准则。

4. 收集信息

信息收集的主要来源有员工培训与开发需求分析报告、员工培训与开发计划、培训课程反馈表、知识测试答卷、角色扮演记录、学员行动计划等与员工培训与开发过程和结果相关的资料。此外，还可以采用问卷、采访、现场观察等其他方法收集所需要的信息。

5. 测量分析

在这一步骤中，评估者对收集到的原始资料如需求分析报告、项目计划、课程反馈表、测试答卷、角色扮演记录、学员行动计划，以及通过问卷、访谈、现场观察等其他方法收集到的信息进行统计、分析，并将结果与评估标准对照作出相应评价，得出员工培训与开发活动的目的是否达到以及达到的程度的结论。

6. 撰写评估报告

员工培训与开发评估的过程和结果必须用正式的形式表现出来以便于沟通和作为决策的依据。因此，撰写评估报告既是对评估活动的正式总结，也是对后续沟通和决策做好文档资料的准备。

7. 评估结果沟通

员工培训与开发效果的利益攸关者们有理由也有权利知道员工培训与开发活动的评估结果，员工培训与开发活动评估结果的沟通显得尤其重要。

（1）企业高层管理者或培训项目发起人需要知道项目的成本和收益情况，并以此来决定是否继续支持项目的实施；

（2）学员的直接上司需要知道学员在知识、技术和能力等方面的提升情况，为培训的成果转化创造条件；

（3）学员需要将自己的学习情况与过去进行对比、与平均水平对比、与期望标准进行对比，了解自己的进步和不足，为继续学习找到方向；

（4）培训师需要了解培训课程的设计、实施以及培训环境对培训效果的影响，能够对项目的不足作出进一步的改进，取得更好的效果；

（5）培训管理者需要掌握整个员工培训与开发流程和结果的综合评估效果，通过跨部门的沟通协调使员工培训与开发活动融入企业的经营管理中。

8. 决定项目未来

本步骤既是某一项目效果评估的终点，也是整个员工培训与开发效果评估循环中的一个新的起点。根据评估结果，采取的后续措施有：保留并继续实施评估效果好的项目；对某些环节有缺陷的项目进行改进；暂停甚至取消评估效果差的问题项目。

二、员工培训与开发效果评估模型

如前所述，员工培训与开发活动的评估可以从微观和宏观两个层次展开。从微观层次对某一项目进行考察和分析，采用柯氏四层次理论基础上发展起来的评估模型；宏观层次对企业关键绩效指标实施监控和反馈，采用特定的指标法。表 12-3 列出了效果评估的层次、评估对象以及常用评估模型。

表 12-3 效果评估的层次、对象和模型

评 估 层 次	评 估 对 象	评 估 模 型
微观层次	员工培训与开发	● 柯氏四层次模型 ● 菲利普斯"五级六指标"模型 ● 斯旺森-霍尔顿"结果评价体系"模型 ● 高尔文 CIPP 模型 ● 沃尔 CIRO 模型
宏观层次	企业关键绩效因素	● ASTD 法 ● 人力资源指标法 ● 经济增加值（EVA）法 ● 知识资本法

1. 培训项目效果评估模型

微观层次的项目评估模型有柯氏四层次模型、菲利普斯"五级六指标"模型、斯旺森-霍尔顿"结果评价体系"模型、高尔文 CIPP 模型和沃尔 CIRO 模型（见表12-4）。

柯氏对培训效果评估的贡献是里程碑式的，其四层次模型最为经典，影响也广泛而深远。该模型为评估员工培训与开发效果奠定了理论基础，为后人的研究和发展提供了路径与框架。后来的研究者特别是菲利普斯和斯旺森-霍尔顿的研究继承和发展了柯氏的理论框架，为员工培训与开发评估提供了科学的方法论和操作性工具。

（1）柯氏四层次模型。柯氏指出，员工培训与开发效果的评估应该从学员反应、学习成绩、工作行为和绩效结果四个方面展开，并构成一定的层次（见表12-4）。

表12-4 柯氏经典四层次评估框架

评估层次	评估内容描述
反应	学员对员工培训与开发的意见和建议的即时反馈，通过发放随堂问卷获得信息
学习	学员从员工培训与开发中得到的收获，借助笔试、案例研究、角色模拟进行测试
行为	学员在培训后发生的行为的改变，通过调查、访谈和360度反馈获得信息
结果	组织绩效的提升以及员工培训与开发的投资回报率（ROI），追踪和监控关键绩效指标

① 反应层次。"学员喜欢员工培训与开发吗？""觉得培训对他/她会有用吗？"

在反应层次，这两个主要的问题反映了学员对项目及其有效性的直观感受。积极的反应将会鼓励和吸引学员的参与，但是，一旦学员不喜欢项目本身或怀疑培训的有效性，学员的参与度就会降低，培训后回到工作中也不会运用所学到的知识和技能，更有甚者，学员的消极反应还会影响到其他人对项目的参与。虽然一个项目受欢迎的程度并不代表该项目对企业的作用的大小，但是通常情况下，企业还是希望员工培训与开发首先能够得到员工的认可，因为不受欢迎的项目即使理论上很有用，却由于在执行中受到抵制，结果也大打折扣，收效甚微。

反应层次的信息由于只涉及参与者的感受，本质上是一种满意度调查，实施起来比较容易。因此，反应层次的评估最常用也最基础，培训项目没有任何理由缺失这一最起码的评估。

反应层次的信息具有两个方面的作用：一是帮助培训师或项目协调人员掌握学员的感受，对课程或项目的设计及执行作出即时和相应的改进；二是可以加强员工培训与开发在组织内部的宣传和推广。

② 学习层次。"学员通过培训项目掌握了'应知'和'应会'的内容了吗？"

这是员工培训与开发必须满足的重要指标之一。通常采用的评估方法有笔试、工作情景模拟、角色扮演、案例研究等。学习层次评估结果能够使学员获得对自己学习状况的反馈，了解自己的进步和不足，增强学习的兴趣和进一步学习的目的性；同时，培训师通过评估不仅能够了解到自己教了什么，而且知道学员学会了多少，通过相应的调整和改进，使后续的培训更有针对性，从而取得理想的效果。

③ 行为层次。"学员在回到工作岗位后实际运用了员工培训与开发中学到的知识和技能吗？"

行为改变是学习发生的标志，是衡量员工培训与开发效果的必不可少的重要指标。如果学员在实际工作中没有运用培训中所学到的知识和技能，学习成果就无法转化为工作成果，员工培训与开发活动到此戛然而止，再谈员工培训与开发对个人和组织的有效性将是自欺欺人、毫无意义。评估行为变化比较好的方法有360度反馈、工作现场观察和行动计划跟踪法。需要注意以下两点：首先，行为层次评估的时间周期与反应层次和学习层次不同，前面两个层次是即时性的评估，发生在培训进行的合适时间点，但行为层次的评估需要一定的时间周期，一般在培训后3~6个月后进行，最长不超过12个月。其次，行为层次的评估者也与前两个层次有所不同，前两个层次的评估角色由培训师或项目协调人承担，而行为层次的评估的评估者主要由学员的直接上司承担。

"知易行难"，行动是连接知识和技能与绩效的桥梁，没有行动，学习成果无法转化成绩效结果。因此，对行为层次的评估是检验员工培训与开发活动是否真正融合到企业运营中去的关键一步，以此为依据，创造学习成果转化的有利条件，让理想的行为改变成为提升绩效的必由之路。

④ 结果层次。"员工培训与开发活动提升了组织的有效性了吗？""员工培训与开发是提高了组织的生产率、利润率还是客户满意度呢？"

这些问题都是对员工培训与开发绩效成果的有效衡量指标，也是企业中大多数经理人员对员工培训与开发关注的最为本质的内容。考虑到影响企业和员工绩效的多种因素，对员工培训与开发活动绩效成果的评估越发显得富有挑战，而这恰恰又是显示员工培训与开发活动对企业战略价值所在的关键之处。

绩效成果的评估首先要注重定量数据的收集和分析，还要注意另外两个问题：一是评价要有足够的时间周期，有时甚至需要较长的周期（如领导人才的开发），以保证学习成果转化所需要的时间；二是突出高层管理者在评估中的作用，绩效成果的评价需要客观定量化数据，但数据并不是评估的全部，高层管理者从全局的观点对数据的理解更具有战略视角。

柯氏四层次模型为员工培训与开发效果评估奠定了方向性基础，解决了"做什么"和"为什么做"的问题，但没有进一步指明"怎么做"的具体技术和方法，这就造成了培训专业人员即使通晓四层次模型，在实际应用时也颇感为难，特别是四个层次的优先级和重要性顺序如何决定，是不是层次越高越好，没有达到第四层次是不是评估就不完整，这些问题使四层次模型只能停留在框架性阶段，无法指导效果评估的具体实施。因此，在柯氏四层次模型的基础上，菲利普斯和斯旺森-霍尔顿展开了进一步研究，开发出两种具有代表性的效果评估的技术模型，分别为"五级六指标"模型和"结果评价体系"模型。

（2）菲利普斯"五级六指标"模型。表12-5描述了该模型的评估级别及其相关数据的种类、数据的重点和数据的用途。

表12-5　五级评估和六类指标

评估级别及相关数据的种类	数据的重点	数据用途概述
第一级：反应和/或满意度，以及所计划的行动	培训项目、培训人员和评选结果可能将如何得到应用	● 衡量相关人员对培训项目的主观看法，主要是学员对培训项目和对培训人员的反应与满意度 ● 它也许还可以衡量另一个维度：学员参加培训后所制订的行动计划，即学员如何实施新的要求、项目或流程或他们将如何运用新知识和新技能 ● 有关反应的信息可用来改善培训的内容、设计和实施流程 ● 制订行动计划的过程有助于促成培训成果向工作环境的转移 ● 有关行动计划的信息可以用来决定将来评估的重点，并用来对比实际结果和当初的计划

续表

评估级别及相关数据的种类	数据的重点	数据用途概述
第二级：学习结果	重点在学员及有利于学习的支持性机制	● 衡量学员在多大程度上掌握了培训中的内容，如所期望的态度、知识、技术、流程等 ● 对学习的衡量要比获得反应的信息难，要采用客观的衡量方法，衡量指标要能够量化 ● 衡量获得的信息用来判断学员对学习内容的理解和吸收程度 ● 衡量获得的信息还可以用来改进培训项目的内容设计和实施流程
第三级：工作中的应用和/或实施	重点在学员、工作环境和有助于学习内容得以应用的支持性机制	● 衡量学员在工作中行为的变化，包括培训中所学知识和技术在实际工作中的应用 ● 评估信息可以提供有关培训内容在工作环境中是否得到应用以及使用的频率和效果 ● 探寻培训内容有效的条件，如果有效，如何在其他环境条件下重复应用 ● 探寻阻碍培训内容应用有效性的原因，以便能够有针对性地对培训项目加以改进，或者促进其他培训项目的发起和实施
第四级：对业务的影响	重点在培训对组织绩效所产生的影响	● 评估目的在于确定培训对于改进组织绩效所产生的影响或效果，并与组织的期望值进行对比 ● 评估产生的客观数据包括成本的节省、产出的增加、时间的节省或质量的改进等 ● 评估产生的主观数据包括顾客的满意度增加、员工的敬业度提高、顾客的保留率提高、对顾客反应时间缩短等 ● 获得业务影响效果信息的方式有：培训前和培训后分别收集数据，对通过培训引起的业务绩效的改进情况（或没有改进）进行分析，将培训的结果和适当的业务指标联系起来
第五级：投资回报率（ROI）	重点在于培训所产生的用货币形式来体现的收益	● 本级评估关注的是相对于培训成本，培训产生的业务效果所带来的用货币形式体现的价值，并进一步计算投资回报率 ● 投资回报率可以用投资回报的价值或成本收益的比率（百分比）来表示 ● 投资回报率衡量了培训项目对实现组织目标的贡献大小，显示培训项目的真正价值 ● 由培训产生的业务指标的改进所带来的投资回报率不一定都是正值
无形收益	重点在于用非货币形式体现的因素来衡量培训的价值	● 无形收益数据是指不能或不应该转换成货币价值的数据 ● 无形收益数据与数据的重要性无关，它所指的是数据缺少客观性和无法转换成货币形式来体现价值；或者有时将某些数据转换成货币形式来体现价值的代价太昂贵 ● 无形数据常常是培训所产生的正面影响的体现，但又无法用货币形式来衡量其价值的大小 ● 在培训所产生的业务效果无法用货币形式来衡量时，它就无法与培训成本相比较，也就无法确定其投资回报率，因此，无形收益必须以非货币形式另列一类 ● 有时管理层和利益攸关者满足于无形收益的数据

续表

评估级别及相关数据的种类	数据的重点	数据用途概述
无形收益	重点在于用非货币形式体现的因素来衡量培训的价值	● 培训对业务效果所产生影响的主观数据一般属于无形收益，如顾客满意度、员工敬业度、顾客保留率、员工保留率等 ● 培训对业务流程所产生的影响的主观数据也属于无形收益，如组织承诺的增加、团队合作的改进、顾客服务的改善、冲突的减少、压力的减轻等

菲利普斯对员工培训与开发效果评估的贡献主要体现在以下几个方面。

① 在柯氏四层次评估的基础上将第四层次进一步量化形成了第五个层次（第五级）的评估概念，即投资回报率，将员工培训与开发活动的结果转变成货币价值。

② 创建了无形收益作为第六类指标，使定性化的主观信息成为评估的必要组成部分。

③ 明确提出了在制定效果评估策略时，应首先确定评估的级别（层次），并据此收集相关的数据资料，包括"硬数据"和"软数据"两个方面。

④ 员工培训与开发评估并不一定需要覆盖全部的级别，应根据评估目的进行部分或全部的评估。

⑤ 设计了效果评估的"十步骤"来指导评估活动的具体实施（见图12-2）。

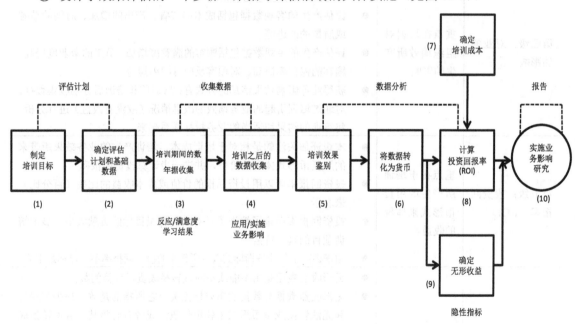

图12-2　菲利普斯培训效果评估流程

（3）斯旺森-霍尔顿"结果评价体系"模型。斯旺森和霍尔顿创立的结果评价体系，试图给员工培训与开发专业人员在进行效果评价时提供一个系统的、理论上的工作流程指南（见表12-6）。

表 12-6　结果评价体系工作表

项目名称：
制表人：　　　　　　　　　　　日期：
批准人：　　　　　　　　　　　日期：

1	2	3	4	5
预期效果	数据收集时间	对比	数据分析计划	执行细节
从三个效果领域及每个领域的两个选项中选择	选择与项目或干预有关的时间	如果没有使用前后对比，选择： 周期——格7 标准——格8 规范——格9	确定对比哪些数据，评估A~F的各个效果领域	强调测量方法、时间和执行情况

	干预前	干预期间	干预后		
	1　2	3　4	5　6	7　8　9	

绩效效果

A. 系统
B. 财务

学习效果

C. 知识
D. 技能

认知效果

E. 学员
F. 利益相关者

结果评价体系由三个领域的结果组成，每个结果领域又分解成两个具体要素。

① 绩效效果。
- 系统效果——与组织使命相关的产出，并以产品和服务的形式，给顾客带来价值。
- 财务效果——产品或服务转换成货币表示的形式。

② 学习效果。
- 技能效果——从事某一专门工作时所需要的特定行为改进。
- 知识效果——在学习或实践中获得的智力成果。

③ 认知效果。
- 来自利益攸关方的认知——项目发起人以及所有期望从项目中获得利益的人对项目的认知。
- 来自学员的认知——项目的直接参与者对项目的认知。

斯旺森和霍尔顿的结果评价体系对柯氏四层次模型的发展体现在两个方面：一方面将柯氏四层次简化为三个层次，并对每一层次具体到相应的两个驱动因素，从而使评估的目标明确、具体，具有操作性；另一方面提出了从培训评估（Training Evaluation）到结果评价（Results Assessment）发展的理念。作为组织绩效管理的工具，培训结果评价必须说明培训对组织绩效的贡献，进一步强调了员工培训与开发活动是基于组织绩效的管理活动。

第三节 员工培训与开发效果评估报告

表 12-7 是评估报告的结构和核心内容。

表12-7 培训项目评估报告的结构和核心内容

项 目	核 心 内 容	描 述
一般信息	背景信息	通过对项目需求分析的概括来说明评估的基础以及重要的结论和意义，提供培训项目的大纲
	评估目的	对照预先设定的目标，评价培训项目所带来的贡献大小，而不是判断培训投资是否合理或培训是否有必要继续存在
评估方法	评估的级别	根据培训的需求和目的，确定哪一级评估适合需要评估的项目，争取进行第五级评估。在无法将培训成果转换成货币价值时，至少应提供第四级业务影响因素的改进作为无形收益
	投资回报率流程	系统和严谨的五个步骤，要求能将业务影响因素转换成货币价值，同时项目成本要包括所有的成本
	数据收集	数据的分类：硬数据和软数据。培训前、培训期间和培训后数据的收集
	鉴别培训效果	至少采用两种方法对培训效果作出鉴别
	将数据转换为货币价值	从最精确的转换策略向最不精确的策略依次进行选择，可选择多个策略，并考虑数据的可获得性和便利性
数据转换及分析	财务数据	由硬性数据转换而来的货币价值的有形收益
	非财务数据	无法转换成货币价值的无形收益
项目成本	成本阶段和分类矩阵	四个阶段：需求分析、项目设计、项目实施和项目评估 成本矩阵：两个大类、十六个小类
结果	一般信息 ● 总体反馈 ● 目标的实现状况	
	结果1：反应/满意度，行动计划	数据来源、数据统计和分析、结论
	结果2：学习成果	数据来源、数据统计和分析、结论

续表

项　目	核心内容	描　述
结果	结果3：应用与实施	数据来源、数据统计和分析、结论
	结果4：对业务的影响	数据来源、数据统计和分析、结论
	结果5：投资回报率	数据来源、数据统计和分析、结论
	结果6：无形收益	数据来源、数据统计和分析、结论
障碍与促进因素	障碍因素	对培训项目产生负面影响的因素
	促进因素	对培训项目产生积极影响的因素
结论与建议	结论	提供基于所有结果的结论，简要说明每个结果得到的方法
	建议	就培训项目提供一个建议清单，并就每一条建议给予简要解释
附录	补充资料	原始资料及相关图表如调查问卷、访谈记录、绩效档案、行业标准、技术模型等

第四节　员工培训与开发效果评估应用

本节将详细介绍菲利普斯"五级六指标"模型在员工培训与开发效果评估中的具体应用，以结果为导向的评估框架如图12-3所示。

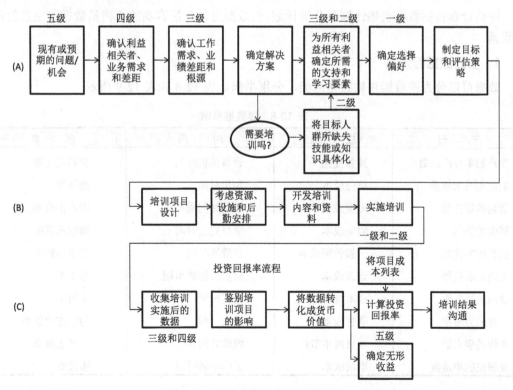

图12-3　以结果为导向的评估框架

一、设定培训目标——确定效果评估的基础

1. 以结果为导向确定员工培训与开发效果评估的框架

确定以结果为导向的效果评估框架是"五级六指标"流程的第一步，目的在于确定培训项目的效果领域和具体业务指标，并为每一个指标设定目标期望值，使培训目标与组织目标高度契合。图 12-3 描述了以结果为导向的评估框架，揭示了效果评估贯穿整个培训过程的作用点。

阶段 A：对组织、任务和个人层次上的培训需求加以确认，更重要的是对每个需求是否满足的评价进行分级，根据培训需求的层次决定相应的效果评估等级，制定评估策略和计划。

阶段 B：从培训方案设计开始到实施培训方案，在此过程中要进行一级（满意度/反应，行动计划）和二级（学习结果）评估，并且根据评估策略和计划收集相应的数据以供更高级别评估之用。

阶段 C：对项目的跟踪评估。在设定的时间周期内进行三级（应用/实施），四级（业务影响），五级（投资回报率）和/或无形收益的评估。

2. 制定每一级培训效果评估的目标

有关每一级目标设定的详细内容参见本书第六章"员工培训与开发项目规划制定"。

二、确定评估计划和基础数据

评估计划包括数据收集计划和分析计划，而数据必须包括客观的可衡量数据和主观的描述性数据。

1. 基础数据的分类

数据可以分为硬数据和软数据两类，分别举例如表 12-8 和表 12-9 所示。

表 12-8 硬数据举例

产出	成本	时间	质量
生产的单件产品数	预算变化	设备停机时间	废料的比率
制造完成的重量	单位成本	加班时间	废品率
组装的零件数	可变成本	出货时间周期	客户拒收率
回收的货款	固定成本	项目完工时间	顾客投诉率
出售的零件数	一般管理成本	监管的时间	订单出错率
完成的表格数	运营成本	新员工的试用期	返工率
放出的贷款额	成本减少	培训时间	缺料率
库存的周转率	项目成本	会议日程	与标准的偏差
来访的病人数	项目成本节约	维修时间	生产故障率
处理完的申请数	事故成本	工作中断时间	事故数量

表 12-9 软数据举例

工 作 习 惯	感觉/态度	新 技 能	进步/改善	工 作 氛 围
缺勤	工作主动性	倾听的技能	工作效率提高	不公平待遇数量
怠工	工作态度	阅读速度	提薪的次数	员工抱怨
超额休息	工作责任心	做决定的次数	参加培训次数	工作满意度
违反规定	积极的工作行为	解决的问题	业绩考评等级	员工流失
沟通障碍	员工敬业度	避免的冲突		诉讼案件
		心理咨询问题		

2. 数据收集计划

表 12-10 是以销售培训为例的数据收集计划。

表 12-10 数据收集举例

项目：互动式销售技巧培训　　　　　　　　　　责任人：
日期：

级别	广义的项目目标	衡量指标	数据收集技术	数据来源	时间	责任人
一	反应/满意度 ● 肯定性反应 ● 建议改进的内容 ● 要采取的行动	● 在 1~5 数值范围内，质量、实用性、培训目标完成状况的平均值至少要达到 4.2 ● 行动计划的提交率达到 100%	反应问卷	学员	第二天结束 第三天结束	培训讲师
二	学习结果 ● 获得的技能 ● 技能的选用	模拟角色演练场景，演示正确选用 15 个销售技巧和影响客户的 6 个步骤	技巧练习	学员	培训中	培训讲师
三	培训内容应用/实施 ● 使用技能的程度 ● 使用技能的频率 ● 确认障碍	● 报告技巧得到应用的频率和程度 ● 报告在访问客户过程和获取订单时遇到的障碍	调查问卷 培训结束后跟进	学员 学员	培训后 3 个月 培训后 3 个星期	培训协调员 培训讲师
四	培训对业务的影响 ● 销售增长	每周的销售额	绩效监控	销售报表	培训后 3 个月	学员的直接上司
五	投资回报率（ROI）至少达到 25% 备注：					

3. 投资回报率分析计划

表 12-11 是以销售培训为例的投资回报率分析计划。

表 12-11 投资回报率分析计划举例

项目：互动式销售技巧培训　　　　　　责任人：
日期：

数据	鉴别培训项目/流程效果的方法	将数据转变成货币价值的方法	成本分类	无形收益	最终报告的目标受众	应用中出现的其他影响因素或问题	备注
每个销售人员的销售额	对照控制组进行分析	利用毛利率直接转换	讲课费用 培训材料费 餐费/茶点费 培训场地费 学员的工资/福利 培训协调费	客户满意度 员工敬业度	学员 销售部门经理 零售店经理 区域及总部主管 培训部人员	没有和控制组人员沟通	在培训中必须注意工作的覆盖面

三、培训期间的数据收集

1. 第一级评估的数据收集：反应和满意度

（1）标准的第一级评估数据由八个部分组成。第一部分收集有关培训内容方面的信息；第二部分检验培训方法和使用材料的有效性；第三部分了解学习环境和培训管理的信息；第四部分侧重于培训人员的技能和效果；第五部分是对学员行动承诺的要求；第六部分是学员对培训作出整体的评价。另外还有两个附加部分分别用来寻求对当前项目改进的机会以及对培训项目进行宣传的信息（详见表 12-12）。

表 12-12 第一级评估标准格式

培训评估表（第一级）
培训项目名称：　　　　　　　　　　　　日期：
培训项目编号：　　　　　　　　　　　　地点：
以下描述与本次培训的某些具体内容相关。请标明你对每项描述同意的程度，并在需要时给出评论。

❶	❷	❸	❹	❺
非常不同意	不同意	无所谓	同意	非常同意

续表

	❶	❷	❸	❹	❺
I. 内容					
1. 教学目标解释清晰明了	○	○	○	○	○
2. 已达到培训设定的教学目标	○	○	○	○	○
3. 我理解本课程中的材料和主题	○	○	○	○	○
4. 培训内容与我的工作相关（如果不同意，请说明原因）	○	○	○	○	○

请留下你的意见：

	❶	❷	❸	❹	❺
II. 方法——以下活动/材料有助于我理解培训的内容和达成所设定的培训目标					
5. 在培训前收到了预习的材料	○	○	○	○	○
6. 学员手册	○	○	○	○	○
7. 课堂讨论	○	○	○	○	○
8. 联系和/或阅读材料/活动	○	○	○	○	○
9. 音像材料（如挂图、录像等）	○	○	○	○	○

请留下你的意见：

	❶	❷	❸	❹	❺
III. 培训环境					
10. 教室环境适合本次培训	○	○	○	○	○

请留下你的意见：

培训师姓名	#1					#2					#3			
	❶	❷	❸	❹	❺	❶	❷	❸	❹	❺	❶	❷	❸	❹
IV. 培训师														
11. 对培训内容表现出相当的知识水平	○	○	○	○	○	○	○	○	○	○	○	○	○	○
12. 表达清晰，有助于我的理解	○	○	○	○	○	○	○	○	○	○	○	○	○	○
13. 鼓励学员参与活动及讨论	○	○	○	○	○	○	○	○	○	○	○	○	○	○
14. 对问题给予恰当的回答	○	○	○	○	○	○	○	○	○	○	○	○	○	○
15. 有效地控制小组学习的热情	○	○	○	○	○	○	○	○	○	○	○	○	○	○
16. 使讨论/活动始终围绕培训所设定的目标	○	○	○	○	○	○	○	○	○	○	○	○	○	○

请留下你的意见：

续表

V．行动计划									
17．作为本次培训的成果，你将会有怎样的行动？									
VI．培训的总体评分									
1=完全无法接受 …… 9=非常优秀	❶	❷	❸	❹	❺	❻	❼	❽	❾
18．我对本次培训的综合评分	○	○	○	○	○	○	○	○	○
请留下你的意见：									
有哪些因素阻碍使你无法将所学的内容加以应用？									
哪些人最适合学习本次培训内容？你会推荐谁参加同样的培训？									
请告诉我们，你认为哪些信息有助于本次培训的改进？									
感谢你花时间告诉我们你的学习体会和建议：									

（2）对于时间长度超过一天的培训项目，在每天培训结束时应当实施问卷调查，可以及时地对当天培训的内容获得反馈，同时对接下来的内容进行相应调整。表 12-13 列出了问卷的一般形式。

表 12-13　每日培训反馈表

每日的反馈
1．今天的培训内容有哪些还令我感到困惑和/或不清楚？
2．培训的哪些内容最有用？
3．如果能够……将会对我更有帮助。
4．培训的节奏： 　　□　正合适 　　□　太慢 　　□　太快
5．学员的参与度 　　□　不够 　　□　太多 　　□　正合适
6．以下三个方面对我非常重要，我希望你在明天的培训中讲授：
7．评论或建议

2. 第二级评估的数据收集：评价学习结果

（1）选择性地对学习结果进行评价。在实际操作中，并不是所有培训项目都要实施第二级评估。例如，对于时间很短的培训和简单告知性的培训，采用第一级评估比较合理，就不必进行第二级评估。但有的培训项目，培训的成果如关键技能必须转化成工作行为，或者学习结果与任职资格相关，第二级评估就是不可缺少的。因此，在实施培训项目评估时，应根据培训项目的性质、培训的重要性、评估所需的时间和资源来决定是否有必要实施第二级评估，并选择做到何种程度（见表 12-14）。

表 12-14　选择第二级评估及其程度

评估的前提条件	对测试的考虑	如果适用，请选择
A. 学习目标描述得不清楚	在考虑是否需要测试学习结果之前建立/重新设计学习目标	
B. 学习目标表明不需要掌握该内容	应该只测试学习目标要求的相应级别，务必让培训项目资助人和一线经理明白掌握该内容不是培训项目的要求，可能还需要更多和/或其他的培训	
C. 学习目标要求实现技能的应用	采用基于行为的测试	
D. 培训项目资助人或客户要求实施学习效果的评估	决定什么类型的证据可以接受，采用适当的方式来实施	
E. 学员是否达到培训目标中所设定的最低标准	采用标准参照测试	
F. 培训项目与提供证书及执照的过程相关	采用标准参照和行为测试方法	
G. 有必要再现非常接近真实生活的场景，或者安全被认为是重要的因素	采用模拟手段，并确保有预算保证评估的实施	
H. 重要的技能和知识必须转化到工作中去，以满足法规、利润率和客户服务的要求	采用行为测试方法	
I. 计划实施更高一级的评估	考虑最为经济适用的方法，在这种情况下，较低一级的评估并不需要很复杂	
J. 考试结果被作为晋升或职业发展的参考标准	采用客观的测试方法（书面形式的测试和行为测试），可以严格地满足有效性和可靠性的要求	
K. 组织中某项政策禁止采用考试这种手段或者工会合约禁止进行考试	采用测试技术，确保以匿名的方式来检验学员的理解程度，以及在多大程度上达到学习的目的	

（2）用客观测试对学习结果进行评价。客观测试根据培训目的来设定，学员必须按照培训内容对测试题作具体和准确的回答，对于应该掌握的知识和表现的行为，客观测试具有"标准"答案，因此，客观测试不能用来测试态度、感觉、创造性和解决问题的过程以及其他隐性的技术或能力。在设计客观测试题时必须遵循一定的原理和步骤（见表 12-15）。

表 12-15 客观测试设计原则和步骤

说明：
客观测试或者是为了测试知识，或者是为了测试行为，抑或二者皆有。
- 知识性测试衡量对信息的理解程度或者对某种技能的掌握程度。知识性测试可以采用口试或书面考试的方式。对产品知识和工作流程的理解通常采用知识性测试
- 行为测试（有时指技能测试）要求学员演示工作中需要完成的某项任务（或多项任务）时使用某种技能而表现出某种期望的行为，如销售过程中应对拒绝和使用恰当提问技巧是两个基于行为测试的例子
- 在上述任何一种测试中，在学员接受测试时，应该提供与真实工作环境相同的资源。比如，如果在工作场所中允许使用参考资料，那么在进行书面测试和技能测试时也应该提供这些参考资料

步骤一——检查课程目标
- 仔细检查课程目标以确保测试题反映该目标中所期望的知识和技能。测试题不应原封不动照抄目标

步骤二——选择合适的测试类型
- 选择满足目标要求并适合被测试学员的测试类型。如果是基于行为的目标，测试也必须要以行为为基础；而基于知识的目标也必须采用基于知识的测试题来测试
- 设计基于行为的测试题时应该包含被测试的任务、完成任务所具备的条件，以及合格的行为标准，应该尽可能地还原工作场景，通过使用与工作环境中相同的资源、设备、材料等来完成任务

步骤三——编写测试题
- 对照每个独立的学习单元编写测试题
- 参考目标来决定基于行为的测试和基于知识的测试哪一个更合适
- 基于知识的测试通常使用多项选择的方式，衡量学员对培训中信息的理解，要求从几种可能的答案中选出一个正确的答案
- 基于行为的测试应该结合与工作场景密切相关的流程，衡量学员在执行流程的过程中表现出来的动手、语言表达或分析方面的技能

步骤四——检查每道测试题
- 测试题必须清楚，没有含糊不清的内容，不需要额外的解释和翻译
- 测试题的行文格式必须符合学员的阅读理解习惯
- 避免对正确答案给出任何暗示或提示
- 不要将某个问题的答案明显地写在另外的一个问题中
- 仔细检查内容和语法错误
- 确保测试题目能够按照培训目标的要求对应该掌握的内容起到测试作用

步骤五——对照和记录测试题目
- 将测试题目与培训目标相匹配的情况记录下来，并且记录每个测试题的正确答案

步骤六——设计测试
- 决定采用测试的类型，然后按照下面的指示进行测试的设计
- 必须对每个目标进行测试
- 测试题的数量和范围应该反映出每个目标所占用的学习时间
- 测试题应该区分出合格和不合格的表现
- 测试时间的长短应该是可控的，而且应该在分配的时间内能够完成
- 测试题的形式具有一致性，切忌频繁变换问题的类型
- 不要将一道测试题分割在两个页面上
- 将测试题根据学习单元分组排列
- 给参加测试的人员提供清楚的说明
- 如果测试题的分数不同，应清楚地标明分数值
- 确保测试题能全面地反映培训目标中对掌握知识和技能的要求

客观测试题一般以选择题形式出现，表 12-16 概括了设计选择题结构的一般原则。

表 12-16　客观测试选择题的编写原则

说明：

　　选择题适用于衡量学员对信息的理解程度。如果在培训过程中或结束时进行测试，目的是衡量在培训中讲授的信息被学员理解和接受的程度。如果是在培训之前进行的话，其意图是衡量接受培训之前学员对相关信息的认知水平。通过选择题测试，要求学员从几个可能的答案中选择一个正确的答案，可以从很大范围内衡量学员的能力，从简单的回忆和复杂的概念都能够得到测试。

　　选择题由两个部分组成：第一部分为"题干"，用来陈述问题；第二部分列出供选择的备选答案，在备选答案中，只有一个是正确的，其他的都是干扰项。

编写选择测试题的一般原则
- 不要让测试变成阅读能力的测试
- 不要让某个测试题中的干扰项成为另一个测试题的正确答案或提供暗示/提示
- 如果使用缩写词或首字母简写，在它们第一次出现的时候应该给出定义或提示
- 应该一次性地写出针对同一个目标需要的所有测试题

编写题干的原则
- 题干应只包含一个问题，使用简单、直接和清晰的语言来描述要提出的问题
- 题干要写成问句，或不完整的句子，需要有选择的答案来使其完善
- 避免使用绝对的词语，如"总是"、"每个"、"所有"等
- 如果某个字或词组必须用在所有的选项中，必须在题干中进行重点描述或说明
- 如果某个问题有多个正确答案，但是只有一个正确答案出现在被选项中，可以采用"下列中的哪一个……？"这样的陈述来完成问题
- 如果某个问题只有一个正确答案，使用"什么是……"（如"什么是拜访客户的第一步？"）来陈述问题
- 确保备选答案中只有一个正确答案
- 不要使用"以上全部"或"以下都不"这类答案
- 不要在题干和正确答案的陈述上使用相似的术语和相近的语法结构，而在题干和干扰选项之间不存在这种相似性，这会是一种对正确答案的暗示
- 区分正确答案和干扰选项应该以选择造成一定难度为准，但是切忌在三个或四个选择中产生多于一个正确答案的可能性
- 在设计干扰选项的时候，要在长度、精确性和详细程度方面与正确答案一样
- 按照逻辑关系来呈现选项：
  - 从最短的选项到最长的选项
  - 按照字母的顺序排列
  - 按照数字递增或递减的顺序排列
  - 以时间顺序或倒叙排列
- 使用工作场所语言
- 最好有四个选项
- 只有当否定性的题干产生最佳效果或者是唯一的提问方式时，才使用否定的题干

　　第二级评估可以采用以下两种客观测试。

　　一是标准参照测试。标准参照测试是一种预先设定好及格分数的客观测试方式，旨在了解学员是否达到最低标准，而不是测试学员之间的成绩排序。表 12-17 是一份标准参照测试报告的格式。

表 12-17 标准参照测试报告

目标1 通过/未通过	原始分数	目标2 标准分数	通过/未通过	原始分数	目标3 标准分数	通过/未通过	通过的目标总数	通过的最低标准	总分
学员1 通过	4	10	未通过	87	90	未通过	1	2/3	未通过
学员2 未通过	12	10	通过	110	90	通过	2	2/3	通过
学员3 通过	10	19	通过	100	90	通过	3	2/3	通过
学员4 通过	14	10	通过	88	90	未通过	2	2/3	通过
总人数43人通过			3人通过			2人通过	8人通过		3人通过

二是行为测试。行为测试是让学员展示在培训项目中学到的某种技能，应尽可能模拟技能使用的真实场景，如时间的控制、必要的材料和工具、测试的说明、相关人员的配合、评估的标准和程序等。行为测试比书面测试的成本高，但是在测试条件和真实工作条件具有很高相似性的培训项目中，行为测试是一个重要而有效的方法。表 12-18 提供了设计行为测试题的一般原则。

表 12-18 编写行为测试题的一般原则

说明：

　　行为测试题应该在学员为完成某项工作任务而展示的过程或步骤中进行评估。对过程而不是结果进行评估，可以避免这样一种情况：即使学员在过程中犯了错误，但仍然取得了正确的结果，因而认为学员采用了正确的技能，表现出了期望的行为，最终使错误的行为无法发现。

　　行为测试可以设计成角色扮演的形式，两个或更多的人来模拟某个工作场景，观察员在一旁观察某个学员的行为表现。

行为测试应包含以下内容：
- 角色扮演的设计可以用一个目标列表或者一段简短的描述来说明为了完成测试，学员必须要成功地完成哪些任务。以销售访问客户的角色扮演设计为例：
  - 描述角色扮演的目的和学员通过角色扮演要完成的任务
  - 描述角色扮演场景所需要的环境及氛围、事情发生的时间、地点和人物及背景
  - 提供有关角色的信息（如一个客户）。这个人是谁？事情是怎样发生和发展的？他们的想法是怎样的？他们所关注的是：
    - ☑ 产品
    - ☑ 即将召开的会议
    - ☑ 销售代表（或者客户）
    - ☑ 销售代表（或客户）所具备的知识
    - ☑ 销售代表（或客户）的需求
  - 提供指导原则，帮助参与角色表演的学员了解如何应对和表现（比如，达成交易或克服异议），告知行为的范围
  - 提供参加角色扮演的学员应该提出的问题
  - 提供参加角色扮演的学员应该根据主要的情景所作出的反应
- 为评估员准备的说明材料应该包含评估员为了进行行为测试必须要知道或要做的每一个方面
  - 说明材料必须做到清楚和详细，必须列出实施测试所需要的设备和资源等物质条件
  - 必须提供一份一览表，详细说明应该对什么样的行为和步骤进行观察和评估。以销售访问客户的角色扮演评估为例

续表

- ➢ 提供参加角色扮演的学员应该根据主要的情景所作出的反应
- ● 为评估员准备的说明材料应该包含评估员为了进行行为测试必须要知道或要做的每一个方面
  - ➢ 说明材料必须做到清楚和详细，必须列出实施测试所需要的设备和资源等物质条件
  - ➢ 必须提供一份一览表，详细说明应该对什么样的行为和步骤进行观察和评估。以销售访问客户的角色扮演评估为例：

需要展示的技巧	不满意	需要改进	基本达标	表现出色
使用提问的技巧				
发现隐藏的异议				
处理异议				
对产品知识的掌握				
沟通核心的促销信息				

四、培训之后的数据收集（第三级和第四级评估）

培训之后的数据收集侧重于两个方面的信息收集：学习成果促进学员行为改变的程度以及行为改变对业务影响因素产生的作用，包括第三级和第四级两个级别的评估。数据收集方法有培训后跟踪问卷调查、行动计划/改进计划、岗位观察等。表 12-19 列出了常用的方法及其适用的评估级别，其中以跟踪问卷调查和行动计划/改进计划比较常用。

表 12-19　培训后数据收集方法

数据收集方法	第　三　级	第　四　级
1. 跟踪调查表	√	√
2. 跟踪问卷调查	√	
3. 岗位观察	√	
4. 跟踪访谈	√	
5. 跟踪座谈会	√	
6. 行动计划/改进计划	√	√
7. 与培训有关的课外任务	√	√
8. 绩效合同	√	√
9. 培训项目的后续课程	√	
10. 绩效监控	√	√

1. 跟踪问卷调查

（1）跟踪问卷调查表的设计。表 12-20 提供了一个用于设计培训跟踪问卷调查的一览表，可供实际操作中设计和修改问卷调查表时参考。

表 12-20　跟踪问卷调查表设计

跟踪问卷调查：有关内容一览表	
调查项目	调查问题设计
目标完成情况	在多大程度上达到目标？
行动计划的实施情况	如果落实了行动计划，它是否已经完成？
培训项目的相关性	培训项目的相关性有多大？
材料的使用情况	在工作中，材料在多大程度上是有用的？
知识/技能的强化情况	哪些技能被证明是培训所带来的？
技能的运用情况	哪些技能得到了最有效的运用？
工作变化	哪些变化是因为技能的运用所带来的？
改进/成果	带来了哪些业务改进成果？
所带来的经济效益（可选项）	改进带来的货币价值是多少？
置信水平（可选项）	估测的误差可能是多少？
与培训项目相关的改进情况（可选项）	培训项目所引起的改进比率是多少？
投资的预期（可选项）	培训的项目是否值得投资？
与产出指标的联系	哪些重要的指标受到影响？
其他收益	项目带来的其他收益是什么？
阻碍	在工作环境中阻碍绩效改进的因素是什么？
驱动因素	是什么推动了绩效改进成功？
管理层的支持	还需要哪些管理层的支持？
其他解决方案	还有哪些方法也可以达到相同的结果？
潜在学员的建议	还有哪些人可以从该培训中受益？
对改进的建议	在培训项目中应该对哪些内容进行改进？
其他评论	其他意见或者建议

（2）跟踪问卷调查表举例。表 12-21 是针对领导力开发课程的问卷调查的例子。

表 12-21　跟踪问卷调查表举例

针对"领导力开发"课程之影响的问卷调查					
你目前是否承担着主管或者经理职务？　　　　　　是 □　　否 □					
1. 下面列出了领导力开发课程的培训目标，请回忆你所完成的培训，并说明你在多大程度上达到了学习目标。请在适当的答案上划勾。					
技能/行为	都没达到	很少达到	部分达到	总体达到	完全达到
A. 运用目标设定流程的 11 个步骤	□	□	□	□	□
B. 运用领导力计划流程的 12 个步骤	□	□	□	□	□
C. 认同卓越领导人的 12 项核心能力	□	□	□	□	□
D. 确信提高员工敬业度的 10 种方法	□	□	□	□	□
E. 在 5 种情况下运用"滞后判断"的概念	□	□	□	□	□
F. 将创造性解决问题的流程运用到具体项目中	□	□	□	□	□
G. 认同建立良好关系的 7 种最佳方式	□	□	□	□	□
H. 在给定的工作环境下，运用四步法处理失误	□	□	□	□	□
I. 操练提高沟通效率的 6 种方法	□	□	□	□	□

续表

2. 你是否已经将在岗行动计划作为领导力开发培训的一部分来实施？ 是 □ 否 □
如果是，请完成你的行动计划并与该问卷调查表一同提交。如果不是，请解释你没有完成该行动计划的原因。

3. 请按照 1~5 的等级进行打分，对于那些与你的工作相关的每个培训项目来讲，"1"代表没有相关性，"5"代表具有很高的相关性。

	没有相关性		有些相关		非常相关
A. 小组（课堂）讨论	1	2	3	4	5
B. 团队任务	1	2	3	4	5
C. 技能训练（情景模拟、角色扮演等）	1	2	3	4	5
D. 培训内容	1	2	3	4	5
E. 指导与建议	1	2	3	4	5
F. 特殊项目（领导力计划、工作描述、时间规划等）	1	2	3	4	5

4. 你在培训之后是否用到了发放的书面材料？ 是 □ 否 □
请详细说明。

5. 针对下面各种类别的结果，请指出过去几个月里由于参加了领导力开发培训，你的改进达到了怎样的程度。请在适当的答案旁划钩。

结果	没有机会运用	没有任何变化	稍有变化	中等变化	很大变化	非常显著变化
A. 组织						
1）将日常工作进行优先排序	□	□	□	□	□	□
2）运用创造性技巧	□	□	□	□	□	□
3）组织日常活动	□	□	□	□	□	□
4）在所负责的领域提高绩效标准水平	□	□	□	□	□	□
B. 工作氛围						
1）运用指导技巧	□	□	□	□	□	□
2）运用促进激励氛围的技巧	□	□	□	□	□	□
3）执行人才保留计划	□	□	□	□	□	□
4）为有价值的员工提供丰富其工作的机会	□	□	□	□	□	□
5）实施更有效的监控和监督体系	□	□	□	□	□	□
6）运用促进团队协作的技巧	□	□	□	□	□	□
C. 个人成果						
1）实现了书面沟通的改进	□	□	□	□	□	□
2）实现了口头沟通的改进	□	□	□	□	□	□
3）获得了更大的自信	□	□	□	□	□	□
4）执行了个人领导力计划	□	□	□	□	□	□

6. 请从上面的列表中选出经过培训之后你最常表现出来的三个行为或技能。
   A.
   B.
   C.

7. 参加本次培训之后，你或者你的工作发生了什么样的变化？（具体的行为变化，包括对员工授权的增加、与员工沟通的改进、员工参与决策的程度、解决问题能力的提高等）

8. 参加本次培训之后，你的组织获得了哪些收益？请确定你认为是由于参加了培训而获得的具体业务提升或改进。（请思考一下，这些改进实际上对业务指标产生了怎样的影响，这些指标包括收益的增加、出货量的增加、客户满意度的提高、员工就业度的提高、成本的降低、时间的节省等）

9. 请回忆上面所提到的具体业务成果或改进，考虑一下可以将你的成绩转换为货币价值的具体方法。请说明计算货币价值的基本原则。
   预计的货币值（单位）
   请说明以上数据是按周、月、季度还是按年来计算的。
   　　　　周 □　　　月 □　　　季度 □　　　年 □
   你做预测时的基础是什么？（哪些因素对收益与节省产生了影响，你是如何得到以上数值的？）

10. 对于上面的估测，你的置信水平是多少？
    置信度（0%=不可信，100%=确定）

11. 上面的改进或成果是由于运用了领导力培训项目中所学知识与技能而带来的，这种因素所占的比例是多少？
    程度（0%=没有，100%=全部）

12. 你是否认为领导力开发培训项目是公司一项很好的投资？　　□ 是　　□ 否
    请解释为什么。

13. 请说明，你认为领导力开发培训中所学的知识、技能和行为的运用在多大程度上对下列与你或你的工作单位中的业务指标产生积极的影响。请在适当的答案旁划钩。

业务指标	不适用	适用但无影响	稍有影响	中等影响	重大影响	非常重大影响
A. 工作结果	□	□	□	□	□	□
B. 成本控制	□	□	□	□	□	□
C. 生产率	□	□	□	□	□	□
D. 客户响应速度	□	□	□	□	□	□
E. 生产周期	□	□	□	□	□	□
F. 销售收入	□	□	□	□	□	□
G. 员工流失率	□	□	□	□	□	□
H. 员工缺勤率	□	□	□	□	□	□

续表

I. 员工敬业度　　　　　　　　□　□　□　□　□
J. 员工投诉率　　　　　　　　□　□　□　□　□
K. 客户满意度　　　　　　　　□　□　□　□　□
L. 其他（请具体说明）　　　　□　□　□　□　□
　　请引用具体的例子，或提供详细的说明：

14. 该培训带来的其他好处是什么？

15. 有哪些因素阻碍了你运用领导力开发培训中所学习的技能/行为？请选择所有合适的内容：
□ 我没有运用这些技能的机会
□ 我没有运用这些技能的时间
□ 我的工作环境不支持我运用这些技能/行为
□ 我的主管不支持这类培训项目
□ 这样的材料不适合我的工作环境
□ 其他（请具体说明）

如果你选择了上面的内容，如有可能，请给予说明：

16. 哪些因素有助于你运用从领导力开发培训中所学习的知识或技能？
请解释说明：

17. 如果你想更好地运用从领导力开发培训中所学习的知识或技能，你还需要管理人员提供怎样的支持？

18. 你还能提出哪些方案也能够像领导力开发培训项目那样带来同样的业务结果？

19. 你是否愿意将领导力开发培训推荐给其他人？　　是　□　　否　□
　　如果不愿意，请说明为什么；如果愿意，请说明要推荐给哪一类人或从事哪些工作的人，为什么？

20. 为改进该培训项目，你有什么具体的建议？

21. 其他意见和建议

（3）行动计划/改进计划举例。行动计划/改进计划用来确定学员在工作中将如何运用培训中学到的知识和技能来改变他/她们的行为，使培训获得真正的成功，是一种直截了当、简单易行的方法。表 12-22 是行动计划用于领导力开发培训的例子。

表 12-22　行动/改进计划工作表举例

针对"领导力开发"培训项目的行动计划

姓名：	××	**培训师：**	××	**评估日期：**	10 月 13 日
目标：	使团队在下一个 90 天内持续改进	**评估期：**	7 月 13 日	——	10 月 13 日
改进测量指标：	时间节约	**当前业绩：**	每月出现 32 小时停工	**目标业绩：**	将停工时间降低到 8 小时

第一部分：一般信息	
具体计划：我要做的事	**最终结果：我要达成的成果**
1．让团队中的人员相信我对于持续改进的态度是严肃的 2．让我的团队弄明白问题所在和相应的改进需求，并且要将重点放在这些问题的改进上 3．为团队成员提供指导，帮助他们打破思维定式 4．持续采用滞后判断的原则 5．运用处理错误的 5 步法则 6．指导我的团队在作出决定之前要了解情况并作出诊断 7．寻求各种方法激发团队成员的责任感和参与意识 8．观察团队成员对我的行为与做法所作出的反应。记录时间节约、质量改进、产量提高、成本节约和其他方面的改进情况。对结果进行客观的衡量，为团队成员提供信息反馈，并认可他们的贡献	1．团队成员了解我的期望和意图 2．团队成员感觉到他们有责任并已经得到充分的授权来工作 3．团队成员可以看到新的方法、可能性和解决方案 4．要充分听取建议，要争取团队成员的支持，并且要想方设法证明这些建议的可能性 5．对于承担风险、主动学习的做法给予支持 6．团队成员要通过解决问题而不是补救过失的方式来减少错误和返工的机会 7．要让团队成员对自己的成就感到欢欣鼓舞 8．我可以了解哪些措施是行之有效的，哪些是行不通的。我要使信息反馈形成闭环，这样一来，团队成员就会意识到他们取得成就可以得到奖励。我可以将自己的努力用货币价值来衡量

所期望的无形收益

　　人们会强烈意识到我希望他们取得成就。我会对自己的成就更加满意，我的团队会运作得更像一个团队。我的团队会为达到公司的目标做出更大的贡献。团队成员会变得更有团队意识。这也将带来员工敬业度的提高和客户服务的改善

第二部分：结果和分析

A. 衡量的单位是什么？<u>团队每月节约的小时数</u>
　　这个衡量指标是否只反映了你的业绩情况？是 □　否 □
　　如果不是，这个指标代表了多少员工的情况？　　8

B. 每个单位价值（成本）是多少？　　每节约一小时 52　美元

C. 你是如何得出这个价值的？
　　<u>团队成员的每小时薪水为 40 美元，再加上 30%的奖金</u>
　　<u>40 × 30% = 12 （美元），40 ＋ 12 = 52 （美元）</u>

D. 与培训之前的平均水平相比较，在评估期的最后一个月内该衡量指标发生了怎样的变化？（按月计算的价值）
　　<u>对于整个团队来讲，将每个月停工的时间由原来的 32 小时减少到 8 小时</u>
　　请解释发生这种变化的基本原因，以及为了促成这样的变化，你或你的团队都采取了怎样的措施

E. 对于上面的信息来讲，置信度是多少？（0% = 不可信，100% = 完全确定）　　95%

F. 这种变化在多大程度上是由于运用了培训课程中所学到的技能引起的？（0%～100%）　　75%

G. 如果衡量指标是时间节约的话，所节约的时间有多少被用在了有效的工作之上？（0%～100%）
　　100%

续表

实际的无形收益
由于我们在团队中采用了新的方法,他们能够更为积极主动地工作,并且齐心协力地为达到目标而工作。随着我将培训中所学到的知识和技能运用到实践中去,我的自信心得到加强,我将获得更大的成就,并对自己更有信心

五、培训效果鉴别

1. 综合考虑影响绩效的因素

带来绩效结果改进的因素是多方面的,培训只是其中一个重要因素,但不可能是全部,因此在进行培训效果评估时,要主动地提出并强调这一点,才能做到效果评价具有客观性,赢得管理层和所有利益相关者对培训效果评估的认可和尊重。图 12-4 说明了其他因素对绩效结果的影响。

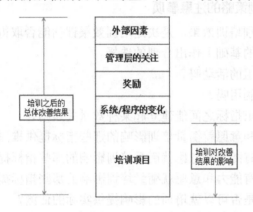

图 12-4 培训之后引起绩效行为变化的因素

2. 鉴别培训效果的策略

鉴别培训效果的策略主要有十种(见表 12-23)。

表 12-23 鉴别培训效果的策略

鉴别策略	描述和说明
1. 控制组	控制组是一个有效的鉴别方法,如果计划实施投资回报率研究的话,应该考虑此策略 如果要获得精确度很高的效果鉴别,而且这一点又非常重要的话,必须采用控制组策略
2. 趋势线分析	用历史数据画出趋势线并延伸到未来,在实施了培训项目之后,绘制出实际绩效线,与趋势线进行比较,超出的部分就可以合理地归结为培训项目实施的结果
3. 预测方法	在趋势线分析时,如果出现另一变量对培训效果产生影响并且呈现线性关系,就不能直接画出一条直线,而是用线性模型 ($y=ax+b$) 来计算绩效的改进数值,剔除该因素对绩效影响的部分,就能得到培训项目带来的收益
4. 学员提供的评价	简单而直接地从学员的推测获得绩效的改进多大程度上是由培训项目所引起的,因为学员是行为变化和绩效改进的主体,他们的评价往往能够更好地得到管理层的信任

续表

鉴别策略	描述和说明
5. 主管提供的评价	学员的主管对学员的绩效目标改进以及学员的行为变化具有直接的观察，对这些改变的影响因素非常清楚
6. 管理层提供的评价	高级管理层可以就培训项目所引起的改进情况作出估计
7. 客户的意见	向客户询问他们对那些与使用了具体的知识和技能（培训项目的目标）有关的产品或服务有什么反应，直接关注培训项目所计划改进的那些知识和行为
8. 专家的评价	内外部专家对培训产生的影响进行评估，它的可信度取决于专家的声誉
9. 下属的意见	主要用于管理培训项目的效果评估，向参加培训的经理人员的下属就培训后经理人员的行为变化提供反馈意见
10. 计算其他因素的影响	有些情况下，可以先考虑其他因素对绩效改进的影响，然后得出结论即剩余的影响都是由培训项目带来的

3．选择培训效果鉴别策略的注意事项

选择恰当的策略来鉴别培训效果，是决定培训效果评估能否取得成功的一个关键性步骤，必须在慎重考虑下列问题的基础上作出合理的选择。

- ❑ 有可能安排控制组的活动吗？
- ❑ 有历史数据可以利用吗？
- ❑ 在投入因素与产出指标之间能建立起某种数量关系吗？
- ❑ 学员是否有能力和意愿就衡量培训影响的那些指标提供推测信息？
- ❑ 学员的主管是否有能力和意愿就衡量培训影响的那些指标提供估测信息？
- ❑ 高层管理者是否有能力和意愿就衡量培训影响的那些指标提供估测信息？
- ❑ 供应商或者专家是否可以就培训的影响提供实际的估测？
- ❑ 学员的下属是否有能力就学员在工作环境中可能发生的潜在变化提供意见反馈？
- ❑ 是否可以确定非培训因素对绩效改进的影响？
- ❑ 内部或外部的客户是否能够就培训对客户决策和客户满意度的影响提供信息？
- ❑ 在使用数据收集工具的过程中是否存在阻力？

六、将数据转换成货币价值

1．将数据区分为硬数据和软数据

详细内容如表 12-8 和表 12-9 所示。

2．数据转换成货币价值的策略

有十种策略可将数据转换成货币价值（见表 12-24）。

表 12-24 转换数据的策略

转换策略	数据举例
1. 将结果转换为贡献	增加的生产单位或服务单位所带来的边际利润贡献，如每天多生产汽车的辆数，每天接待顾客的人数等
2. 转换质量的成本	次品率降低所带来的成本降低

续表

转换策略	数据举例
3. 转换学员的时间	员工完成工作所需时间的减少所带来的每小时劳动力成本降低
4. 使用历史成本	参照历史数据记录作为衡量指标与当前状况进行比较,如安全培训使事故率下降带来的成本降低
5. 使用内部和外部专家	没有历史数据参照比较时,专家能够根据经验和假设提出可信度较高的估计
6. 使用来自外部数据库的数据	行业研究报告和竞争对手资料,如员工离职率及成本、新员工的培训成本及收益等
7. 使用学员提供的估计数据	主要是软数据的估计,如自信心的增强、与主管沟通次数的增加
8. 使用替代衡量指标	在无法取得衡量指标时,可采用替代指标,如在工作满意度和员工离职率之间存在相关性,离职成本相对比较容易得到,工作满意度的变化就可以据此转换成货币价值(近似值)
9. 使用主管和经理提供的数据	绩效合同和绩效考评的数据
10. 使用培训人员提供的估计数据	培训人员的经验数据或估计

3. 数据转换成货币价值的步骤

以表 12-25 举例说明员工保留率提高所带来的货币价值。

表 12-25 数据转换成货币价值举例

转 换 步 骤	转 换 内 容
1. 改进的衡量单位	离职人数
2. 每个衡量单位的价值(V)	140 000 元(70 000 年薪×200%离职成本)
3. 绩效水平变化(ΔP)	20 个,培训使得每年可以留住 20 个工程师
4. 改进的价值($V \times \Delta P$)	2 800 000 元(140 000×20)

七、确定培训成本

确定培训成本是计算投资回报率的最重要因素,有关成本的数据必须做到全面、精确和现实。有关成本统计的详细内容参见本书第六章第四节"员工培训与开发预算制定"。

八、计算投资回报率(第五级评估)

1. 收益成本比率(BCR)

收益成本比率的计算公式为

$$\text{BCR} = \frac{收益}{成本} \tag{12-1}$$

例如,某个培训项目的总收益为 800 000 元人民币,总成本为 250 000 元人民币,那么收益成本比率为

$$BCR = \frac{800\ 000}{250\ 000} = 3.2$$

表示为 3.2:1，或者说每投入 1 元钱用于培训，得到的收益是 3.2 元。

2. 投资回报率（ROI）

投资回报率的计算公式为

$$ROI = \frac{净收益}{成本} \times 100\% \quad (12\text{-}2)$$

例如，某个培训项目的总收益为 800 000 元人民币，总成本为 250 000 元人民币，那么投资回报率为

$$ROI = \frac{800\ 000 - 250\ 000}{250\ 000} \times 100\% = 220\%$$

表示每投入 1 元钱用于培训，在收回投资的同时，还得到了 2.2 元的净收益。

九、确定无形收益

表现为行为改变或业务影响因素的无形收益虽然无法用货币的价值表示出来，却是培训项目收益的另一重要组成部分。它所包含的范围超过了货币收益，只不过无法转换成货币形式或转换的成本太高而得不偿失。无形收益通常作为培训项目评估必要的补充数据，离开无形收益的评估是不完整的。常见的无形收益形式如表 12-26 所示。

表 12-26　常见的无形收益

行为变化（第三级评估）	业务影响（第四级评估）
● 组织承诺的加强	● 创新的增加
● 沟通的加强	● 客户满意度的提高
● 员工自信心的增强	● 社区形象的提升
● 团队协作的改善	● 投资人形象的提升
● 冲突的减少	● 更快的客户反应时间
● 合作的加强	● 员工工作年限的延长
● 决断力的提高	● 员工缺勤或迟到现象的减少
● 工作氛围的改进	● 员工流失的减少
● 客户忠诚度的提高	● 工作满意度的提高
	● 不公平待遇的减少

十、评估结果的沟通

1. 评估结果的沟通对象和沟通内容

对培训项目的不同利益相关者来说，他们所关注的培训结果不可能是完全相同的，因此在沟通评估结果时应有一定的针对性。表 12-27 列出了针对不同对象的沟通重点。

表 12-27　沟通对象及内容

沟通对象	沟通内容
高层管理者	● 培训项目的背景、结果和建议 ● 最好有投资回报率数据（第五级评估结果） ● 至少提供业务影响因素数据（第四级评估结果）
一线经理	● 培训项目的目标、项目大纲和目标达成率 ● 最好有对业务影响的数据（第四级评估结果） ● 至少提供培训实施/应用的数据（第三级评估结果）
学员	● 最好提供学员培训后行为改变（实施和应用）的数据（第三级评估结果） ● 至少提供对培训知识和技能掌握程度的数据（第二级评估结果）
培训人员	● 全部评估内容和细节

2. 撰写员工培训与开发评估报告

详见本章第三节"员工培训与开发效果评估报告"。

本章小结

培训是人力资源开发的重要手段，它不仅可以为组织创造价值，而且可以为组织获得竞争优势，更有助于企业迎接各种新的挑战和调整。培训的重要性已是不容置疑，但培训的效果如何呢？很多企业的培训是"虎头蛇尾"，只重视培训前的过程，忽视培训的真正效果和实效性。因此进行培训效果的评估是十分必要的。员工培训与开发效果评估指的是针对一个具体的培训项目，培训的投资方或组织方等，通过系统地收集和分析资料，对培训效果的价值及其价值成就、对培训质量好坏高低等作出判断，其目的在于指导今后的培训决策和培训活动。

本章介绍了员工培训与开发效果评估流程，由八个步骤组成，分别是确定评估目的、明确评估标准、制订评估方案、收集信息、测量分析、撰写评估报告、评估结果沟通和确定项目未来。另外，分别介绍了柯氏四层次模型、菲利普斯"五级六指标"模型和斯旺森-霍尔顿"结果评价体系"模型在培训效果评估方面的应用。在作完培训结果评价之后，要完成员工培训与开发效果评估报告，为今后提高培训质量提供参考依据，赢得员工培训与开发部门生存和发展所必需的资源。

思考与练习

1. 员工培训与开发评估分为哪三个阶段？
2. 简述员工培训与开发效果评估的流程。
3. 简述柯氏四层次模型。

4. 如何应用斯旺森-霍尔顿"结果评价体系"模型？

5. 菲利普斯"五级六指标"模型在员工培训与开发效果评估中的具体的应用分为哪几个步骤？

案例分析

案例一：爱立信公司的培训效果评估

爱立信公司是生产通信产品及相关设备的跨国公司，在全世界130多个国家设有分公司，占通信行业市场份额的40%以上，居全球领导者地位。

爱立信于20世纪90年代初期进入中国，发展异常迅速。正像很多大的跨国公司一样，爱立信也十分重视在中国的发展。随着爱立信产品在中国市场的推广和畅销，培训客户及本公司员工变得越来越重要。因为通信产品是高技术产品，我们平时见到的手机只是其中一个终端产品，与之相配套的有一系列大型、小型交换机及计算机管理设备等。每开通一种设备，都要有相应的技术维护人员，客户对爱立信培训的要求也越来越迫切，爱立信北京培训中心正是在这种情况下于1994年成立的。

在北京培训中心成立之前，中国客户的培训都要在国外的爱立信培训中心进行，即使是爱立信本身的员工培训也要在国外进行。培训费用对客户和爱立信中国分公司来说都是一笔不少的款项，爱立信北京培训中心成立后，大大缓解了这种矛盾。

爱立信北京培训中心成立之初，只有约1 000平方米的教室及办公室，没有自己的教师。因为只有得到爱立信瑞典培训中心资格认证的教师才能讲授各类技术课程，该中心的所有的培训课都要请其他爱立信培训中心的教师来讲。这引起了两个问题，一是外请教师的费用较高；二是教师用英语授课，难以满足中国客户的要求。于是，爱立信北京培训中心开始招聘和培养自己的教师，逐步实行教师本地化。到1997年，爱立信北京培训中心已有办公及教学面积2 000平方米，教师40人，运作支持人员23人，很大程度上满足了客户和本公司员工对技术培训的需要。到1997年底，培训中心共完成30 000个学生的培训任务。

多年来，爱立信在电信及相关设备供应方面一直居世界领先地位。目前，爱立信有93 000多名员工在130多个国家为客户解决电信需求问题。爱立信在中国和世界范围内取得成功的关键环节之一是能充分调动员工的潜力，重视员工与客户的培训。

一、健全的培训组织

目前，爱立信中国分公司的大多数培训工作主要集中在爱立信北京培训中心进行。

课程发展部的主要功能是讲授爱立信的各类培训课程。这些培训课程有明显的阶梯和明确的课程顺序，以确保课程体系的完整和课程质量。

课程部按课程类别进一步分组，每组有1名组长。课程发展部共有26名教师，1名部门经理，1名设备支持人员，负责调试所有教学试验设备。

市场部的主要工作是开发培训市场，组织和协调培训。简单地说，就是把爱立信的培训课程卖出去，反馈用户信息，使课程设置更适应中国市场的情况。市场部包括经理在内共有4人，覆盖了中国所有区域。

行政部按照培训课程进一步划分为3个小组，行政组负责培训课程的所有行政工作，包括在公司内部网上发出培训计划、提供学员名单、发结业证书等。顾客服务组的主要工作是提供住宿、饮食、礼品等，由1个人负责。另外，行政部还有1名司机，2名清洁工。

二、员工的培训计划与过程

每年年初，根据市场部的需求预测及课程发展部的课程安排，制订全年的培训计划，内容包括课程名称、时间、费用和名额等。爱立信中国分公司有一个Intranet网，行政部把这一年的培训计划放在Intranct网上，全公司的每一个员工都可以上网查询。各分公司及各个部门根据自己的预算及员工培训计划安排全年的培训计划。每年每个员工和部门经理有一至两次的"个人发展计划"谈话，部门经理根据员工的个人要求和本部门的情况安排员工的培训计划。所以说某公司员工个人能力的培养，50%的责任在公司，50%的责任在员工自己。爱立信培训中心一旦发出新的培训计划，员工就可以根据与经理一起讨论的培训安排去培训中心报名。

爱立信培训中心收到员工报名表后，行政部根据课程安排给员工发一份邀请函，其内容包括课程名称、时间、地址、费用以及在课程开始前一个月内允许取消课程等信息，否则即使员工没来上课，也会收取费用。

爱立信培训中心放在Intranet网上的培训计划每月更新一次，更新的主要内容有：通知员工哪个课程已经报满，哪个课程还有席位，又增加哪些新课，等等。爱立信的员工每月月初都十分关注更新的培训计划，以安排自己的时间，力争在一年内完成自己的培训计划。

爱立信培训中心规定，理论课最少人数不低于16人，最多人数不超过24人，实验操作课最少人数不低于6人，最多不超过8人。控制人数既可防止课程赔本，又可保证教学质量。在课程开始前一个月，如果发现有的课程报名人数还不够，行政组将在Intranet网上发布培训公告，请需要进行培训的员工尽快报名，一般能收到很好的效果。

培训课程结束后，行政部根据考勤和考试情况给学员颁发爱立信专用证书，一般规定出勤率90%以上才有资格领到证书。

资料来源：http://www.edu24ol.com/web_news/html/2012-8/201208170153306124.html

讨论题：

1. 请评价爱立信公司的培训开发活动。

（提示：提示培训开发中的优势与不足）

2. 怎样制订员工和部门经理合理的个人发展计划？

（提示：与公司发展目标相结合）

3. 将菲利普斯"五级六指标"模型应用于本公司的员工培训与开发效果评估。

（提示：评估级别及其相关数据的种类、数据的重点和数据的用途）

案例二：麦当劳的培训案例

在麦当劳的黄金拱门餐厅里，顾客除了可以享受到最快的餐饮，同时还能享受到人性化的服务，而这正是麦当劳"提供全世界最卓越的快速服务餐厅经验"的愿景。"人员"、"顾客"、"组织成长"是麦当劳达成愿景的三大策略，而"人员"更是麦当劳最最重要的资产，麦当劳的产品是经由"人"传递给顾客的，所以麦当劳是一个非常重视"人"的企业。

一、麦当劳汉堡大学的建设

麦当劳企业在1955年开始营运后,即于1961年选择了当时刚落成的伊利诺伊州ElkGrove村的麦当劳餐厅,开始了汉堡大学的培训课程。对麦当劳来说,汉堡大学成立的目的在于传承麦当劳的全球经营管理经验,就是全球一致的餐厅经验,强调品质、服务、卫生的高标准。期间经历了1968年的迁移以及1973年的扩张,直到1983年10月才搬至美国芝加哥汉堡大学现址——橡溪镇(Oak Brook),继续培训麦当劳人才的任务。

目前,每年有超过五千名来自世界各地的学生至汉堡大学参与训练课程,而每年有超过3 000名的经理人修习的高级营运课程,是至今学生数目最多的课程。所有汉堡大学的餐厅管理与中阶管理课程都已获得美国教育委员会的认证。近年来,随着国际市场的日趋成熟,麦当劳在国际市场的拓展速度比美国市场还大,麦当劳所代表的不仅是一个美国品牌,更逐渐于国际间发展成社区品牌。随着国际市场的需求愈来愈大,麦当劳为了更有效率地培训全球国际化人才,开始于各区域设立国际汉堡大学,目前全球已有7所,分别位于德国、巴西、澳洲、日本、美国、英国、中国香港地区。这7所汉堡大学分别以地区性语言作为主要教学语言,以达到最佳训练效果。汉堡大学的训练课程,是针对餐厅经理及以上的中、高层主管所设计的,并针对储备经理人才设计一系列的生涯规划。

香港汉堡大学的策略计划愿景:成为最佳之人员培训专家,致力于麦当劳核心职能及领导职能之提升以达成麦当劳全球愿景。使命:整合内、外部资源,积极地执行人员培训策略,藉以加强人员的职能,达到提供最佳之用餐经验和优异之营运成果。价值观:荣誉、学习、欢笑。策略:标准之捍卫者,创造独特之学习经验,缩小知与行之差距,找出具有创意、以使用者为中心的解决方案。目标:传递优质之HU经验,成为中华地区学习发展团队之典范,创造及整合有效的、易于运用且成本效益最佳的人员培训方案,积极推动麦当劳成为高效能之学习型组织。

二、麦当劳职业生涯的训练规划

麦当劳强调的是全职涯培训,也就是从计时员工开始到高阶主管,都设计有不同的课程,通过各区域的训练中心以及汉堡大学进行进阶式的培训。例如,在中国台湾地区的训练中心称为麦当劳顾客满意学院,而在中国大陆又分为华中、华东、华北、华南区域来培训人才,使得麦当劳的员工能够持续不断地学习、成长。麦当劳全职涯的训练发展规划是属于所有麦当劳员工的宝贵资产。中国台湾地区的全职涯培训,麦当劳的教育训练系统可分为服务组人员与管理组人员两个部分,计时人员的训练以现场工作为主;营运中心的管理人员随着职位升迁则有各项管理课程,如基本营运课程、值班管理课程、基本管理课程、中级营运课程、进阶营运课程,除此之外还有机器课程与各种工作室,如订货工作室、排班工作室、食品安全工作室、单店行销工作室与中心经理工作室;当员工晋升到中阶主管(如顾问或部门主管以上)之后,将派外接受国际化的训练,依不同的职能分别有营运顾问课程、训练顾问课程、人力资源顾问课程、区域行销顾问课程、食品安全顾问课程、部门主管课程等。

另外,除了为营运部门员工安排全职生涯训练规划,公司亦为其他部门员工安排了一系列相关管理、团队建立、领导风格、个人发展、沟通及行政管理等课程。麦当劳教导员工一生受用的技能与价值观,让员工有学习发展与个人成长的机会。这意味着:提供给员工一个可以被训练发展和被鼓励的工作环境,并让员工了解未来规划和工作机会点。在麦当劳有许多优于其他企业的学习机会,除了全职涯的完整训练规划外,还可以在麦当劳实现自己的梦想。麦当劳是非常重视员工的成长与生涯规划的。它的人员策略是成为员工心目中最好的雇主,组织内各职级员工的发展向来是最优先考虑的重点，因为人力资源的优势及多元化能让他们抢先夺得竞争机会。麦当劳更全力强调价值和领导行为，具有竞争力的薪资与福利，对人员的尊重与肯定，学习发展及成长，同时确定员工有足够的资源完成工作。麦当劳深信人员承诺才是建立品牌及确保顾客忠诚度的不二法门。

三、麦当劳培训成功的关键

1. 计时人员的培训

（1）培训的工具：单项工作检查表（SOC）。所有的麦当劳工作站都有一份单项工作检查表，清楚地说明每一个操作步骤。

（2）训练的四大步骤：准备、呈现、试作、追踪。

（3）训练的方式。

① 培训必须要所有经理人员支持及鼓励。

② 所有经理人员都知道如何运作培训系统。

③ 每位经理人员都能够示范正确的培训过程。

④ 经理人员定期追踪。

⑤ 经理人员提供必需的资源、数据、时间、人员或金钱。

⑥ 制定标准，并达到标准。

（4）追踪训练成果。

2. 经理人员的培训

（1）培训的工具：管理组发展手册（MDP）。不同的职位会有不同的管理发展手册，以协助培养每个职位发展所需的能力，如品质参考手册、录像带、管理课程。

（2）培训流程如下。

① 培训前：自修管理发展手册内容完成活动及检定以落实（ON TIME TRAINING）。

② 培训中：鼓励并创造一个互相学习、分享的环境。

③ 培训后：课后行动计划带回工作中以实际应用所学并且有辅导人员协助检定。

（3）培训与绩效的联结性：麦当劳强调培训绩效与工作绩效结合。以汉堡大学课程为例，以学员对课程的意见反应、学员的学习成果、学员的行为表现与绩效成果四个层面来评估训练成效。绩效成果包含了能否与公司目标、工作联结以及自我绩效、上司的绩效联结。

麦当劳不只重视最终的成果及绩效，也非常强调在工作过程中给予员工支持与鼓励。例如，运用"因人而治"的方式认知与奖励员工，对每月最佳服务员，利用广播的方式让他在所有顾客面前接受表扬；有时也请员工家人共同参与活动。

资料来源：http://www.cnbm.net.cn/member/do115006242.html

讨论题：

1. 你认为麦当劳公司的训练发展系统值得学习的地方有哪些？

（提示：从培训课程设置、培训发展方面进行分析）

2. 你认为采用什么方式对麦当劳公司进行培训效果评估最佳？

（提示：培训效果评估方法的适用条件）

第四篇 结果应用篇

第十三章 员工培训与开发成果转化

第十四章 企业分层员工培训与开发

第十三章

员工培训与开发成果转化

【本章关键词】
　　培训与开发成果转化；同因素理论；激励推广理论；认知转换理论
【学习目标】
　　☐ 了解：培训与开发成果转化的概念。
　　☐ 熟悉：培训与开发成果转化的相关理论。
　　☐ 掌握：提高培训与开发成果转化的方法。

 开篇案例

杭州某公司员工培训的疑惑

　　11月的某一天下午，一直阴沉的天气转为晴天，杭州某集团公司总部持续两天的2008年度预算会议终于结束了。人力资源部经理张强显得有点疲惫，但他还是显得格外高兴，因为在预算会议上，公司高层一致决意明年提高员工培训的预算额度，将此前培训预算费用从占工资总额的5%提高到8%，这对于人力资源部和培训工作来说，是一个莫大的支持和肯定。高兴之余，张强同时又觉得压力很大。他感到，虽然公司的培训工作如火如荼地开展着，也获得了很多部门和员工的称赞，但他心里明白，即使是人力资源部，对于培训给企业带来的价值和真正对员工绩效所起到的实际作用也缺乏十足的底气。他陷入深深的思虑当中，究竟问题出在什么地方？

　　相信这个困惑对于国内很多企业来说，都是普遍存在的问题。国内很大一部分企业觉得培训很重要，一直不遗余力地奉行员工培训，他们虽然不清楚这些投入究竟能给企业带来什么实际的效应，但心里认为培训比不培训显然要划算得多。

　　为什么企业对待培训的态度如此模糊？究其原因，关键在于作为人力资源管理部门，一直以来无法将单项或者系列培训课程的投入回报情况准确地呈现给企业高层。很多时候，HR也在怀疑：这门课程究竟会带来什么价值？

　　如何评价该门课程带来的价值是一个非常重要的问题，这关系到培训结果最终对企业发展的影响。下面我们通过员工培训与开发成果转化的相关内容的学习，来让培训与开发更好地为企业服务。

资料来源：http://www.chinahrd.net/talent-development/training-management.html

第一节 员工培训与开发成果转化概述

员工培训与开发成果的转化主要是指受训者将在培训中所学到的知识、技术、能力以及行为方式运用到实际工作中的努力过程。培训与开发成果的转化工作是人力资源培训系统流程的环节之一，与为企业经营目标提供合格的人力资源产品紧密相关，其目的就是要改善员工的工作业绩并最终提高企业的整体绩效。因此，员工在培训中所学到的内容必须运用到实际的工作中去，这样培训才具有现实意义，否则培训的投资对企业来说就是一种浪费。

一、培训前的转化准备工作

培训与开发成果转化工作事实上在培训开始之前就需要做工作了，主要从以下几个方面来设立目标。

1. 依据目标设置理论

在参加培训之前，培训者要为受训者设立目标，或者让受训者自己设立目标。如果目标具体、富有挑战性，这样会使受训者具有增进工作技能、改进工作绩效的强烈愿望与动机，能够提高员工对培训的兴趣程度、理解能力及努力程度，那么教学效果就会得到保证，学习效果就会比较理想。这些目标包括数量、质量、时间和成本等。

2. 转变角色

培训开始前，要求受训者培训完成后在工作中教授其他未参加学习的员工。这样一来，受训者以学员和未来培训师的双重角色参加学习，会促进受训者学习视角的改变。

3. 管理者的激励工作

在培训前，主管需要向受训者重点说明培训以后能够得到的好处，如明确培训的目的是提高绩效，并强调参加培训会为员工带来工作及个人职业发展等方面的益处，帮助受训者建立起努力与成绩、成绩与奖励之间的依存关系，这样受训者的学习动机就会变得强烈。

二、培训中的转化准备工作

培训过程中的许多工作可以为培训与开发结果转化做好准备，具体有培训方法的选择。培训活动意在取得以下几种培训与开发成果：一是智力型技能，如程序性知识、语言；二是知识认知能力，即受训者将上述两类知识在何时以及如何运用的能力；三是操作技能。为了保证受训者掌握、保存这些学习结果，在选择培训方法时应着重选择那些有助于培训成果转化的方法，包括角色扮演、管理训练、案例分析、情景模拟、行为模仿等。培训中要讲三习，"三习"即上课之前先预习、上课时要练习和上课之后要实习。要使所学知识与技能易于理解、消化和被掌握，实习是不可或缺的重要手段。而只有重复实践才能使所学知识与技能转化为员工的自然反应，成为其整体技能和行为模式中的一部分，才能真正达到学习的目的。另外，在培训过程中，培训者应鼓励受训者在培训过程中运用自我调控系统，使他们掌握知识并培养工作所需要的分析问题和解决问题的能力。在培训中提高受训者内在的胜任感、自我效能感和终身学习的动力有助于培训与开发成果的转化。

三、培训后的全面转化工作

培训课程结束是转化的开始,是培训项目成功与否的关键环节,其重要性甚至超过课程本身,因此必须全方位地进行转化工作。培训与开发成果能否转化与工作环境密切相关,因此,取得相关人员的支持、营造一个良好的转化氛围是至关重要的。高管人员还应鼓励技术管理的创新,营造良好的沟通氛围,实行民主管理等,这些都会影响培训与开发成果的转化。另外,所有部门的管理人员都应对受训员工给予关注,他们在与其他部门发生联系时予以关心和帮助、宽容和谅解。直接主管积极鼓励受训者运用在培训中所学到的新技能以及行为方式,为其提供所需的各种设备和资源,为他们确定目标,制订行动计划。同事对受训者运用在培训中所学到的新技能和行为方式予以支持。参加受训的上级管理者将在培训中所学习到的新的管理理念、领导风格、领导方法和行为方式运用到工作之中时下属要积极配合、予以支持。人力资源部提供培训前、培训中和培训后的沟通与公司其他管理人员分享学员反馈信息,并通过编印即时通信的方式向大家通告受训者的成功转化经验,并进行受训者工作岗位的重新设计,在奖惩机制、晋升机制上支持受训者培训与开发成果的转化。

第二节 员工培训与开发成果转化的相关理论

员工培训与开发成果转化的相关理论有同因素理论、激励推广理论以及认知转换理论。下面分别介绍这三种理论的相关内容。

一、同因素理论

同因素理论由桑代克和伍德沃斯提出,该理论认为培训与开发成果转化取决于培训任务、材料、设备和其他学习环境与工作环境的相似性。其强调的重点是培训环境与工作环境完全相同,适用于工作环境可预测且稳定的情况。在设计相关培训项目时,应注意以下关键环节。

- ☐ 培训中应该告诉学员基本的概念;
- ☐ 在培训过程中应明确具体的操作流程;
- ☐ 明确在何时、以何种方式将培训内容运用于工作中;
- ☐ 学员应该能够说明培训中所执行的操作与实际工作是否存在一定差别,如果存在细微的差别,今后应如何注意;
- ☐ 在培训过程中鼓励学习的内容超出所应用的范围;
- ☐ 将培训内容限定在那些受训者有能力掌握的范围内;
- ☐ 鼓励学员将培训课堂上所学的技术、知识等应用于实际的工作当中。

二、激励推广理论

激励推广理论认为，促进培训与开发成果转化的方法是在培训项目设计中重点强调那些最重要的特征和一般原则，同时明确这些一般原则的适用范围。该理论针对工作时的典型原则进行培训，培训环境的设计可以和工作环境不相似，强调一般原则运用于多种不同的工作环境，适用于工作环境不可预测且变化剧烈的情况。在设计相关培训项目时，注意以下关键环节。

- 努力让受训者理解他们所接受的培训技能和行为的基本概念、一般性的原则及假设条件；
- 鼓励受训者将培训中所强调的要点与其实际工作经验结合起来，受训者之间共享在不同环境和情境中这些原则得以应用的成功经验；
- 鼓励受训者设想在不同环境下如何使用新技能；
- 在鼓励受训者在培训结束后将所学技能应用于与培训环境不同的工作环境中时，强调这些一般性的原则可能会有更大的推广价值，遇到与培训环境不完全相似的情况下也可以应用。

三、认知转换理论

认知转换理论的理论基础是信息加工模型，成果转化取决于受训者回忆所学技能的能力，其强调有意义的材料和编码策略，增强存储和回忆，适用于各种类型的培训内容和环境。在设计相关培训项目时，应侧重理解性学习、大量练习、理论联系实际以及讨论和应用。莱克认为，培训与开发成果转化可以分为近距离转化和远距离转化两种。

- 近距离转化：指可以直接将所学内容应用于与培训环境类似的实际工作中，基本不需要太大的修订和调整；
- 远距离转化：指将所学技能运用于不同于最初的培训环境的工作中，需要用新的创造性的方法应用所学内容。

第三节 员工培训与开发成果转化的影响因素

一、受训者自身因素

受训者作为培训中的一大主要因素，其在培训活动以及培训成果转化过程中起着非同寻常的作用。培训是提高受训者自身综合素质的重要途径，受训者认识到培训的重要性对培训成果的转化十分必要。然而，在很多情况下，受训者对培训的认识并不准确，片面地认为培训仅仅是企业提供的一种福利，因而对培训缺乏积极性与主动性；有的员工认为企业的培训流于形式，对个人能力的提升和职业生涯的发展帮助不大，从而对企业提供的培训不感兴趣；还有一些员工只是希望通过培训获得一纸文凭或证书，将来能获得职务的晋升或提高薪酬待遇，而未能思考培训中所学的知识和技能如何在实际工作中应用；此外，还有一些员工由于文化素质与技能水平不高，在培训与开发成果转化过程中只能生搬硬套，不能随机应变，也在一定程度上影响了培训研发成果的转化效果。

二、培训项目因素

培训项目设计对培训与开发成果转化影响很大，学习原理、排序、培训内容、应用转化理念都会对培训与开发成果转化产生影响。

1. 培训需求分析

作为培训的首要环节，准确的培训需求分析为培训过程的其他工作建立了明确的目标和准则。然而，目前很多企业在培训前并没有进行详细的培训需求分析，没有将企业的发展目标与员工的职业生涯规划结合起来设计培训活动，也没有根据企业的实际情况来制订培训计划，而是凭经验或者机械地模仿他人，或者按照前一年的计划来制订，或者完全由员工提出需求，还有一些公司对培训需求的界定甚至只是老板的一句话。企业的培训工作具有较大的盲目性和随意性，因而培训内容缺乏针对性、培训手段单一等问题屡见不鲜，以致培训工作无实效，吃力不讨好。

2. 培训体系不健全

企业建立培训体系的最终目的是持久有效地将培训进行到底，让培训发挥最大的效果，让培训成为企业的家常便饭，灌输到每一个员工的思想里并成为一种提升自己和企业竞争力的必备工具。据一份权威机构对中国企业的培训调查报告显示，92%的企业没有完善的培训体系。其中，在企业的培训管理机构方面，仅42%的企业拥有自己的培训中心；在培训制度方面，64%的企业声称有自己的培训制度，但经座谈和深访发现，几乎所有的企业都承认自己的培训制度流于形式；在培训过程管理方面，很多企业都缺乏规范的培训需求分析过程和行之有效的培训考核方法；甚至有的企业以培训课程体系替代培训体系的全部内容。

3. 培训统一供给，没有考虑员工的个体差异需求

不同的员工具有不同的培训需求，对于高层管理人员而言，理念技能是最重要的；对于中层管理人员而言，人文技能是最重要的；对于基层管理人员而言，专业技能是最重要的。对于需求各异的受训者，培训方式也应多样化，具有针对性。然而，很多企业在培训过程中并没有考虑到受训人员的个体差异性，而往往是统一供给。这无疑也对培训与开发成果的转化造成了一定的影响。

三、企业环境因素

企业的环境因素对于企业培训与开发成果转化的作用不容忽视。企业环境包括企业外部环境和企业内部环境，下面主要研究企业内部环境对培训成果转化的影响。具体而言，对培训成果转化影响较大的内部环境有以下几个方面。

1. 高层领导对培训的认识不到位，重视不够

培训是员工管理的一项基础性工作，但在实际管理工作中，企业管理层往往偏重任用、升迁和调动等项工作，忽视了员工培训和再教育工作，对抓员工培训工作不够重视，工作力度不够大，不愿意在这上面花费成本。管理者对培训的重视不够，因而不清楚应如何为员工创设有

利于培训成果转化的氛围。这在一定程度上挫伤了员工参与培训的积极性，进而影响了员工培训与开发成果的转化。

2. 企业未能为受训者营造有利于培训与开发成果转化的转化氛围

转化氛围是指受训者对各种各样能够促进或阻碍培训技能或行为应用的工作环境特征的感觉，这些特征包括管理者和同事的支持、应用技能的机会以及运用所学技能的结果。受训者培训与开发成果的转化需要一个能促进其转化的支持性工作环境。工作环境方面制约培训与开发成果转化的因素很多，如高层管理人员对培训的重视程度不够、部门主管的不支持、未参加培训的员工的不支持、时间紧迫、资金短缺、没有相应的设备等；另外，员工还要承担完成工作任务、提高工作效率的压力，这些都会导致受训者很少有机会或根本没有机会运用新技能。

3. 缺乏相应的配套制度

企业缺乏有利于培训成果转化的相应配套制度也会对培训与开发成果的转化产生影响。经过培训的员工回到原来的工作岗位，工作没变，待遇没变，运用新知识、新技能得不到任何奖励，还有可能招致未参加培训的同事的排斥。因此，很多员工选择原来的工作方式和方法以适应现实与环境，使培训流于形式。

用人之道

去过庙里的人都知道，一进庙门，首先是弥勒佛，笑脸迎客，而在他的北面，则是黑口黑脸的韦驮。但相传在很久以前，他们并不在同一个庙里，而是分别掌管不同的庙。弥勒佛热情快乐，所以来的人非常多，但他什么都不在乎，丢三拉四，没有好好地管理账务，所以入不敷出。而韦驮虽然管账是一把好手，但成天阴着个脸，太过严肃，搞得人越来越少，最后香火断绝。

佛祖在查香火的时候发现了这个问题，就将他们俩放在同一个庙里，由弥勒佛负责公关，笑迎八方客，于是香火大旺。而韦驮铁面无私，锱铢必较，则让他负责财务，严格把关。在俩人的分工合作中，庙里一派欣欣向荣的景象。

管理心得：其实在用人大师的眼里没有废人，正如武功高手，不需名贵宝剑，摘花飞叶即可伤人，关键看如何运用。

第四节 员工培训与开发成果转化提升的措施

一、利于组织成果转化的氛围特征

1. 明确目标

直接主管和同事鼓励受训者使用培训中获得的新技能和行为方式并为其设定目标。例如，刚接受过培训的管理者与主管人员及其他管理者共同讨论如何将培训成果应用到工作当中。

2. 任务线索

受训者的工作特点会督促或提醒他应用在培训中获得的新技能和行为方式。例如，刚接受过培训的员工的工作就是依照让他（她）使用新技能的方式来设计的。

3. 反馈结果

直接主管支持应用培训中获得的新技能和行为方式。例如，直接主管应关注那些应用培训内容的刚刚受过培训的员工。

4. 不轻易惩罚

对使用从培训中获得的新技能和行为方式的受训者不会公开责难。例如，当刚受过培训的员工在应用培训内容出现失误时，不对他们进行惩罚。

5. 外部强化

受训者会因应用从培训中获得的新技能和行为方式受到外在奖励。例如，刚受过培训的员工若成功地应用了培训内容，他们的薪水会增加。

6. 内部强化

受训者会因应用从培训中获得的新技能和行为方式受到内在奖励。例如，直接主管和其他管理者应表扬那些刚受过培训就能将培训内容应用于工作当中的员工。

二、组织自身可能存在的阻碍培训与开发成果转化的因素

目前，我国有相当多企业的培训经理人已经意识到在工作环境中存在诸多阻碍受训员工进行培训与开发成果转化的因素。归纳起来大体体现在以下几个方面。

（1）缺乏各部门管理者的支持。

（2）缺乏同事的支持。

（3）与工作本身相关的因素。

（4）受训者本身的原因。

三、确保培训与开发成果转化的具体方法

1. 明确关键人员在培训成果转化中的作用

明确关键的管理者、培训者、受训者等在培训前、培训中、培训后应当起到的作用。以管理者为例，管理者应在培训开始前了解什么问题导致了不良绩效，在培训中应观察或参与培训，鼓励受训者，在培训结束后与培训者、受训者、同事等一起编写培训报告，分享培训感受等。

2. 通过激励强化受训者的学习动机

（1）运用目标设置理论。

（2）运用期望理论。

（3）运用需求理论。

（4）将教学活动与学习目标和成果相联系。

3. 改进培训项目设计

（1）尽量设置与工作情景相同的条件。

（2）培训教师在培训过程中要让学员掌握将培训所学的知识和技能应用于实际工作中的原理和方法。

（3）让学员在培训课程结束时宣读自己的"行动计划承诺书"。

（4）编写行为手册。

（5）采取激励的政策。

（6）应用单表。

4. 积极培育有利于成果转化的工作环境

（1）对实践机会进行测量。

（2）提高管理者的支持程度。

（3）人力资源管理部门的督导。

（4）建立受训员工联系网络。

（5）建立一对一的辅导关系。

5. 及时跟踪调查

培训结束后应及时征询受训者的意见和建议，为提高培训质量获取相关信息。

6. 注重在培训开始前、培训过程中以及培训结束的沟通

（1）培训前沟通：管理者、培训者、受训者等在培训前应进行充分的沟通。管理者充分参与培训需求评估，选择受训者并制订培训成果转化计划，建立相应的支持机制；培训者在前期应做到收集组织和环境的信息，与管理者讨论培训要达到的目标或成果，并评定受训者现有的技能和知识水平。

（2）培训期间的沟通：管理者在培训过程中应获得受训者的进展报告并鼓励受训者；培训者应当努力为更多的受训者提供相应练习机会和恰当的工作帮助，对受训者提供反馈；受训者在培训过程中应自我管理自己的学习任务，对培训者和管理者的反馈意见做出建设性的改进。

（3）培训后的沟通：管理者应在培训后和培训者、受训者一起编写培训报告，为受训者提供应用新技能的机会；培训者应对培训进行评估且进行后续跟踪，并与管理者和受训者保持持续的合作关系；受训者应努力应用新技能和实施培训成果转化的方案。

本章小结

本章介绍了员工培训与开发成果转化的相关概念、员工培训与开发成果转化的相关理论、员工培训与开发成果转化的影响因素以及员工培训与开发成果转化提升的措施。培训与开发成果的转化主要是指受训者将在培训中所学到的知识、技术、能力以及行为方式运用到实际工作中的努力过程，分为培训前的转化准备工作，培训中的转化准备工作以及培训后的全面转化工作。员工培训与开发成果转化的相关理论有同因素理论、激励推广理论以及认知转换理论，各

有不同的应用环境和关键点。影响员工培训与开发成果转化的因素包括受训者自身因素、培训项目因素和企业环境因素。提升员工培训与开发成果转化的措施包括明确关键人员在培训成果转化中的作用、通过激励强化受训者的学习动机、改进培训项目设计、积极培育有利于成果转化的工作环境、及时跟踪调查和注重在培训开始前、培训过程中以及培训结束的沟通。

思考与练习

1. 培训成果转化的概念是什么？
2. 同因素理论在应用中应注意哪些关键点？
3. 比较激励推广理论与认知转换理论的异同。
4. 影响员工培训与开发成果转化的因素有哪些？
5. 利于组织成果转化的氛围特征有哪些？
6. 确保培训与开发成果转化的具体方法有哪些？

案例分析

案例一：保健公司（Healthcare Company）销售培训效果评估报告

项目：传达（公司）优势

时间：1~9月

参与者：180名保健公司销售助理和销售经理，分成24个小组

项目目的

当公司员工在接触潜在客户或现有客户时，能够给客户以专业的印象，与客户之间建立相互信赖的关系，将公司的价值传递给客户，并且直接强调公司的医疗管理能力。

项目描述

"传达（公司）优势"是一个为期两天的培训项目，主要培训倾听、提问和表达技巧，旨在提高销售助理向客户传达公司医疗管理能力的水平，从而帮助提升销售绩效。在为期两天的培训项目中，销售经理也会协助开展项目，不仅提供技术性指导，而且担任沟通教练。销售经理除了一起经历整个项目外，在项目结束后，还要在实际工作中指导和评估销售助理的表现。

评价总结

总的来说，"传达（公司）优势"培训项目取得了显著的效果。目前，在第一期项目结束后的10个月内，在评估的所有领域中，培训项目都超额完成既定目标。以下详细介绍各方面所取得的效果（见表13-1）。

表 13-1　培训取得的效果

评 估 项 目	目标完成状况
绩效	
财务效果	409%
学习	
技能	117%
认知	
参与者的认知	149%
发起人的认知	147%

批准人：
销售绩效副总裁　　　　　　　　　日期：　　年　　月　　日
抄送名单：
　　　　　　　　总裁
　　　　　　　　人力资源部高级副总裁
　　　　　　　　人力资源开发部副总裁
　　　　　　　　财务部副总裁
　　　　　　　　区域运营主管

以下是培训项目在绩效、学习和认知三个方面取得的结果的详细报告。

绩效结果

本项目的总目的是通过提高沟通和表达技巧，提高销售绩效。表 13-2 列出了由该绩效提升项目直接带来的销售额的情况。

表 13-2　销售额情况

销 售 类 型	销售收入/元
2个"X"市场业务	57 620 000
18个"Y"市场业务	5 500 000
2个PPO公司业务	2 000 000
1个牙齿保健业务	290 000
1个内部财务核算业务	13 000 000
24笔销售	78 410 000

表 13-2 中的结果只是从 48 份归因于该培训项目的销售反馈中总结得来的，并不是从所有的销售数据中得来的，因为有些销售数据并没有上报。

项目的总收益按如下方式计算：
总收益=78 410 000（总销售收入）×3.0%（净收益率）=2 352 300（元）

每组销售培训的成本是 12 000 元，24 组的总培训成本是 288 000 元。投资回报率按下列方式计算：

$$投资回报率 ROI = \frac{2\,352\,300 - 288\,000}{288\,000} \times 100\% = 717\%$$

以项目的预期投资回报率 200%为计划目标，该培训项目的实际投资回报率超出目标的百分比为：

$$\frac{717\% - 200\%}{200\%} \times 100\% = 259\%$$

学习结果 （略）

认知结果 （略）

讨论题：

1. 你认为在该案例中应如何完成培训成果的转化？
（提示：培训成果转化的提升措施）
2. 本案例中影响培训与开发成果转化的有哪些因素？
（提示：培训与开发成果转化的影响因素）

案例二

材料一：联想集团的培训成果转化落实

联想从 10 年前的默默无闻到今天的中关村龙头企业，这样的成就并非偶然，而是主要取决于两大基本因素：一是联想的领路人柳传志的战略意识；二是联想强大的组织能力。联想强大的组织能力主要通过其制度的刚性来体现，这种刚性的制度可以克服知识分子创业队伍的先天性弊端，使组织的制度落到实处。联想文化的第一个阶段被称做制度文化，即斯巴达方阵文化。所谓斯巴达方阵文化有两个主要特点：强调集体力量和强调制度的刚性。这种文化建立伊始，从联想最高领导人柳传志到联想的每一个基层员工，都在矢志不渝地遵守这种文化，贯彻这种文化。

以开会迟到为例，联想规定：开会不准迟到，如果迟到的时间大于等于 5 分钟，与会者就不用参加会议了；如果小于 5 分钟，那么迟几分钟就在门外站几分钟然后再进来开会。正好有一天柳传志迟到了，他迟到的时间大概是 3 分钟，于是，柳传志按照规定站在门口，直到站够了规定的时间才走进会议室。试想，连公司的老总都能以身作则，其他的员工又怎么能不遵守制度呢？

材料二：从捕蝉人的经验看培训的层次

有一天，孔子带着学生去楚国，途经一片树林，看到一个驼背老头儿拿着竹竿粘知了，似乎是从地上拾东西一样，一粘就是一个。孔子问道："你这么灵巧，一定有什么妙招吧？"驼背老头儿说："有方法的。我用了 5 个月的时间练习捕蝉技术，假如在竹竿顶上放两个弹丸掉不下来，那么去粘知了时，它逃脱的可能性是很小的；假如竹竿顶上放三个弹丸掉不下来，知了逃脱的机会只有十分之一；假如一连放上 5 个弹丸掉不下来，粘知了就像拾取地上的东西一样容易了。我站在这里，有力而稳当。虽然天地广阔，万物复杂，但我看见的、想的只有'知了的翅膀'。如因万物的变化而分散精力，又怎么能捕到知了呢？"培训同样也可分为三个层次，第一个层次就是仅仅会做；第二个层次就是能够做到熟练，就是像竹竿顶上放 3 个弹丸掉不下来；第三个层次就是要做到不分散精力，看的、想的只有"知了的翅膀"。古人的这个故事可以说意味深长，既告诉我们企业培训究竟需要多长时间，也告诉了我们应该培训哪些内容。

在日本，一个贴商标的工人必须经过两年的培训才能上岗，这么简单的一种工作，为什么要这么做呢？因为他们需要的是能够在最高工作境界下工作的工人。在思科，员工培训的时间没有规律，他们认为业务和培训是一体的，培训是无时不在的。这么说来，所有良好的培训都为了达到第三个层次——工作的最高境界。"粘知了"的故事，强调的不是技能而是态度的改变。而我们的企业通常在制定培训目标时总强调学员完成培训后能够做什么，即通过培训学员达到其知识、技能方面的长进。当然，对态度的改变的确复杂得多，要让学习者达到这样的境界，需要我们建立共同的愿景和配套的治理激励措施。

资料来源：http://wenku.baidu.com/view/10a63e18a300a6c30c229fd7.html

讨论题：

1. 在联想集团的案例中，该公司是如何加强培训与开发成果的转化的？
（提示：加强培训与开发成果转化的方法）

2. 联想集团有利于培训与开发成果转化的因素有哪些？
（提示：有利于培训与开发成果转化的氛围因素）

3. 在第二个案例中，捕蝉人的经验给我们的培训带来哪些启示？
（提示：培训的内容和时间，培训与开发成果转化的注意事项）

第十四章

企业分层员工培训与开发

【本章关键词】
　　分层；战略；综合素质模型
【学习目标】
　　☐　了解：企业分层员工培训与开发的特点。
　　☐　熟悉：企业不同类型员工的员工培训与开发的流程。
　　☐　掌握：企业员工培训与开发技术设计。

对林亚卿的培养

　　甜甜面包公司近年来规模迅速扩大，员工开发、成长、提升的机会很多。林亚卿经过一系列的工作变化，已经从最初的专卖店经理助理升至公司业务经理，他手下辖有多家专卖店的经理人员。

　　迄今为止，林亚卿依靠自己的经验已经具备了一定的技术和业务管理技能，但他没有受过任何正式的训练。作为一名有能力的管理人员，他仍受到手下人的高度尊敬。

　　公司经过认真规划，预计在两到三年内使企业规模扩大两倍。很多人开始怀疑林亚卿是否有能力承担日趋繁重的工作任务，因为它将更多地涉及整体规划、财政体制、各职能部门协调关系，而林亚卿的成功主要在于他销售方面的业绩。公司想继续留用林亚卿，但需要为他制订一个详细的员工培训与开发计划。

　　资料来源：http://wenku.baidu.com/view/e334cd04cc175527072208c9.html

第一节　新员工培训与开发

　　企业分层次培训，发展和提高企业各层次人员的工作能力和管理水平是使企业获得较高生产效率和较强竞争能力的最理想、最便宜的途径，同时也是各企业使用最多的一种员工培训与开发的技术。

一、新员工培训与开发的概念

新员工培训与开发，又称岗前培训、职前教育，是一个将企业所录用的员工从局外人转变为企业人再到职业人的过程，是员工从一个团体融入到另一个团体的过程，员工逐渐熟悉、适应组织环境并开始初步规划或者继续发展自己的职业生涯，定位自己的角色、发挥自己的才能。

二、新员工培训与开发的流程

1. 准备工作

（1）由各部门负责人提交参加培训人员名单。
（2）人力资源部制订新员工培训计划。
（3）确定培训教室和培训时间。
（4）确定培训科目和培训师。
（5）人力资源部提前一天通知总经理及有关部门负责人。
（6）准备好各类培训材料。

2. 培训安排

（1）引导所有新员工在指定地点签到并参加培训。
（2）请总经理与新员工见面并致欢迎词。
（3）请有关部门的总监与员工见面并简单介绍本部门的情况。
（4）按新员工培训计划进行培训。
（5）请各部门领导欢迎新员工到岗。
（6）经部门对新员工培训考核合格后，方可正式上岗。

3. 培训内容

在对新员工进行员工培训与开发的过程中，向其详细介绍公司的具体概况。例如，工作场所与设施，企业历史、使命与前景，企业的产品、服务与工作流程，企业的客户和市场竞争情况，企业的组织结构及重要人物，职位说明及职业必备以及法律文件与规章制度等。新员工培训与开发的具体内容如表14-1所示。

表14-1 新员工培训与开发

目的	● 使新员工在入职前对公司有一个全方位的了解，认识并认同公司的事业及企业文化，坚定自己的职业选择，理解并接受公司的共同语言和行为规范 ● 使新员工明确自己的岗位职责、工作任务和工作目标，掌握工作要领、工作程序和工作方法，尽快进入岗位角色
培训时间	● 根据不同公司情况1周到12个月不等。（有的公司岗前培训较简单，主要是了解企业文化，明确个人岗位职责；有的公司还包含几个月的学习与工厂实习和轮岗，最后才确定岗位）
培训对象	● 公司所有新进员工
培训方式	● 脱岗培训：由人力资源与知识管理部制订培训计划和方案并组织实施，采用集中授课及讨论、参观的形式

续表

培训方式	• 在岗培训：由新员工所在部门负责人对其已有的技能与工作岗位所要求的技能进行比较评估，找出差距，以确定该员工培训方向，并指定专人实施培训指导，人力资源与知识管理部跟踪监控。可采用日常工作指导及一对一辅导形式 • 工厂实习：主要在一些大型的生产制造类企业用得比较多。这类企业在新员工入职后，一般会有3个月左右的时间到工厂实习，以了解最基层的生产运作情况
培训教材	• 《员工手册》、部门《岗位指导手册》等
培训内容	• 企业概况：公司创业历史、企业现状以及在行业中的地位、品牌与经营理念、企业文化、未来前景、组织机构、各部门的功能和业务范围、人员结构、薪资福利政策、培训制度、历年重大人事变动或奖惩情况介绍、学校团队精神介绍、沟通技能训练及新员工关心的各类问题解答等 • 员工守则：企业规章制度、奖惩条例、行为规范等 • 入职须知：入职程序及相关手续办理流程 • 财务制度：费用报销程序及相关手续办理流程以及办公设备的申领使用 • 安全知识：消防安全知识、设备安全知识及紧急事件处理等 • 沟通渠道：员工投诉及合理化建议渠道介绍 • 实地参观：参观企业各部门以及工作娱乐等公共场所 • 介绍交流：介绍公司高层领导、各部门负责人及对公司有突出贡献的骨干与新员工认识并交流恳谈 • 在岗培训：服务意识、岗位职责、业务知识与技能、业务流程、部门业务周边关系等 • 学校教学模式及教学课题研究
培训考核	• 培训期考核分书面考核和应用考核两个部分，脱岗培训以书面考核为主，在岗培训以应用考核为主，各占考核总成绩的50%。书面考核考题由各位授课教师提供，人力资源与知识管理部统一印制考卷；应用考核通过观察测试等手段考查受训员工在实际工作中对培训知识或技巧的应用及业绩行为的改善，由其所在部门的领导、同事及人力资源与知识管理部共同鉴定
效果评估	• 人力资源与知识管理部通过与学员、教师、部门培训负责人直接交流，并制定一系列书面调查表进行培训后的跟踪了解，逐步减少培训方向和内容的偏差，改进培训方式，以使培训更加富有成效并达到预期目标
作用	• 培训能增强员工对企业的归属感和主人翁责任感 • 培训能促进企业与员工、管理层与员工层的双向沟通，增强企业向心力和凝聚力，塑造优秀的企业文化 • 培训能提高员工综合素质，提高生产效率和服务水平，树立企业良好形象，增强企业盈利能力 • 适应市场变化、增强竞争优势，培养企业的后备力量，保持企业永续经营的生命力

三、新员工培训与开发的问题

新员工培训与开发的过程中可能出现以下问题。

1. 新员工培训与开发缺乏系统性和规范性

（1）很多企业在培训的时间安排上，随意性很大。例如，由于企业营业的需要，有些企业以工作忙、人手不足为借口，马上分配新招到的员工到相关部门开始工作，而不顾及对新员工的培训，只等有时间了再派新员工参加培训。这种无序的培训给培训部门带来了不必要的协调工作量，增加了培训的次数与时间成本，并且新员工没参加培训既增加了企业用人的风险性，又不利于新员工角色的迅速转换。

（2）企业缺乏规范性的培训文本或讲义。为了维护企业培训水平，企业都应有自己的培训资料，对新员工入职培训必须掌握的知识、技能和态度都必须设定目标进行考核，只有这样才能使培训工作有持续性，并且能避免企业的后续培训的内容重叠和资源的浪费。

（3）把新员工培训变成新员工欢迎典礼。许多企业在培训形式上，主要是领导发言、代表致辞、体检、聚餐。

2．新员工培训与开发内容简单

很多企业把新员工入职培训当作一个简单的"行政步骤"，认为新员工培训只要了解一些企业基本情况即可。所谓的培训也就是安排一天或两天时间，在内容安排上主要是参观企业、讲解员工手册与企业的一些基本规章制度等，培训内容没有针对性。有些企业的入职培训非常丰富，有企业文化的介绍、生产注意事项的讲解，有团队协作、沟通技巧的指导，可是员工就是不满意。究其原因，在于缺乏针对性。有些企业在进行培训时，只把口号式的观念给员工一念，大家根本不了解这些内容对自己今后开展各项工作的重要性，也无法理解这些观念在工作中的具体体现。即使有真正的文化培训，也是局限在行为、制度的约束上，重点突出的是不准干什么，未对企业文化真正的核心部分进行重点展示。

3．新员工培训与开发效果缺乏反馈和评估

很多企业在新员工培训与开发的过程中，缺乏培训的互动与反馈，没有反馈，就不知道将来培训工作如何改进。另外，大多数企业并没有建立完善的培训效果评估体系，培训结束后，缺乏对培训效果的评估和继续跟踪，或者虽然对培训效果有评估，但测评的方法单一，效果评估工作仅仅停留在培训后的一个简单考试上，事后不再作跟踪调查。这样一来，并不能起到考评培训效果的作用，在员工培训上的巨大投入并没有收到预期的回报。

三只老鼠

三只老鼠一同去偷油喝。它们找到了一个油瓶，但是瓶口很高，够不着。于是三只老鼠商量一只踩着另一只的肩膀，叠罗汉轮流上去喝。当最后一只老鼠刚刚爬上另外两只老鼠的肩膀上时，不知什么原因，油瓶倒了，惊动了人，三只老鼠逃跑了。回到老鼠窝，它们开会讨论为什么失败。

第一只老鼠说，我没有喝到油，而且推倒了油瓶，是因为我觉得第二只老鼠抖了一下。

第二只老鼠说，我是抖了一下，是因为最底下的老鼠也抖了一下。

第三只老鼠说，没错，我好像听到有猫的声音，我才发抖的。

于是三只老鼠哈哈一笑，那看来都不是我们的责任了。

管理心得：我们的企业中常常出现类似的事情，出现问题的时候，各部门都不能把所谓的客观因素当原因，每个部门应该共同努力找到解决问题的办法，而不是先推卸责任。

第二节 普通在职员工的培训与开发

一、普通在职员工培训与开发的对象

普通在职员工的员工培训与开发所涉及的对象是指在企业内不担任管理职能的基层的在职员工。

二、普通在职员工培训与开发的目的

1. 晋升

以晋升为目的的员工培训与开发是指对要晋升的员工进行的知识、技能、领导能力等的在职培训。晋升员工培训与开发是对拟晋升人员或后备人才进行的，旨在使受训者能够胜任更高一级的岗位需求而进行的员工培训与开发。

2. 改善绩效

以改善绩效为目的的员工培训与开发是指在绩效未达到要求、绩效下降或绩效虽达到要求但仍希望能够增加绩效时所进行的在职员工培训与开发。

3. 转岗

以转岗为目的的员工培训与开发是指对已被批准转岗的员工进行的旨在使其达到新岗位要求的员工培训与开发。

4. 岗位资格

以岗位资格为目的的员工培训与开发是指针对一些对员工操作有特殊要求的岗位，进行的使员工取得相应资格证然后上岗的培训与开发。

5. 更新知识、掌握新技能

以更新知识、掌握新技能为目的的员工培训与开发，是由于企业外部环境和内部环境的变化，员工需要不断学习新的知识和技能，如在当今信息化的时代，企业的领导和有关人员必须通过培训掌握计算机、网络等知识。

三、普通在职员工培训与开发的类别

无论以哪一种目的进行的在职员工的员工培训与开发，其目的都是能够胜任现在或未来某一岗位，取得更好的绩效。针对普通在职员工的培训与开发的内容主要集中于通用技能、专用技能和人际交往的员工培训与开发。例如，在职员工培训与开发类型如表 14-2 所示。

（1）通用技能员工培训与开发。通用技能员工培训与开发主要指基础技能或读写能力教育，针对提高阅读、写作和计算技能的培训。这些技能几乎用于所有的工作中，因此也称为通用技能培训，在我国通用技能培训主要由各类学校完成。

（2）专用技能员工培训与开发。专用技能员工培训与开发主要包含一些新的方法、技术、专业知识、技能、安全培训、质量培训等。

（3）人际交往员工培训与开发。人际交往员工培训与开发主要针对个人与他人之间关系的培训，不同的岗位上这种能力的需求不同，可有针对性地进行相应的培训。

表 14-2 普通在职员工培训与开发类型

培 训 类 型	范　　围
基础技能/读写能力（通用技能）	补习/基础教育
技术（专用技能）	学徒培训 计算机培训 技术技能/知识培训 新方法/流程 安全培训 质量培训
人际交往	沟通/人际交往培训 客户关系/服务培训 营销培训 团队建设/培训

某公司普通在职员工培训与开发实例如表 14-3 所示。

表 14-3 某公司销售人员培训方案

一、培训目标
1. 提高销售效率：达到独立完成销售，加快销售速度，缩短工程成本。 2. 增强士气：目标不明是团队迷茫、士气低落的重要原因，因此，销售培训计划必须要让受训者明确他们在企业和社会的目标。 3. 促进沟通：培训能使销售人员明确为企业提供顾客和市场信息的重要性，并且了解这些信息是如何影响企业销售业绩的。 4. 改善顾客关系：能帮助受训者明确建立与保持良好顾客关系的重要性。 5. 加强自我管理：销售人员必须组织和分配时间以取得销售的成功。
二、培训内容
1. 仪容仪表及言行举止 　　在人际交往中，有 80%以上的信息是借助举止这种无声的"第二语言"来传达的。行为举止是一种不说话的"语言"，包括人的站姿、坐姿、表情以及身体展示的各种动作。一个眼神、一个表情、一个微小的手势和体态都可以传播出重要的信息。一个人的行为举止反映出他的修养水平、受教育程度和可信任程度。在人际关系中，它是塑造良好个人形象的起点，更重要的是他在体现个人形象的同时，也向外界展示了作为公司整体的文化精神。 　　语言的礼仪不是天生就会说，优美的举止也不是天生就有的，这些都是通过长期正规的培训训练出来的。只要自己每天抽 5 分钟来练习，自然而然地就会养成良好的仪容仪表、举止姿态习惯，自然地使用礼貌用语和自然的情感表达。这样训练出来的销售人员才具有亲和力。 　　销售员的服装要整洁、合体、统一，服装颜色和现场要协调。上班必须要化淡妆，语言专业，举止得体。

续表

2. 销售技能和推销技巧的培训

　　一般包括推销能力（推销中的聆听技能、表达技能、时间管理等）、谈判技巧，如重点客户识别、潜在客户识别、访问前的准备事项、接近客户的方法、展示和介绍产品的方法、顾客服务、应对反对意见等客户异议、达成交易和后续工作、市场销售预测等。

3. 项目知识

　　项目知识是销售人员培训中最重要的内容之一。产品是企业和顾客的纽带，销售人员必须对产品知识十分熟悉，尤其是对自己所销售的产品。培训产品知识是培训项目中必不可少的内容。

4. 市场知识

　　市场是企业和销售员活动的基本舞台，了解市场运行的基本原理和市场营销活动的方法，是企业和销售获得成功的重要条件。销售员掌握的市场知识应当是非常广泛的，因为销售活动设计各种各样的主体和个体，有着十分复杂的方式和内容。同时了解不同类型客户的采购政策、购买模式、习惯偏好和服务要求等。

5. 竞争知识

　　通过与同业者和竞争者的比较，发现企业自身的优势和劣势，提高企业的竞争力。具体包括：了解竞争对手的产品结构、价格、销售及客户政策和服务等情况，比较本企业与竞争对手在竞争中的优势和劣势等。

6. 企业知识

　　让员工充分了解本企业，一方面满足客户在这方面的需求，另一方面是为了使销售人员对企业忠诚，使销售人员融合在本企业的文化之中，从而有效地开展对顾客的服务工作，最终达到企业的整体目标。具体包括：企业的历史、规模和所取得的成就；企业政策，如企业的报酬制度、哪些是企业许可的行为和企业禁止的行为；企业规定的广告、产品付款条件、违约条件等内容。

第三节　管理人员的培训与开发

一、管理人员培训与开发的概念

　　管理人员培训与开发是指组织有意识地为管理人员（和潜在的管理者）提供学习、成长和变革的机会，其目的在于希望借此使主要管理者具备有效开展工作所必需的技能。

　　管理人员培训与开发主要由三个部分组成：管理人员教育、管理人员培训和在职工作体验。管理人员教育是指"在具有学位授予权的机构，通过正规课堂学习，掌握多个领域内的概念化的知识和技能"。管理人员培训则更倾向于提供在组织或组织内某岗位上可以直接应用的特殊技能或知识。在职工作体验是为管理者提供自我认识、提供现有技术和能力的机会，或者提供日常活动所需的新技能或信息的一些计划或非计划的机会。

　　管理人员培训与开发是人力资源开发中最常用的途径之一。在对管理人员进行员工培训与开发的众多目的之中，最常见的是开拓管理者的思路或者为其提供知识和技能，只有很少一部分组织表示管理人员开发的目的是奖励管理人员。

二、管理人员培训与开发的内容

1. 管理人员培训与开发的指导原则

　　（1）从商业战略开始着手。这包括认识到人力资源开发工作者的首要任务是战略实施，其次才是履行作为开发者的管理人员的职责。在实际工作中,应该熟悉组织的战略目标和业务,将这些作为明确管理人员行为和能力的起始点,并且在实现战略目标的活动中寻找开发机会。

(2) 在课堂学习之前,先进行工作体验。将工作经验作为开发活动的核心,课堂学习所起的作用是理解、审视和分享在工作中所学到的东西。此联系的假设基础是,可以主动控制在职工作体验,从而确保学习以及满足组织战略的需要。

(3) 抓住机会。确保管理人员开发具有灵活性,并且对业务需求和组织正在面临或即将面临的问题迅速作出反应。这一点包括从详细的、严格的计划转变为可以随组织需求的变化而变化的计划。

(4) 为经验学习提供支持。这包括创造一个文化氛围,在此文化气氛中,期望、支持和学习的奖励是每日所要面临的挑战,并且这种气氛能够加强个人对其参加作为管理者开发活动的控制。

2. 管理人员综合素质模型

在设计并运行可以满足组织需要的、能够提高组织竞争力和效率的管理人员培训与开发的程序和计划之前,人力资源开发工作者必须明确所属组织内部管理人员的工作是什么(以及应该是什么)。由于每一个组织所面对的都是特殊的环境以及特殊的挑战,所以有效的管理人员开发也应该是依据组织的不同而有所变化。在开始设计管理人员培训与开发计划之前,设计者必须要了解组织(组织的外部环境、目标、战略规划、文化、优势和劣势)以及目标人群(管理者、潜在管理者)的特征。由此可以提出管理人员综合素质模型。

(1) 管理人员综合素质模型的概念。管理人员综合素质模型是在对 12 家企业 2 000 多名管理者访谈的基础上提炼出来的。此模型关注的不是管理者所承担的角色,而是其管理能力,也就是那些能够保证有效绩效的技术和个人特质。此模型界定了六大类二十一种素质:人力资源管理、领导力、目标和行动管理、指导下属、关注他人以及专业知识。其中,人力资源管理、领导力以及目标和行动管理类别被看做是管理的核心。例如,管理人员综合素质模型中所包含的素质族和具体素质如表14-4所示。

表 14-4 管理人员综合素质模型中所包含的素质族和具体素质

素 质 族	具 体 素 质
人力资源管理	社会化权力的使用;积极对待别人;群体管理过程;准确的自我评价
领导力	自信;口头表达能力;概念化能力;逻辑思维能力
目标和行动管理	有效的工作分配;提前行动能力;关注影响对概念使用的诊断
指导下属	使用单方权力;自发性;开发其他人
关注他人	感知的客观性;自我控制;毅力和适应性;关注亲密的关系
专业知识	记忆;专业工作领域的知识

管理人员综合素质模型是以素质为导向进行管理人员开发的方法之一。目前,素质导向的方法既可作为管理人员开发计划的基础,又可作为其他人员培训与开发的基础。

(2) 管理人员综合素质四维度模型。四维度模型认为,管理角色有以下维度。

① 六种职能——预测和计划、员工培训与开发、广泛的沟通、影响和控制、专业/职能领域以及行政。

② 四种角色——创新者、评估者、激励者、指导者。

③ 五种（关系）对象——同事、下属、主管、外部和自身。

④ 不可详列的管理风格（描述管理者形象和行为方式的特征）。例如，客观性、个人影响、领导力、精力水平和奉献特征等。

四维度模型提出，管理人员与各种对象（比如下属）进行互动，通过具体的角色担负着一系列职能。管理人员表现角色和承担职能的方式由他们的管理风格组成。例如，在针对某一下属（对象）实施培训和开发职能时，管理人员也许会在培训和评价过程中指导和激励这个下属。

3. 管理人员培训教育的类型

（1）学院或大学所提供的工商管理学士或硕士（BBA 或者 MBA）课程，这是目前较普遍的管理人员教育的方式。

（2）高级经理人教育，包括 EMBA，以及各大学、咨询公司、私人机构和行业协会所提供的短期课程。

4. 管理人员培训与开发的方式

（1）公司自己设计的员工培训与开发课程。一些公司经常会自己设计一些培训课程，召开一些研讨会，将其作为管理人员培训与开发的一种方法。这些课程的优点在于，它们是针对内部特定的问题、技能和个人特征而量身定制的。这些课程可以是强调某一项技能或问题的具体课程（如员工绩效评估或预算），也可以是一系列相关的课程（例如，对关键的非管理者进行的为期两周的研讨会，主题是让他们了解公司所有部门的产品，并使他们感受到公司面临的挑战）。

（2）企业大学。企业大学是管理人员培训与开发战略的一个重要的组成部分。在企业或公司开办的大学、研究院或学院中，特定水平的管理者被要求完成特定的课程。已经有超过 2 000 家组织有自己的公司大学，如通用电气的克劳顿维尔管理培训中心、麦当劳的汉堡大学等。

（3）在职工作体验。在职工作体验在管理人员开发中起着非常重要的作用，许多公司也开始用工作分配和工作经历作为管理人员开发活动的一部分。在工作中管理人员会获得很多实际的、深刻的感受和体验，这种体验对于管理人员的开发产生了显著的效果。例如，工作经历中可能的经验教训如表 14-5 所示。

表 14-5　工作经历中可能的经验教训

项　目	经验与教训
制定并执行议程	① 技术/专业技能 ② 个人参与的所有业务 ③ 战略性的思维 ④ 承担全部责任 ⑤ 建立并使用结构和控制系统
处理人际关系	① 把握政治形势 ② 使人们执行解决方案 ③ 高级经理喜欢什么，以及如何与他们共事、工作 ④ 掌握谈判的策略 ⑤ 了解其他人的观点 ⑥ 处理冲突 ⑦ 指导和激励下属 ⑧ 开发其他人

续表

项　目	经验与教训
处理人际关系	⑨ 正视下属的绩效问题 ⑩ 管理前任的老板及以前的同事
基本价值观	① 认识到你一个人并不能管理所有的事情 ② 对管理中的人性方面保持敏感性 ③ 基本的管理价值观
高级经理人的性格	① 必要的时候要严厉 ② 自信 ③ 处理那些超越你的控制范围的事情 ④ 在逆境中能够坚持 ⑤ 应付模糊不清的形势 ⑥ 使用（和滥用）权力
自我认知	① 工作和个人生活之间的平衡 ② 知道是什么真正激励你开展工作 ③ 个人缺陷和盲点 ④ 控制你的职业生涯发现和抓住机会

一般来说，管理人员的开发除了常见的领导力、执行力的开发外，由于角色的转换，一般还涉及以下几个方面，如表 14-6 所示。

表 14-6　管理人员开发涉及的方面

项　目	开发内容
确定阶段	早期工作经历；首次担任主管工作
通过说服来领导	项目/特别工作组委派；直接的职能转换
现场领导	从头开始；围绕着一个业务开展工作；管理较大领域的业务
其他人有麻烦时	老板困难；个人损伤；职业生涯；改变工作；商业错误；下属绩效问题

第四节　企业分层员工培训与开发的问题及解决方法

一直以来，企业员工培训与开发始终是企业人力资源管理过程中比较棘手的问题。更多时候，基于老板不够重视、员工不够努力、讲师不够优秀、课程不够理想等问题，企业员工培训与开发成了"走过场"。对于企业员工培训与开发，很多管理者认为这只是人力资源部的一项常规工作。对于员工培训与开发在组织建设中所能发挥的核心功能，企业大多数人往往认识不清，常存在以下两种误区与现象。

第一，形式主义。形式主义主要表现为企业在员工培训与开发的过程中只重视培训的形式而不重视内容，只重视培训的数量而不重视质量，只重视场面的壮观而不重视实际的效果，为培训而培训，为开发而开发，误认为只要进行了员工培训与开发就会取得相应的效果。

第二，教条主义。教条主义主要表现为基本照搬其他企业的培训形式与方法，而不结合本企业实际，不能形成特色的培训方案体系与政策。

一、企业分层员工培训与开发的问题

1. 战略目标与方向不清晰

企业的各项组织管理工作，应该始终以企业经营战略目标为轴心。如果没有清晰的战略目标作指引，包括团队建设与培训在内的各项工作则失去方向，高层的战略意图也就无法通过培训的手段有效地传递到中低层。

2. 高层管理者重视不够

很多的"一把手"习惯做甩手掌柜，认为培训只是人力资源部门的一项具体工作而已。高层的不够重视，可能带来两个后果：其一，整个组织自上而下，无法形成重视培训的氛围；其二，培训所需的资源与投入得不到保障，导致培训工作的开展缩手缩脚。

3. 中层管理者认识偏差

由于对培训认识上的偏差，一些部门的负责人在行动上表现出轻视或表示培训是负担或多余的，这也会影响到员工参加培训的积极性与纪律性。整体中层在培训上认识的不统一会给培训的系统性与持续性带来障碍与困难。

4. 人力资源部工作不得力

人力资源部工作不得力主要表现在三个方面：首先，没有将年度的培训体系与同期的组织建设战略有机地结合起来；其次，在培训体系的设计上，不能将培训对象与培训教材、教师及方式有机结合，提高针对性；最后，培训之后，培训效果的分析评估等工作被轻视，不能针对存在的问题进行及时检讨与调整，提出改进措施。

二、企业分层员工培训与开发的解决方法

观念决定行动，解决认识问题是采取正确行动的基础和前提。而认识问题的解决最重要的就是要对培训在企业运营中的地位和作用有一个正确的定位。

1. 企业战略良性发展的理性选择

近年来，从国内各类企业的发展路径与方式来看，可分两类：第一类是通过捕捉机会与资源的投入，形成"量"的扩张；第二类是通过经营模式的不断创新，形成"质"的提升，卓有成效地保持盈利的持续增长。从战略上讲，第一类企业将逐渐走向"红海"，而第二类企业在走向"蓝海"。从战略的高度重视培训，逐渐建立科学培训体系，建立学习型组织，是企业战略良性发展的理性选择，也是营销组织健康成长与稳健壮大的前提和基础。

2. 企业组织功能建设的基础

企业要想持续创造辉煌，必须将战略思想逐渐落实到组织形态上，并依赖组织功能长期与持续的建设，才能逐渐培育出竞争对手难以复制的核心竞争力。

3. 企业持续创新的系统工程

员工培训与开发对于企业成长的作用是循序渐进的，是一项必须长期坚持的系统工程。首

先，由于各企业所处的行业与发展时期不同，对培训的具体要求也不同；其次，企业的发展和队伍的成长都有不同的阶段，所以要求整个培训体系与时俱进，从形式到内容上需要不断创新；再次，企业外部市场、技术、政策、信息网络等方面日新月异的变化，也需要企业的培训体系能够持续地创新与发展。

三、企业分层员工培训与开发的针对性

1．基层培训：促成"三心"

（1）人员构成与培训要点。基层是组成企业的基本细胞与肌体，通过培训提高他们的基本能力与素质，是企业成长的基础。营销基层人员的特点是：人数庞大，分布广泛，一般年龄偏小，工作经历与资历相对较浅。培训要点可以概括为"三心"：一是使他们清晰与明了企业的总体战略方向与经营宗旨，统一思想，逐渐形成长期服务于企业的"忠心"；二是使他们掌握与提升工作技能，提高工作效率，逐渐形成职业化的"专心"；三是严格遵守公司规章制度与纪律，增强他们工作的"责任心"。

（2）培训方式与方法。基层培训采取的方式无非有两种：第一，定期大规模的"广种博收"，主要指年度、半年度或季度举办全体或部分基层人员大会，统一思想，传播文化，提升个人技能，进行相关的大型培训。第二，日常小规模的"喷灌"与"滴灌"，主要指企业应用低成本的方式（如网络或影视资料），利用就近或当地师资资源进行短周期的培训，内容主要侧重于基本的技能与技巧。

（3）实例。A企业是行业中名列前茅的机械制造公司。在进入常州区域市场时，市场的占有率较小，与其主要竞争对手市场份额的相对占有比例为1:9。由于A企业在常州区域的团队刚刚组建，队伍整体稚嫩，年龄偏低，基层员工技能水平低，甚至连口头表达都不尽如人意，悲观和消极的情绪弥漫在全体团队中。采取的培训方式如下：第一，组织全体人员观看影片《士兵突击》的部分精彩片段，并在观看电影后展开讨论，形成统一思想，并在会前会后高唱《团结就是力量》、《真心英雄》等鼓舞斗志的歌曲。第二，各办事处一般有人员5～8名，以住点为单元，每天清晨提前15分钟上班，选择一本精练的小故事集，每天由一人朗读3～5分钟的故事，其他人发言1～2分钟，以提高每位人员的口头表达能力与思考力。第三，由总部提供教材与光碟，针对业务人员、技术人员和销售辅助人员，利用晚上或周末时间开展每周一次的专业技能培训。第四，针对新市场，定期召开区域性的骨干会议，汇总各类信息，研究竞争策略，提炼市场拓展的语言要点与公关方案。经过3～5个月的持续培训，效果明显，常州区域的业绩持续上升。

2．中层培训：形成"三力"

（1）人员构成与培训要点。中层管理者是企业的骨干部分，他们的培训效果将决定企业的成长与稳定。中层培训的要点主要是形成"三力"：一是增强组织"向心力"，是对组织文化与经营宗旨的认同；二是增强其"外功力"，主要提高他们对市场、竞争与企业自身特点的分析、判断、归纳与决策的能力，具体体现为业绩的持续提升与关键客户的突破；三是增强其"内功力"，主要提高他们对分公司或办事处内部人员与资源的管理能力，即管理与培育销售团队的能力。

（2）培训方式与方法。中层培训主要通过半月或每月召开的营销例会及其相关活动来完成。营销例会除了分析业绩，总结教训和经验，鼓舞士气之外，还有两项重要任务：一是通过培训与学习，提高管理者的综合管理素养；二是通过沟通与交流感情，了解队伍状况，加强管理团队本身的情感与价值观的认同。具体的培训方式包括以下三个方面：第一，长期坚持对核心理论的学习，主要是对营销类与管理类的基础理论进行长期不懈的学习；第二，集中性的思想教育与引导；第三，有针对性的个别思想交流与沟通。

（3）实例一。B公司某区域市场近期业务持续低迷，经他们初步分析，主要是管理者队伍思想不够统一，对局部短期利益过于计较，无法坚定地执行集团的战略思路，管理班子也缺乏凝聚力。针对上述状况，公司组织管理团队观看电影《大转折——挺进大别山》，观后组织每个人结合现实进行发言。发言内容包括：第一，对电影情节谈2～3点的启示（阐明细节）；第二，结合电影的启示谈谈企业现状及存在的问题；第三，结合启示，谈谈对现实工作改进的思路与建议。通过每人15分钟左右的发言，可以看出每个管理者对集团战略的个人理解，也可以洞悉每个人的思维方式，更可以发现每一个人对集团新战略与组织文化的认同度及应变的柔性。通过此活动，既统一了大部分人的思想，又鉴别与孤立了少量持不同意见者，为进一步的组织调整明确了方向。

（4）实例二。C公司随着华东区的业务发展，培养年轻的准中层梯队已迫在眉睫。准中层梯队年轻、冲劲足、热情高，但在区域市场的策划与办事处人员等内部管理上往往没有章法，"眉毛胡子一把抓"，无法做到发展方向感、平衡感与安全感三者的统一。为了迅速地给他们移植管理者的"头脑"与"五脏"，连续7次（每半个月1次）给他们进行《管理者的七项技能》的培训。每次培训后做三件事：一是通过小组发言与评比，评选出3～5名"最佳发言者"，并给予适当的奖品，以鼓励他们深度思考、积极讨论与勇于发言的表现；二是要求每人填写一份《培训意见表》，既可评价讲师（可能是内部管理者）的授课水平，也可对培训的方式、内容提出意见与建议，以利于培训工作与时俱进地不断改进；三是培训后的两天内，每人必须写一份300～500字的启示与小结，经所在大区经理审定后报到总部人力资源部备案，以利于总部从中分析当期的培训效果。通过上述学习，他们认识到了过去那种仅靠忠于职守、任劳任怨，仅靠精准的专业知识与技能是远远不够的，让他们在短期内建立起了"卓有成效是管理的核心精髓"的理念。

3．高层培训：建立战略性思考

（1）人员构成与培训要点。营销组织的高层管理者不仅是指营销总经理，还包括策划总监、财务总监、人力资源总监以及各大区总监和专家顾问团队。高层管理者自身的管理、成长与成熟，决定了营销组织的整体培训。

高层培训的要点是在他们心中系统地建立起三种战略性思考：一是战略格局与演进思考，即作为营销高层，必须对全国乃至全球的经济生态、对本行业生态及竞争格局建立清晰的战略视野，并对本行业面临的技术、网络与竞争模式的变化有敏锐的直觉与感悟。二是建立战略的组织思考，即营销高层最终必然成为人力资源的专家与组织文化的建设者。三是建立个人的事业思考。营销高层往往出身于"肉食性动物"，由于企业成长与竞争的压力，企业的资源与关注点会暂时过于集中在营销层面上，短期的业绩压力对高层的成长必然形成企业短期的"富贵病"。因此，营销高层持续的事业发展与周期性的转型，将影响企业未来的发展与转型。

（2）培训方式与方法。培训方式的选择有两点：第一，"走出去，作周期性的大补"。"走出去"通俗而言就是"农村干部一定要进城来"或"去比较大的城市旅旅游"，这属于战略投资，必须投入一定量的时间、金钱与精力。例如，去高校读 MBA、EMBA 或总裁培训班，参加行业性或专业性的年会，参加自己感兴趣的名师讲座等。第二，"静下来，作长期性的小补"。"静下来"是指高层管理者必须静下心来，长期坚持系统学习，通过反复读几本好书或名著，逐渐形成与提高自己在工商管理理论方面的偏好与涵养，并定期进行总结。在十几年以前，日本各城市均有由企业家自发组织的德鲁克研究会和巴纳德研究会，部分企业家围绕着一两本专著反复仔细研读，这充分反映出日本企业家对学习与自身成长的理性思考。

（3）案例。D 企业销售总经理 MBA 毕业后，同学各奔前程，面对日常工作的压力，此时他没有了以往每月两天的学习，深感孤独与无助。为了能够在实践中不断反思与学习，他召集了本城市部分对继续学习感兴趣的同学，组成半定期的学习沙龙小组，人数控制在 5~8 名。大家每月一次进行半天到一天的活动，主要内容有两个：第一，大家选一本共同感兴趣的工商管理名著进行研讨，谈感想，每次只谈一章或一节；第二，小组活动时，每人针对当前的管理难题，向大家提出 1~2 个现实问题，每人必须发言，时间控制在 5~10 分钟。通过讨论与交流，小组成员共同分享相关行业的知识与见解，启发了每个人对业务与组织两个层面的领悟能力。经过一段时间的实践，每个人都感到受益匪浅，与实际工作的开展相得益彰。

本章小结

企业分层员工培训与开发技术是企业员工培训与开发过程中的重要组成部分，在对企业各层级员工的日常培训与能力开发中起着重要作用。分层员工培训与开发技术通过新员工培训与开发、普通员工培训与开发以及管理人员培训与开发三个方面分析企业不同类型员工的培训与开发情况。它使企业员工培训与开发工作更好地开展，使员工培训与开发更加科学和有效。

企业分层员工培训与开发的技术自身在开展的过程中也面临着一定的困难和挑战，根据科学的办法解决企业分层员工培训与开发过程中的难题，能够更好地促进员工培训与开发技术工作的开展。

思考与练习

1. 简述企业分层员工培训与开发技术的重要性。
2. 新员工、普通员工与管理人员培训与开发技术的差异有哪些？
3. 企业分层员工培训与开发如何细分为更详细的层级？
4. 设计营销类企业分层员工培训与开发流程。

案例分析

案例一：某公司新员工培训方案

某公司为新进员工设计了一系列的培训方案如下所示。

一、新员工培训目的

（1）为新员工提供正确的、相关的公司及工作岗位信息，鼓舞新员工的士气。

（2）让新员工了解公司所能提供给他的相关工作情况及公司对他的期望。

（3）让新员工了解公司历史、政策、企业文化，提供讨论的平台。

（4）减少新员工初进公司时的紧张情绪，使其更快地适应公司。

（5）让新员工感受到公司对他的欢迎，让新员工体会到归属感。

（6）使新员工明白自己工作的职责，加强同事之间的关系。

（7）培训新员工解决问题的能力及提供寻求帮助的方法。

二、新员工培训内容

1. 就职前培训（部门经理负责）

致新员工欢迎信（人力资源部负责）；让本部门其他员工知道新员工的到来；准备好新员工办公场所、办公用品；准备好给新员工培训的部门内部培训资料；为新员工指定一位资深员工作为新员工的导师；准备好布置给新员工的第一项工作任务。

2. 部门岗位培训（部门经理负责）

到职后第一天：

（1）到人力资源部报到，进行新员工须知培训（人力资源部负责）。

（2）到部门报到，经理代表全体部门员工欢迎新员工到来。

（3）介绍新员工认识本部门员工，参观世贸商城。

（4）介绍部门结构与功能、部门内的特殊规定。

（5）新员工工作描述、职责要求。

（6）讨论新员工的第一项工作任务。

（7）派老员工陪新员工到公司餐厅吃第一顿午餐。

到职后第五天：

（1）一周内，部门经理与新员工进行非正式谈话，重申工作职责，谈论工作中出现的问题，回答新员工的提问。

（2）对新员工一周的表现作出评估，并确定一些短期的绩效目标。

（3）设定下次绩效考核的时间。

到职后第三十天：

部门经理与新员工面谈，讨论试用期一个月来的表现，填写评价表。

到职后第九十天：

人力资源部经理与部门经理一起讨论新员工表现，是否适合现在岗位，填写试用期考核表，并与新员工就试用期考核表现谈话，告之新员工公司绩效考核的要求与体系。

3. 公司整体培训（人力资源部负责——不定期）

（1）公司历史与愿景、公司组织架构、主要业务。

（2）公司政策与福利、公司相关程序、绩效考核。

（3）公司各部门功能介绍、公司培训计划与程序。
（4）公司整体培训资料的发放，回答新员工提出的问题。

三、新员工培训反馈与考核

1. 岗位培训反馈表（到职后一周内）
2. 公司整体培训当场评估表（培训当天）
3. 公司整体培训考核表（培训当天）
4. 新员工试用期内表现评估表（到职后30天）
5. 新员工试用期绩效考核表（到职后90天）

四、新员工培训教材

1. 各部门内训教材
2. 新员工培训须知
3. 公司整体培训教材

五、新员工培训项目实施方案

（1）首先在公司内部宣传"新员工培训方案"，通过多种形式让所有员工了解这套新员工培训系统及公司对新员工培训的重视程度。
（2）每个部门推荐本部门的培训讲师。
（3）对推荐出来的内部培训师进行培训师培训。
（4）给每个部门印发"新员工培训实施方案"资料。
（5）各部门从2009年1月开始实施部门新员工培训方案。
（6）每一位新员工必须完成一套"新员工培训"表格。
（7）根据新员工人数，公司不定期实施整体的新员工培训。
（8）在整个公司内进行部门之间的部门功能培训。

六、部门新员工培训所需表格（见表14-7～表14-9）

表14-7 新员工部门岗位培训（到职后第一周部门填写）

部门：		新员工姓名：
序号	培训内容	完成确认（负责人签名）
就职前培训	1. 让本部门其他员工知道新员工的到来，准备好新员工办公场所、办公用品，准备好给新员工培训的部门内训资料，为新员工指定工作导师	
	2. 经理代表全体部门员工欢迎新员工到来、介绍新员工认识本部门员工	
	3. 介绍部门结构与功能、部门内的特殊规定	
	4. 新员工工作描述、职责要求，讨论新员工的第一项工作任务	
	5. 派老员工陪新员工到公司餐厅吃第一天的午餐	
	6. 一周内，部门经理与新员工进行非正式谈话，重申工作职责，谈论工作中出现的问题，回答新员工的问题。对新员工一周的表现作出评估。设定下次绩效考核的时间（30天后）	谈话记录：
部门经理签名：		日期：

表 14-8 新员工岗位培训反馈表（到职后新员工一周内填写）

部门：	新员工姓名：

1. 你是否已了解部门的组织架构及部门功能？
    是□   否□
2. 你是否已清晰了解自己的工作职责及岗位描述？
    是□   否□
3. 你是否已熟悉公司大楼的情况？
    是□   否□
4. 你是否已认识部门里所有的同事？
    是□   否□
5. 你是否觉得部门岗位培训有效果？
    是□   否□
6. 你今后在工作中遇到问题，是否知道如何寻求帮助？
    是□   否□
7. 你是否已接受了足够的部门岗位培训，并保证可以很好地完成任务？
    是□   否□
8. 在岗位培训中，可以改进的地方有哪些？
_____
_____
_____

9. 在今后的工作中，希望在哪些方面接受更多的培训？
_____
_____
_____

表 14-9 新员工试用期内表现评估表（到职后 30 天部门填写）

新员工姓名：	部门：	职位：

1. 你对新员工一个月内的工作表现的总体评价：
    优_____ 良_____ 一般_____ 差_____
2. 新员工对公司的适应程度：
    很好_____ 好_____ 一般_____ 差_____
3. 新员工的工作能力：
    优_____ 良_____ 一般_____ 差_____
4. 其他评价：

    部门经理签名：   日期：

资料来源：http://wenku.baidu.com/view/15a498313968011ca300919c.html

讨论题：

1. 公司在新员工培训方面运用了哪些方法？
（提示：企业新员工培训与开发技术）
2. 新员工培训所需表格反映了企业对新员工培训的哪些需求？
（提示：结合案例进行合理分析）
3. 你认为该企业对新员工的员工培训与开发有哪些需要改进的地方。
（提示：结合本章内容进行合理改进）

案例二：SOGO 的大学生培训

听说过无数的公司对大学生"眼高手低"的深恶痛绝，甚至有公司作出不要北大、清华毕业生的极端做法，原因也是那里的学生"眼高手低"。其实，"眼高"不是坏事，"手低"也不是成不了好事，关键是如何寻求其中的平衡。

一、何谓"眼高手低"

一般来讲，"眼高手低"是说一个人好高骛远，总做超出自己能力的白日美梦，不能安心地做好本职工作。这的确是求职的大忌，但在庄胜崇光集团的眼里，这个词并非只包含贬义。

该公司人力资源部的负责人认为，其实"眼高"可以解释为有思想、有创新意识，"手低"也可以表示踏实完成任务，有更实际的操作执行能力。一般的理解是大学生重前者而轻后者，实际上重后者而轻前者同样不具备竞争力。只有找到"眼高"和"手低"的两者间的平衡，做到"有思想地完成任务"才是一个求职者最有效的竞争武器。

北京庄胜崇光百货商场成立于1998年，是一家由中方投资和日本庄胜集团合作管理的企业，是北京首家引进"特卖场"概念的百货商场。一直都以"青春、时尚、前卫"形象示人的它今年大规模地招入了应届毕业生。经过了激烈的筛选，最后留下了17名胜利者。商场人力资源负责人对他们的评价归结起来就是"眼高手低"四个字，当然这是庄胜崇光对这四个字的理解，即"有思想地完成任务"。这17个新兵在经过了入职前长达两个月的培训、实习之后，其自身显露出的活力和踏实不断得到SOGO管理层的好评。

新入SOGO的这17名应届生所学的专业可谓五花八门，但还都属于经济类的范畴。在庄胜的眼里，经济的不同范畴与商业之间都会有必要的联系，况且，现代商业的发展也迫切需要不同的知识结构来相互支撑。学不同专业的毕业生在一起，相互间的交流也有助于毕业生自己对于知识结构的完善。

SOGO鼓励新人在培训和实习中主动地去发现商场和个人存在的问题，要求新人对发现的问题提出自己的处理办法，并在培训总结上加以体现。这种快节奏让毕业生逐渐习惯了工作的压力，很快就完成了从"学生"到"职业人"的转变。之后是一个月的实习。

二、对"眼高手低"的培养

小铮是17个幸运儿中的一员。原先学房地产的她现在在人力资源部工作，她向记者讲述了自己应聘SOGO的故事。7月最热的两天，小铮和另外的16个人开始了军训。SOGO想磨炼他们的意志，进而培养他们彼此的团队精神。的确，他们17个人是从那两天开始熟悉的，这使得后来的工作方便了不少。之后几天是紧密的培训课程，主要学习SOGO的背景、企业文化、公司管理制度、销售技巧、物价合同管理、礼仪等商务知识。每天马不停蹄，还要按时交培训总结。

小铮说起来最难忘的是SOGO的面试和每一阶段培训结束后的座谈。她学的是房地产专业，所以在应聘之前略显紧张，没想到她的试题居然都是地产的问题，她轻车熟路地就通过了面试。

SOGO的解释是，商业是相对传统的行业，并不需要多么专业的技能。考察应聘学生所学的专业知识，实际上就是在考察他们的学习能力，也就是考察他们是否踏实，是否能做到"手低"。

三、对新员工的培训

整个实习过程分三个阶段。首先是让他们熟悉商场各个部门的运作，让新人们进入角色；然后再把他们分散到商场的各个营业部门，熟悉商场的日常管理工作；最后再把他们分散到SOGO的职能综合部门，熟悉更高一层的管理流程。

SOGO的用意很明显，每一个职位都让毕业生有所体验，熟悉商场的每个流程，以便为今后更好地工作奠定基础。另外，SOGO的管理层还多次在培训中召开座谈，和新员工交流，了解他们在培训中的问题和困惑，在解决问题的同时尽最大的能力鼓励新人。这种方式用小铮的话说就是，她能感受到SOGO对她的重视，也同样感受到自己信心的增长。现在，小铮已经是SOGO人力资源部的骨干力量。

一直以来，SOGO非常重视对年轻人能力的培养，不光是自己的职工，公司还定期和高校组织社会实践，让实践学生到达更高的层次，让他们短期参与商场的管理，使他们获知商业运作模式而不是让学生简单地参加商品促销。

目前，这17名大学生已经在SOGO的各个部门开始工作，在各个部门都有中层的老员工指点他们工作。据了解，17名新人进步神速，大都已经成为了各个部门的骨干。

四、挖掘"眼高手低"者

SOGO选择应届大学生就是看中了他们的激情，也就是看中了他们的思想活跃，看中了他们的"眼高"。对于企业而言，它永远希望你做出比它期望的更多的事来，不会有任何一家公司希望员工安于现状。这样一来，一方面工作压力会很大，另一方面也代表着发展空间的广阔，SOGO不乏从普通文员很快晋升成为中层领导的先例。这17名大学生全部是SOGO为公司管理层培养的补充力量，都有各自相对广阔的事业发展空间，也许就是他们自身被发掘出来的能够"有思想地完成任务"的能力打动了SOGO。

"眼高"和"手低"之间并非存在着不可调和的矛盾，其实这是一个很简单的命题，关键是看求职者和招聘企业自身的处理能力。面对着又一个求职高峰的到来，SOGO希望通过自身的实践告知毕业生，认清自我水平与能力，尽早找出自己与社会需求的差距，以健康的心态面对社会竞争的工作现状。

资料来源：http://wenku.baidu.com/view/12eaac1fa76e58fafab00316.html

讨论题：

1. 对于新员工，SOGO的培训工作是怎样展开的？
（提示：新员工培训的内容）

2. 怎样使培训最大限度地为企业吸纳优秀的人力资源？
（提示：新员工培训的方法）

3. 怎样通过培训提升企业中人力资源的价值？
（提示：新员工培训的创新）

参 考 文 献

[1] Randy L. Desimone, Jon M.Werner, David M.Harris. Human Resource Development[M]. 3rd ed. New York: Havcourt College Publishers, 2001.

[2] P.Carnevale, L.J.Gainer, J. Villet, et al. Training Partnership: Linking Employers and Providers. Alexandria, VA: American Society for Training and Development: 1990: 6.

[3] 谢晋宇．企业培训管理[M]．成都：四川出版集团，2008．

[4] 徐芳．员工培训与开发理论及技术[M]．上海：复旦大学出版社，2005．

[5] 陈国海．员工培训与开发[M]．北京：清华大学出版社，2012．

[6] 理查德·斯旺森，爱尔伍德·霍尔顿三世．人力资源开发效果评估[M]．北京：中国人民大学出版社，2008．

[7] 唐建光，刘怀忠．企业培训师教程[M]．北京：北京大学出版社，2009．

[8] 符涛，朱坚真．人力资源开发与管理概论[M]．北京：化学工业出版社，2010．

[9] 理查德·斯旺森，爱尔伍德·霍尔顿，等．人力资源开发[M]．北京：清华大学出版社，2008．

[10] 杰克·J. 菲利普斯，等．如何评估培训效果[M]．北京：北京大学出版社，2007．

[11] 徐丽娟．员工培训与发展[M]．上海：华东理工大学出版社，2008．

[12] 洪宁．企业年度培训计划制定[J]．企业管理，2012（11）：56-60．

[13] 许惠雅．浅析企业人力资源的员工培训与开发[J]．金陵职业大学学报，2002（9）．

[14] 刘翠芳．浅析员工培训与开发管理中的 ABC 管理法[J]．商场现代化，2008（21）：7．

[15] 栾松森．石化企业员工培训与开发[J]．发展，2011（5）．

[16] 冯林林．中美企业员工培训比较——关于投入、内容及方法[J]．人力资源管理，2011（4）．

[17] 李德伟．人力资源培训与开发技术[M]．北京：科学技术文献出版社，2006．

[18] 曲聪，等．基于岗位能力素质模型的培训课程开发[J]．中国人力资源开发，2010（8）：32-36．

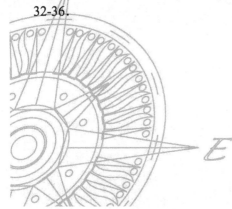